DIE WEISHEIT DER GÖTTER

GROSSE DIRIGENTEN IM GESPRÄCH

Für Karin und Mariam

RUPERT SCHÖTTLE

DIE WEISHEIT
DER GÖTTER

GROSSE DIRIGENTEN IM GESPRÄCH

styria premium

Inhalt

GELEITWORT

Zu jedem großen Kunstwerk führen viele Wege! Auch wenn diese Fest-
stellung, weil scheinbar selbstverständlich, banal klingen mag – es ist
die Unerschöpflichkeit des Zugangs, welche die eigentliche Größe eines
Kunstwerks ausmacht, sind doch in ihm die Freuden und Leiden, die Fragen, Ängste und Hoffnungen weiter Teile der Menschheit sublimiert. Die
Musik im Besonderen zählt nicht nur zu den flüchtigsten der Künste, sondern bedarf auch der Vermittler und Vermittlerinnen, deren vornehmste
Aufgabe es ist, in ihrer Sicht auf das jeweilige Werk die persönliche Auseinandersetzung mit dem Willen des Komponisten widerzuspiegeln.

Unter den Interpreten kommt wiederum den Dirigenten eine besondere Rolle zu, müssen sie doch das Publikum ebenso überzeugen wie
ein Kollektiv, das sich im Falle von Spitzenorchestern aus Menschen mit
ausgeprägten musikalischen Vorstellungen zusammensetzt. Natürlich
bedarf es zusätzlich zu Begabung, schlagtechnischer Fertigkeit und genauer Werkkenntnis auch brennender Leidenschaft, reicher Fantasie und
charismatischer Suggestionskraft, um bei der Aufführung die Erkenntnisse des eigenen Ringens um die Aussage des Kunstwerks vermitteln zu
können.

Die Wiener Philharmoniker, die als unabhängiger Verein und somit als
eine auf demokratischer Basis sich selbst verwaltende Musikergemein-
schaft keinen „Chef" haben, arbeiten mit allen führenden Dirigenten
und sind daher permanent mit einem breiten Interpretationsspektrum
konfrontiert. Es ist sehr zu begrüßen, dass das vorliegende Buch mithilfe
einer objektivierenden Methodik – dieselben 16 Fragen für jeden Künstler – auch dem interessierten Publikum einen Einblick in die Vielfalt der
Auseinandersetzung mit Musik ermöglicht. Gewiss werden die Leserin-
nen und Leser nach der Lektüre jene Dirigenten, welche hier zu Wort
kommen, mit anderen Augen sehen; und vielleicht erschließt sich ihnen
sogar auch ein ganz neuer, ganz persönlicher Weg zu den Werken unserer
großen Meister.

Clemens Hellsberg
Vorstand der Wiener Philharmoniker von 1997 bis 2014

VORWORT

Der Grundgedanke des vorliegenden Buches lag darin, die berühmtesten Dirigenten mit denselben 16 Fragen zu konfrontieren, also keine Interviews im herkömmlichen Sinne zu führen, sondern auf diese Weise Meinungen und Standpunkte direkt vergleichbar zu machen, was letztlich einem Interpretationsvergleich nicht unähnlich ist. Auf diese Weise ergeben sich für die Leser höchst aufschlussreiche Erkenntnisse, die ohne ein Eingreifen des Autors zustande kamen. Was durchaus in seinem Sinne ist, steht beziehungsweise stand er doch mit allen porträtierten Dirigenten in persönlichem oder gar freundschaftlichem Kontakt.

Natürlich ist es möglich, dass die von mir getroffene Auswahl Widerspruch herausfordert.

Dazu einige klärende Worte: Ich habe ausschließlich die Maestri interviewt, mit denen ich musiziert habe ... Leider haben nicht alle, die ich wegen der Beantwortung der Fragen angesprochen habe, dieser Bitte entsprochen. So lehnten beispielsweise Claudio Abbado, Riccardo Chailly, Sir Simon Rattle, Lorin Maazel oder Kirill Petrenko ihre Mitwirkung an diesem Projekt ab.

Falls Sie, verehrte Leserin, verehrter Leser, Ihren Liebling hier nicht finden, sollten Sie bedenken, dass eine solche Auswahl begrenzt und natürlich auch von subjektiven Kriterien abhängig ist. Auch habe ich den Zeitpunkt abgewartet, bis meine aktive Zeit bei den Wiener Philharmonikern beendet war. Das erklärt auch, warum dieses Buch erst jetzt herauskommt, obwohl die Gespräche in den Jahren zwischen 2005 und 2016 geführt wurden.

Rupert Schöttle

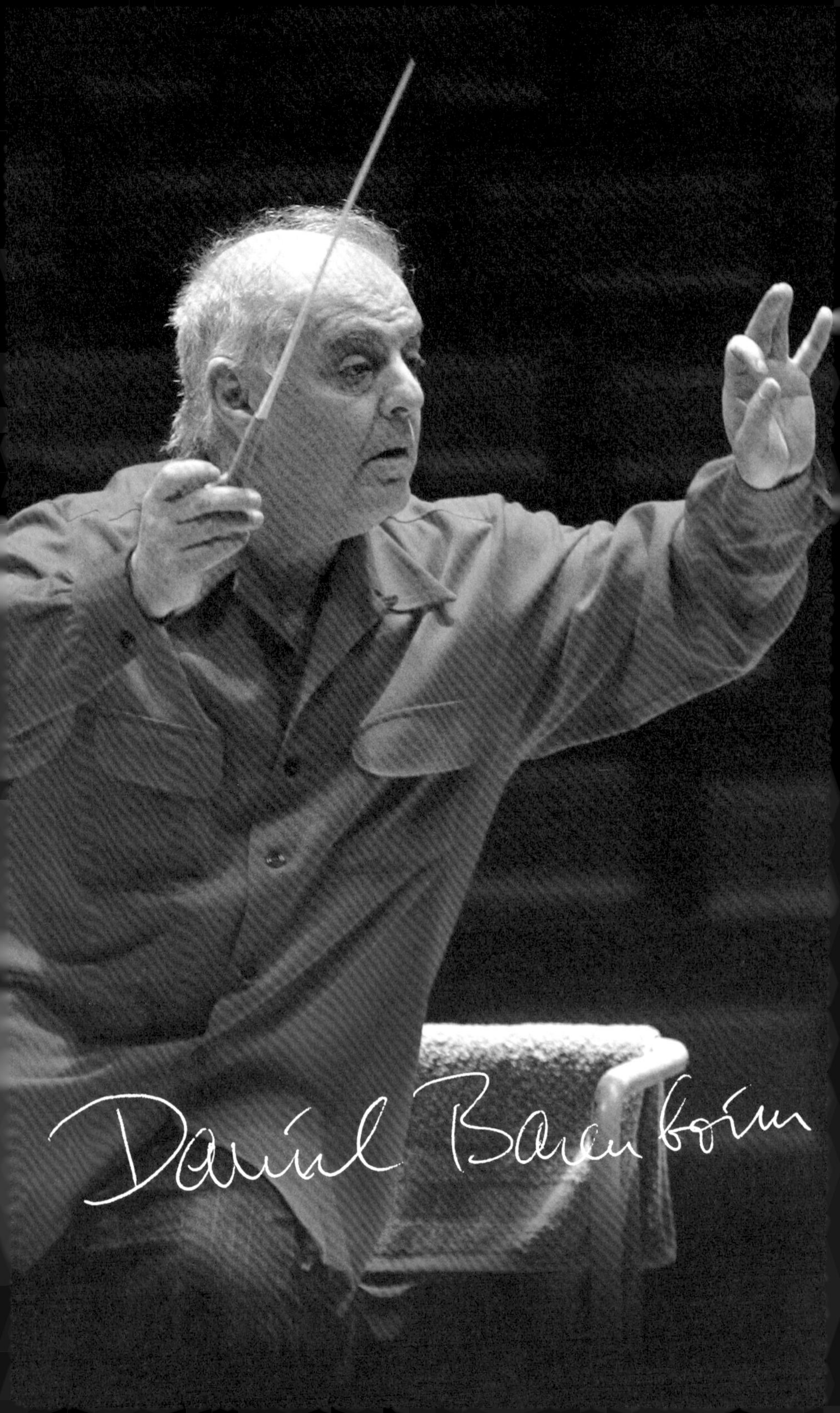
Daniel Barenboim

DAS PHÄNOMEN

DANIEL BARENBOIM

*15. November 1942, Buenos Aires

„Daniel Barenboim ist ein Phänomen." Dieses oft zitierte Urteil des großen Wilhelm Furtwängler über den damals Elfjährigen hat bis heute nichts von seiner Gültigkeit eingebüßt. Denn Barenboim hat eigentlich zwei Weltkarrieren gemacht. Seinen ersten Klavierabend, ausschließlich mit Werken Beethovens, gab er 1950 mit sieben Jahren in seiner Heimatstadt Buenos Aires, bei seinem Dirigierdebüt war er gerade einmal 18 Jahre alt. Mit 27 leitete er erstmals die Berliner Philharmoniker, ein Jahr später das Chicago Symphony Orchestra. Seit über 50 Jahren ist Barenboim also eine der dominierenden Persönlichkeiten des Klassikbetriebs. Dabei ist er gerade einmal Mitte 70 – mithin also im besten Dirigentenalter – und noch immer voller Tatendrang, was immer schon einer seiner wesentlichen Charakterzüge war. 2002 etwa veranstaltete er an der Berliner Staatsoper einen Marathon, wobei er innerhalb von vier Wochen zweimal alle zehn bedeutenden Wagner-Opern dirigierte. Wer damals glaubte, er hätte deshalb sein Klavierspiel hintangestellt, der irrte. Nachdem er 2004 Johann Sebastian Bachs gesamtes *Wohltemperiertes Klavier* eingespielt hatte, bot er kurz darauf sämtliche Beethoven-Sonaten im Wiener Musikverein und in Berlin dar.

Doch man würde Barenboim nicht gerecht, grenzte man ihn alleine auf seine künstlerischen Aktivitäten ein. Denn auch politisch hat der Tatmensch einiges zu sagen. War er schon beim „Mauerfall" in Berlin ein unermüdlicher Brückenbauer zwischen Ost und West gewesen, versuchte er dies auch in seiner Wahlheimat, als er 1999 zusammen mit dem palästinensischen Literaturwissenschaftler Edward Said das West-Eastern Divan Orchestra gründete, in dem er junge Musiker aus Israel und den arabischen Ländern alljährlich zusammenführt, das unterdessen beachtliche Erfolge aufzuweisen hat und das er als das „wichtigste musikalische Projekt" seines Lebens ansieht.

Um bei beiden Seiten Verständnis füreinander zu wecken, greift er zuweilen auch zu außergewöhnlichen Maßnahmen. Im Jahre 2005 trat er unter größtem internationalen Aufsehen erstmals im neuen Kulturzentrum von Ramallah mit dem West-Eastern Divan Orchestra auf, wohin der „palästinensische Ehrenstaatsbürger" immer wieder zurückkehrt, weil seiner Meinung nach die Schicksale des israelischen und palästinensischen Volkes untrennbar miteinander verbunden sind.

Ob er die unnachgiebige Haltung Israels im Konflikt mit den Palästinensern geißelt oder die deutsche Kulturpolitik als „primitiv" bezeichnet: Barenboim nimmt sich niemals ein Blatt vor den Mund. Dass seine zuweilen provokanten Aussagen allgemein Gehör finden, zeigt sich auch darin, dass er stets in der engsten Wahl ist, wenn es um die Verleihung des Friedensnobelpreises geht.

Doch auch musikalisch geht er immer wieder eigene Wege. So löste er in Jerusalem einen handfesten Skandal aus, als er im Jahr 2001, ausgerechnet mit seiner Staatskapelle Berlin, als Zugabe Richard Wagners Vorspiel zu *Tristan* dirigierte, was dort wegen Wagners Antisemitismus einen veritablen Tabubruch darstellte. Dem folgte eine 30-minütige Debatte, in deren Verlauf der Dirigent mehrmals als „Faschist" verunglimpft wurde. Dennoch setzte sich die Mehrheit durch und bereitete den Musikern stürmische Ovationen. Nicht so die Politiker. Jerusalems Bürgermeister, der Barenboim „arrogantes und unzivilisiertes" Verhalten vorwarf, drohte dem bedeutendsten israelischen Künstler gar mit einem Auftrittsverbot. Trotz dieser Vorkommnisse hält Barenboim an seinem israelischen Pass fest, zumal er sich in seinem Wohnort Jerusalem so zu Hause fühlt wie nirgendwo sonst.

Dabei war er erst als Elfjähriger ins Gelobte Land gekommen. Seine Kindheit verbrachte der Sohn russischstämmiger Juden in Argentinien. Beide Eltern waren Klavierpädagogen und blieben seine einzigen Lehrer. Trotz seines außerordentlichen Talents strebten sie keine Wunderkind-Karriere für ihren Sohn an, bewusst konzentrierten sie seine Auftritte auf zwei bis drei Monate pro Jahr.

1954 traf er in Salzburg Wilhelm Furtwängler, der ihn spontan dazu einlud, ein Konzert mit den Berliner Philharmonikern zu spielen. Doch Barenboims Vater lehnte dies ab, seit dem Holocaust waren schließlich erst wenige Jahre vergangen. Wenigstens durfte der Knabe neben dem Dirigenten sitzend allen Orchesterproben zu *Don Giovanni* beiwohnen. Als 13-Jähriger ging er mit einem Stipendium für zwei Jahre nach Paris, um bei Nadia Boulanger Harmonielehre und Komposition zu studieren. Im selben Jahr gab er dort sein Klavierdebüt. London und New York folgten in den nächsten Jahren. Nachdem er 15-jährig mit Leopold Stokowski in der Carnegie Hall aufgetreten war, war seine internationale Pianistenkarriere nicht mehr aufzuhalten, Barenboim reiste um die Welt. 1960 spielte er in Tel Aviv erstmals sämtliche Beethoven-Klaviersonaten, die er bereits als 16-Jähriger auf Platte aufgenommen hatte. Im folgenden Jahr gab er sein Dirigierdebüt mit dem Israel Philharmonic Orchestra. Prägend verlief seine Begegnung mit Sir John Barbirolli. Dieser wurde zu einem seiner wichtigsten Lehrmeister, der auch die Beziehung zum English Chamber Orchestra herstellte, was in der Aufnahme aller Mozart-Konzerte mit Barenboim als Dirigent und Solist in Personalunion gipfelte.

Schon bald gastierte er auch als Dirigent bei nahezu allen großen Orchestern. Seine erste Stelle als Musikdirektor trat er im Jahre 1975 beim Orchestre de Paris an. Neben den Standardwerken der Klassik und Romantik erarbeitete er hier auch eine Vielzahl von zeitgenössischen Werken. Trotz zahlreicher Angebote amerikanischer Orchester blieb er an der Seine, um seiner an Multipler Sklerose erkrankten Frau Jacqueline du Pré nahe sein zu können, die 1987 verstarb. Im Jahre 1991 wurde er als Nachfolger von Sir Georg Solti zum Musikdirektor des Chicago Symphony Orchestra ernannt, das er als Ehrendirigent im Jahre 2006 verließ.

Doch Barenboims dirigentisches Wirken beschränkte sich nicht nur auf den Konzertsektor. Nachdem er bereits 1973 beim Edinburgh Festival seinen Einstand als Operndirigent mit Mozarts *Don Giovanni* gefeiert hatte, debütierte Barenboim 1981 mit einer Neueinstudierung von *Tristan und Isolde* in Bayreuth, wo er bis 1999 alljährlich dirigieren sollte. 1992 wurde er überdies Generalmusikdirektor und Künstlerischer Leiter der Staatsoper Unter den Linden, wo er das noch osteuropäisch geprägte Repertoire mit Werken von Harrison Birtwistle, Pierre Boulez und Elliott Carter belebte und das Orchester zu einem Ensemble der Weltklasse formte. Die Musiker dankten es ihm, indem sie ihn im Jahre 2000 zum Chefdirigenten auf Lebenszeit wählten. Und er dankte es ihnen, als er 2002 erst dann einen Zehnjahresvertrag als Generalmusikdirektor unterschrieb, nachdem seinen Musikern eine erhebliche Gehaltserhöhung gewährt worden war.

Das trug auch künstlerische Früchte: 2003 wurde die Staatskapelle Berlin mit Barenboim mit einem „Grammy Award" für die Einspielung von *Tannhäuser* belohnt. Seit 2006 hat Barenboim darüber hinaus den Ehrentitel „Maestro scaligero" inne, der ihm vom Intendanten der Mailänder Scala verliehen wurde, deren musikalische Direktion er im Jahre 2011 übernahm und bis 2014 innehatte.

Daniel Barenboim

Dass er während seines langen und reichen Künstlerlebens ein breites Repertoire erarbeitet hat, ist nicht verwunderlich. So hat er neben den üblichen klassischen Werken auch Duke-Ellington-Titel, Tangos, afroamerikanische Stücke und brasilianische Werke aufgenommen.

Im Jahr 2005 wurde in Berlin auf seine Initiative hin der erste Musikkindergarten gegründet, bei dem er auch als Erzieher hervortritt, weil „unser gesamter Musikbetrieb seine Funktion verliert, wenn wir weiterhin die musikalische Bildung der Kinder vernachlässigen", wie er in seiner Eröffnungsrede zu einer Bildungswerkstatt für Kinder betonte. Dass solche Äußerungen nicht nur als Lippenbekenntnisse zu verstehen sind, bewies er damit, dass er die Dotierung des „Ernst-von-Siemens-Musikpreises", der ihm 2006 verliehen wurde, zur Gänze spendete, wobei er zwei Drittel für die Sanierung der Berliner Staatsoper und das restliche Geld in seine Musikstiftung fließen ließ. Darüber hinaus gründete er in Berlin mit der Barenboim-Said-Akademie eine pädagogischen Einrichtung im Geist des West-Eastern Divan Orchestra, wie auch ein Projekt für Musikerziehung in den Palästinensergebieten.

Bei dieser Vielzahl von Aktivitäten – schließlich ist er auch mehrfach als Buchautor hervorgetreten und hat ein neuartiges Klavier entwickelt – sollte man meinen, Barenboim wäre ein rastlos Getriebener, der ständig zwischen seinen vielfältigen Verpflichtungen hin und her pendelt. Doch damit würde man seiner Person nicht im Mindesten gerecht, handelt es sich bei ihm doch um einen höchst humorvollen und geistreichen Gesprächspartner, der auch den gemütlichen Seiten des Lebens einiges abzugewinnen weiß. Als „Normalsterblicher" fragt man sich natürlich, wie dies bei solch einem Arbeitspensum möglich ist.

Doch darauf gibt es nur eine Antwort: Daniel Barenboim ist eben ein Phänomen.

FRAGEN AN DANIEL BARENBOIM

Wenn Sie die Möglichkeit hätten, mit irgendeinem Komponisten, ob tot oder lebendig, einen Abend zu verbringen, mit wem wollten Sie sich treffen und was würden Sie ihn fragen?
Natürlich Mozart. Es gibt gute und schlechte Komponisten, es gibt große Komponisten – und es gibt Mozart. Es ist unfassbar, was alles in seiner Musik steckt und in welch kurzem Zeitraum er all dies geschaffen hat. Und dabei war er sicherlich ein sehr lustiger Mensch. Ein Abend mit Mozart wäre eine Lektion fürs Leben. Ich würde ihn nichts fragen wollen, ihn nur beobachten.

In welcher Zeit hätten Sie als Komponist am liebsten gelebt?
Kann ich nicht sagen. Es gab zu allen Zeiten gute und schlechte Komponisten. Zeitgenössische Musik interessiert mich nur dann, wenn sie gut ist, etwa von Carter, Boulez, Lutosławski und Birtwistle.

Auf der Bühne entfernt man sich immer mehr vom Urtext, während man sich im Orchestergraben diesem immer mehr nähert. Wie beurteilen Sie diese Entwicklung?
Ich habe nicht den Eindruck, dass man sich auf der Bühne vom Urtext entfernt, es ist vielmehr ein Problem der Subjektivität, also dem Fehlen der Objektivität. Bei der absoluten Musik empfinden wir vielleicht unterschiedlich in der Intonation oder in der Lautstärke, aber wir sind uns einig über den Ton, der gespielt werden muss. Auf der Bühne ist es etwas ganz anderes: Da erzählt man eine Geschichte. Dabei sucht man manchmal Originalität mit künstlichen Mitteln. Und dazu benötigt man ein Konzept, das manches Mal sicherlich interessant sein kann. Doch leider wird dann häufig das Konzept, das heißt, das subjektive Empfinden inszeniert – und nicht das Stück selbst.

Seit dem 20. Jahrhundert besteht das Konzertprogramm zu 90 Prozent aus Musik schon längst verstorbener Komponisten. Worin liegt Ihrer Meinung nach die Begründung dafür?
Dies hängt sicherlich mit dem Ende der Tonalität zusammen. Ein Urelement der Musik, die so wichtige Dualität von Spannung und Auflösung, die für den Zuhörer von großer Wichtigkeit ist, ging mit der Tonalität verloren. Die gibt es zwar auch in der atonalen Musik, dort jedoch ist sie viel

schwieriger zu begreifen. Zwar wurden in den letzten Jahren, auch dank der Bemühungen von Pierre Boulez, große Fortschritte in der Rezeption von zeitgenössischer Musik gemacht. Dennoch gibt es heutzutage Milliarden von zum Teil hoch gebildeten Menschen, die überhaupt keinen Bezug zur Musik und daher erst recht keinen Zugang zur neuen Musik haben.

Es gibt immer mehr sehr gute Orchester und immer weniger herausragende Dirigenten. Woran liegt das?
Das liegt auch daran, dass die Orchester besser geworden sind. Viele Probleme, die früher ein Dirigent gelöst hat, stellen sich heute dem Orchester nicht mehr. Vor 30 oder 40 Jahren war etwa die „Siebte" von Mahler ein Koloss, den ein Orchester niemals ohne Dirigent hätte spielen können. Auch dadurch, dass sich das Repertoire nicht mehr ständig vergrößert, ist die Repertoirekenntnis der Musiker naturgemäß viel größer geworden. Zudem verlangt man heute von einem Dirigenten, dass er schon fertig auf die Bühne kommt. Der kann aber, im Gegensatz zu einem Instrumentalisten, zu Hause nicht üben.
Herbert von Karajan hat zu mir einmal gesagt: „Ein Dirigent braucht zehn Jahre, von dem Tag an, an dem er regelmäßig dirigiert, bis er zu dem Punkt kommt, an dem er von dem Orchester bekommen kann, was er haben möchte. Erst nach diesen zehn Jahren kann man überhaupt erkennen, ob es sich um einen begabten oder unbegabten Dirigenten handelt."
Wenn heute ein junger Dirigent auftaucht, werden sofort die höchsten Erwartungen an ihn gestellt, die er natürlich nicht erfüllen kann. So erwartet man von ihm, dass er einen Betrieb leiten kann und sich bestens in der Kulturpolitik auskennt – zusätzlich zum handwerklichen Können.

Welche gesellschaftliche Aufgabe hat die Musik in der heutigen Zeit?
Nicht diejenige, die sie haben müsste, denn es gibt keine musikalische Bildung. Wenn wir wollen, dass unser musikalisches Leben noch in 50 Jahren in ähnlicher Form existiert, muss ein radikales Umdenken in der musikalischen Bildung einsetzen.

Wären Sie kein Dirigent geworden, welchen Beruf hätten Sie ergriffen?
Die Frage hat sich mir niemals gestellt.

Welcher Dirigent ist Ihr Vorbild und warum?
Hauptsächlich Furtwängler. Er hatte eine eigene Mischung aus Denken und Fühlen und die Fähigkeit, aus dem Moment Neues zu schöpfen.

Was war Ihr bewegendstes Musikerlebnis?
Ich habe so viele gehabt … Klavierabende von Rubinstein, Konzerte mit Kubelik …

Womit verbringen Sie am liebsten Ihre Freizeit?
Lesen, Theater, Kino.

Was hören Sie in Ihrer Freizeit?
Nichts.

Sind Interpretationsschemata dem Zeitgeist unterworfen?
Ja und Nein. Nein, weil der Text ja gleich bleibt. Was in den Noten steht, und damit meine ich auch, was zwischen den Zeilen steht, ergibt allerdings mehr Möglichkeiten, als in einer Aufführung realisierbar sind. Ein Kunstwerk ist wie ein Berg. Man sieht nur einen Teil, wenn man vor ihm steht, der andere bleibt verborgen, es beinhaltet also viel mehr, als der Mensch auf einmal erkennen kann. Und jeder Zeitgeist legt einen anderen Akzent auf die Sichtweise.

Welche Art von wissenschaftlicher Forschung würden Sie unterstützen?
Die musikalische Erziehung.

Würden Sie noch einmal geboren, was würden Sie anders machen?
Zuerst einmal würde ich versuchen, ein paar falsche Töne weniger zu spielen. Ansonsten bin ich zufrieden, weil ich meinen Frieden mit meinen Grenzen geschlossen habe. Ich versuche, stets mein bestes Niveau zu erreichen. Niemand spielt zufällig besser, als er ist, er spielt zufällig schlechter, weil er aus irgendeinem Grund nicht in idealer Form ist. Unser Bestes ist unser Niveau, und danach müssen wir streben.

Welche drei Dinge würden Sie auf eine einsame Insel mitnehmen?
Mein Gedächtnis, mein Gehirn, meine Vitamine. Mein Gedächtnis, um nichts von meinem Wissen zu vergessen, mein Gehirn, dass ich dies immer wieder neu erarbeiten kann, und meine Vitamine, dass ich die Kraft dafür habe.

Welches Motto steht über Ihrem Leben?
Kein Motto.

Daniel Barenboim

DER KOMPROMISSLOSE
BERTRAND DE BILLY

*11. Jänner 1965, Paris

Der Beruf eines Dirigenten wurde Bertrand de Billy nicht in die Wiege gelegt. Obwohl er sich bereits als Fünfjähriger vor dem heimischen Plattenspieler in Pose warf und das unsichtbare Orchester dirigierte, mit einem Buch in der Hand, das ihm als „Partitur" diente. Allerdings nahmen seine Eltern, beide nicht eben musikbegeistert, dies nicht allzu ernst und taten es als Kinderei ab. Doch so leicht ließ sich der Filius nicht entmutigen. Er trat einem Chor bei, was er heute als die „beste musikalische Erfahrung" seiner Kinderzeit bezeichnet. Als Instrument hatte er die Violine gewählt. Glücklicherweise hatte er eine ambitionierte Lehrerin gefunden, die ihn so weit ausbildete, dass er am „Conservatoire national" in Paris studieren konnte. Zum Entsetzen seines Vaters, der ihm nach dem ersten Gespräch mit seiner Professorin beschied: „Es ist eine Katastrophe, du bist begabt!" Doch dieser Schock hielt glücklicherweise nur kurz an – sein Talent wurde nun auch von zu Hause aus gefördert.

Nach dem Studium begann er seine professionelle Musikerkarriere als Geiger und Bratschist bei zwei kleineren Orchestern der französischen Hauptstadt. Doch schon nach kurzer Zeit genügte es ihm nicht mehr, seine musikalischen Vorstellungen innerhalb eines Kollektivs auszuleben. Kurzerhand stand er also auf und stellte sich 1986 vor sein Orchestre symphonique des Jeunes d'Île-de-France, wo er für die nächsten vier Jahre als Chefdirigent die gesamte symphonische Bandbreite von der Barockmusik bis zur Moderne durchmessen konnte. Die fehlende Erfahrung der jugendlichen Musiker wurde durch ihre Begeisterung aufgewogen. Die Erfolge, die de Billy mit seinem ambitionierten Ensemble feiern konnte, riefen schließlich sogar das Kulturministerium auf den Plan, das ihn vorlud und zur Zurückhaltung ermahnte, da er mit seinen Studenten so manchem professionellen Orchester den Rang ablaufe. Seine Reaktion auf diese Zurechtweisung war eindeutig: In einer Pariser Kirche führte er mit seinem Orchester triumphal das Verdi-Requiem auf.

Nach einer einjährigen Assistenz bei Philippe Entremont wurde er 1990 zum stellvertretenden Generalmusikdirektor des Pariser Orchestre Colonne ernannt. Weil ihn dies offensichtlich nicht ausfüllte, das Geigenspiel hatte er unterdessen gänzlich aufgegeben, gründete er in demselben Jahr mit der Académie de l'Île Saint-Louis sein eigenes Orchester, dem er bis 1994 vorstand.

Für viele überraschend zog de Billy 1993 in die deutsche Provinz um, wo er für die nächsten zwei Jahre als stellvertretender Generalmusikdirektor an das Anhaltinische Theater in Dessau ging, um sich intensiver mit der Oper auseinandersetzen zu können. Offensichtlich mit Erfolg, denn seine nun dynamisch ansteigende Karriere machte er vorerst an verschiedenen Opernbühnen. Nach seinem Debüt an der Wiener Volksoper im Jahre 1994 wurde de Billy 1996 für zwei Jahre als Erster Kapellmeister an dieses Haus berufen.

Zu diesem Zeitpunkt war er schon ein gefragter Dirigent, der an den größten Opernhäusern wirkte. Ob Londons Covent Garden, wo er 1995 debütierte, an der Pariser Opéra Bastille (Debüt 1996), den Staatsopern in Berlin (1996), Hamburg (1997) und München (1997) oder dem Théâtre de la Monnaie in Brüssel: Überall war de Billy ein gern gesehener Gast.

Ein weiterer Karriereschub setzte 1997 ein, als Placido Domingo einer Vorstellung von Ambroise Thomas' *Hamlet* an der Wiener Volksoper beiwohnte. Denn der große Sänger, Leiter der Opernhäuser in Washington und Los Angeles, war von der Leistung des Dirigenten so angetan, dass er ihn spontan dazu einlud, Charles Gounods *Roméo et Juliette* in der Hauptstadt der Vereinigten Staaten einzustudieren. Was offensichtlich zu Domingos größter Zufriedenheit verlief, denn nach seinem beachtlichen Erfolg in Washington bat er den jungen Dirigenten, im darauffolgenden Jahr auch in Los Angeles zu dirigieren. Und zwar eine *Carmen*, in der er selbst den Don José singen sollte. Als weiteres Zeichen seines uneingeschränkten Vertrauens in die Fähigkeiten de Billys empfahl ihn der Tenor gleich noch an die Metropolitan Opera in New York, wo er, wiederum mit *Roméo et Juliette*, einen solchen Erfolg feierte, dass er seitdem regelmäßig an Amerikas berühmtestem Opernhaus gastiert.

Eine weitere Bewährungsprobe stand de Billy im Jahre 1999 bevor. Gerade war das Gran Teatro del Liceu in Barcelona nach einem Brand wiedereröffnet worden, als er dort zum Generalmusikdirektor ernannt wurde. Dafür hatte er sich viel vorgenommen. Innerhalb von fünf Jahren wollte er dem herabgewirtschafteten Opernhaus wieder zu altem Glanz verhelfen und vor allem das Orchester einer weitreichenden Reform unterziehen.

Als Grundlage für seine ehrgeizigen Pläne sollten die Werke Wagners und Mozarts dienen. Nach seiner Meinung bildet Mozart die Grundlage der Spielkultur, während Wagners Opern die technischen Herausforderungen beinhalten, die die Musiker zu ihrer Perfektionierung benötigen. Folgerichtig beinhalteten seine 16 Premieren, die er in fünf Jahren dirigierte, sämtliche große Mozart-Opern sowie einen viel beachteten *Tristan* und die *Ring-Tetralogie*.

Sein Ruf als außerordentlicher Operndirigent war inzwischen so weit gediehen, dass er im Jahr 2002 erstmals bei den Salzburger Festspielen mit gleich zwei Produktionen betraut wurde. Mit den Wiener Philharmonikern führte er Mozarts *Zauberflöte* auf, während er die konzertante Fassung von Gounods *Roméo et Juliette* mit dem Radio-Symphonieorchester Wien bestritt. Schließlich leitete er an der Wiener Staatsoper 2004 mit der französischen Fassung von Verdis *Don Carlos* in einer Inszenierung von Peter Konwitschny seine erste, heftig akklamierte Premiere. Dieser folgten die nicht minder erfolgreiche Premieren von *Idomeneo* (im Theater an der Wien) und *Manon* mit Anna Netrebko in der Titelrolle.

Doch gerade als man ihn als erstklassigen Operndirigenten anzusehen begann, übernahm de Billy im Jahre 2002 mit der Leitung des Radio-Symphonieorchesters Wien (RSO) wieder die Chefposition bei einem ausgesprochenen Konzertorchester. Dieser Klangkörper, ein bislang vor allem für seine Pflege der zeitgenössischen Musik bekanntes Ensemble, war zu jener Zeit ernsthaft in seiner Existenz bedroht. Doch de Billy ist nicht der Mann, der sich von solchen Problemen abschrecken lässt. Nach zwei Jahren intensiver Arbeit, in denen er die Qualität des Orchesters erheblich gesteigert hatte, und einem daraus resultierenden Erfolg bei Publikum und Kritik war die Krise so weit abgewendet, dass der Personalstand gehalten werden konnte. Sogar zu einem umjubelten Opernorchester hat er sein Orchester umgeformt, das seitdem regelmäßig im Theater an der Wien gastiert.

Ungeachtet der mächtigen Konkurrenz vor Ort hat sich das RSO unterdessen auch erfolgreich mit der Musik der Klassik und Romantik auseinandergesetzt und sich damit neue Hörerschichten erschlossen. Schließlich lautet einer von de Billys Leitsätzen, dass „ein Orchester, das nicht" dazu fähig ist, „eine ordentliche Mozart-Symphonie" zu spielen, auch „für eine Uraufführung nicht gut genug ist", wie er in einem Interview mit „OehmsClassics" betonte.

Denn er nimmt auch die Vorbehalte des Publikums gegen zeitgenössische Musik sehr ernst und überlegt sich Wege, wie man dem am besten begegnen kann. „Zunächst einmal muss es Spaß machen, auch den Musikern, denn dann ist das Neue nämlich kein Ghetto mehr … Dieses: ‚Man muss sich auskennen!', dieses Gefühl, dass man nicht dazugehört, weil man etwas nicht versteht, … das führt zu einem falschen Spezialistentum", meinte er 2004 in einem Interview mit dem Magazin „Musikfreunde".

Nachdem er 2010 die Leitung des Radio-Symphonieorchesters Wien aufgegeben hatte, die ihn nach eigener Aussage „viele Nerven" gekostet hatte, strebte de Billy vorerst keine Chefposition mehr an und arbeitet unterdessen als erster Gastdirigent des Frankfurter Opern- und Museumsorchesters, des Orchestre de Chambre de Lausanne und seit 2014/2015 auch der Dresdner Philharmonie, neben seinen regelmäßigen Auftritten an den größten Opernhäusern der Welt.

Natürlich hat Bertrand de Billy sein Können auch schon mehrfach auf Tonträgern dokumentiert. Mit einigen seiner Projekte ist er sogar in das ureigenste Gebiet der Konkurrenz von der Staatsoper eingedrungen, indem er neben Eugen d'Alberts *Tiefland* mit einem jungen Sängerensemble auch sämtliche Da-Ponte-Opern von Mozart auf CD eingespielt hat.

Trotz aller Erfolge hält de Billy immer wieder an seinem Grundsatz fest, keine künstlerischen Kompromisse einzugehen, selbst wenn es seiner Karriere nicht förderlich ist. Diese Erfahrung musste schon Daniel Barenboim machen, als der Franzose im Jahre 2007 die Premiere von Jules Massenets *Manon* an der Berliner Staatsoper absagte, weil mit ihm nicht abgesprochene Kürzungen in der Partitur gemacht werden sollten. Aus demselben Grund legte er im Jahre 2014 die geplante Premiere von *Lohengrin* an der Wiener Staatsoper zurück, was sogar so weit führte, dass er unter der derzeitigen Direktion nicht mehr an diesem Haus auftreten will.

Eine solche Kompromisslosigkeit ist eben auch ein Charakteristikum eines großen Dirigenten.

FRAGEN AN BERTRAND DE BILLY

Wenn Sie die Möglichkeit hätten, mit irgendeinem Komponisten, ob tot oder lebendig, einen Abend zu verbringen, mit wem wollten Sie sich treffen und was würden Sie ihn fragen?

Sicher nicht Monteverdi, Bach oder Mozart, obwohl ich diese drei am meisten verehre. Aber die waren nicht von dieser Welt. Ohnehin glaube ich nicht, dass es einen großen Sinn hat, mit einem Komponisten über sein Werk zu sprechen, da er üblicherweise nicht viel darüber zu sagen hat. Als ich Henri Dutilleux getroffen habe, haben wir fast überhaupt nicht von seiner Musik gesprochen, sondern über so viele andere interessante Themen – das war wunderbar.

Am liebsten würde ich mit Berlioz zusammentreffen, weil er so eine umfassende Bildung besaß, und einfach mit ihm plaudern.

In welcher Zeit hätten Sie als Komponist am liebsten gelebt?

Sicherlich nicht heute, in der Zeit der verkrampften Suche nach neuen Klangeffekten. Wahrscheinlich in der Zeit von Brahms, Bruckner und Mahler, als die Formen sich völlig aufgelöst haben und so viele neue Richtungen entstanden sind.

Auf der Bühne entfernt man sich immer mehr vom Urtext, während man sich im Orchestergraben diesem immer mehr nähert. Wie beurteilen Sie diese Entwicklung?

Vor einiger Zeit ist die sogenannte „Wiener Fassung" von Mozarts *Don Giovanni* herausgekommen. Die Kürzungen, die bei der damaligen Aufführung gemacht wurden, habe ich zwar sofort umgesetzt, doch teilweise wieder rückgängig gemacht, weil Mozart sie offensichtlich nur aus pragmatischen Gründen, etwa wegen einer schlechten Besetzung oder auch wegen der Zensur, gemacht hat. Meine Antwort lautet also: Ja zum Urtext, aber im Endeffekt muss der Dirigent entscheiden dürfen, was er umsetzt. Bei der Regie ist es ganz ähnlich. Solange die Regie die Musik nicht stört, ist alles möglich. Ich habe in Barcelona *Don Giovanni* mit Calixto Bieito gemacht. Obwohl es fürchterlich brutal war, hat es mich überzeugt. Ein Grundproblem von vielen heutigen Regisseuren liegt allerdings darin, dass sie überhaupt keine Kenntnis mehr von der Musik und dem Libretto haben, und mit denen lehne ich eine Zusammenarbeit ab.

Seit dem 20. Jahrhundert besteht das Konzertprogramm zu 90 Prozent aus Musik schon längst verstorbener Komponisten. Worin liegt Ihrer Meinung nach die Begründung dafür?
In erster Linie tragen wir daran die Schuld. Die wenigsten Dirigenten sind dazu bereit, ein neues Stück zu lernen. Und wie sollen wir das Publikum von der Qualität eines Stückes überzeugen, wenn wir es selbst nicht wollen. Es ist unsere Aufgabe UND PFLICHT als Dirigent, den Veranstaltern, den Musikern und dem Publikum zu zeigen, dass es auch gute zeitgenössische Musik gibt. Und das erfordert viel Mühe. Dabei ist die Angst vor der neuen Musik nicht angeboren. Als meine Frau „Donna Elvira", Schönbergs *Erwartung* und Bergs *Wozzeck* gesungen hat, sang meine siebenjährige Tochter in der Badewanne alle drei Stücke mit der gleichen Begeisterung.

Es gibt immer mehr sehr gute Orchester und immer weniger herausragende Dirigenten. Woran liegt das?
Man braucht als Dirigent nicht gut zu sein, man muss nur besser sein als die anderen, was allerdings nicht unbedingt bedeutet, dass man gut ist. Einmal saß ich beim Dirigentenabschlusskonzert an der Wiener Musikuniversität – da war niemand, der einmal ein guter Dirigent werden wird! Niemand scheint mehr neugierig zu sein. Ich habe mit den jungen Leuten über die „Erste" von Mahler geredet und nicht einer kannte die Aufnahme von Bruno Walter, der schließlich noch mit Mahler zusammengearbeitet hatte. Die Studenten hätten in Wien die Möglichkeit, alle großen Dirigenten bei der Probe zu erleben und mit ihnen zu sprechen, doch niemand geht hin. Das ist jedoch nicht nur in Wien so. Als ich vor 20 Jahren Georges Prêtre zum ersten Mal wegen einer Neueinstudierung der *Perlenfischer* traf, sagte er mir, dass ich der erste Student sei, der sich jemals bei ihm gemeldet hat.

Allerdings muss man auch sagen, dass mit Ausnahme von Daniel Barenboim die wenigsten Dirigenten ihre Verpflichtung erkennen, ihre Erfahrungen an die jungen Kollegen weiterzugeben.

Welche gesellschaftliche Aufgabe hat die Musik in der heutigen Zeit?
Das Ziel eines Konzerts sollte darin bestehen, im Publikum ein positives Gemeinschaftsgefühl zu erzeugen, das die Menschen einander näherbringt.

Wären Sie kein Dirigent geworden, welchen Beruf hätten Sie ergriffen?
Entwicklungshelfer.

Welcher Dirigent ist Ihr Vorbild und warum?
Daniel Barenboim, weil er nicht nur ein großer Musiker, sondern auch ein
großer Geist ist. Toscanini wegen seiner Energie und rhythmischen Präsenz.
Ebenso Fritz Reiner und Erich Kleiber, dessen Mozartaufnahmen auch heute noch ihre Gültigkeit haben. Der Grandseigneur Bruno Walter, weil man
seine natürliche Autorität, die aus Wissen und Können resultierte, noch heute in
seinen Aufnahmen spüren kann. Und so viele andere wie Klemperer, Mitropoulos, George Szell, Pierre Monteux, Charles Munch, Istvan Kertesz …

Was war Ihr bewegendstes Musikerlebnis?
Bachs h-Moll-Messe unter Carlo Maria Giulini in Paris. Er hat uns alle
zwei Stunden lang in den Himmel geführt.

Womit verbringen Sie am liebsten Ihre Freizeit?
Mit meiner Familie.

Was hören Sie in Ihrer Freizeit?
Sehr viel Jazz und sicher niemals meine CDs! Zur Entspannung auch
Gregorianik.
Wenn ich etwas Neues einstudiere, höre ich mir nach dem Studium sehr
viele Aufnahmen davon an, aber im Moment gibt es keine Freizeit mehr.

Sind Interpretationsschemata dem Zeitgeist unterworfen?
Ja. Alles ist, sofern es überzeugend dargebracht wird, legitim, schließlich lebt
man auch als Dirigent in seiner Zeit und wandelt sich zusammen mit ihr.

Welche Art von wissenschaftlicher Forschung würden Sie unterstützen?
Die Forschung nach alternativer Energie.

Würden Sie noch einmal geboren, was würden Sie anders machen?
(lacht) Nicht zunehmen! Mehr auf den Ausgleich zwischen Körper und
Geist achten.

Welche drei Dinge würden Sie auf eine einsame Insel mitnehmen?
Meine Familie, *Der kleine Prinz* von Saint-Exupéry und eine Flasche
Dom Pérignon 1996.

Welches Motto steht über Ihrem Leben?
Ernst bei der Sache, nicht allzu ernst bei sich selbst.

DER PROVOKATEUR

PIERRE BOULEZ

*26. März 1925, Montbrison
†5. Jänner 2016, Baden-Baden

Widersprüchlicher konnte ein Mensch kaum sein.

Bereits als 20-Jähriger hatte Pierre Boulez bei einem Pariser Strawinsky-Konzert lautstark gegen dessen „neoklassische Färbung" protestiert, obwohl er ihn bis zuletzt als sein Vorbild bezeichnete – und dieser ihn wiederum als seinen legitimen Erben ansah.

Als in den 1950er-Jahren die Wiederentdeckung von Schönberg einsetzte, proklamierte er kurzerhand, dass „Schönberg tot" sei, weil er sich zu wenig radikal von den konventionellen Satzformen entfernt hätte – einige Jahre später führte er ihn exemplarisch auf. Die Kompositionen von Alban Berg bezeichnete er als Kitsch, um an anderer Stelle seine Liebe zu ihm einzugestehen.

Obwohl ihn Otto Klemperer als den Einzigen seiner Generation bezeichnet hat, der ein ausgezeichneter Dirigent und Musiker sei und er für seine zahllosen Aufnahmen unglaubliche 26 „Grammy Awards" erhielt, betrachtete er sich nicht in erster Linie als Dirigent.

Niemals hätte man solche Widersprüchlichkeiten bei einem anderen Künstler hingenommen – Pierre Boulez war einer der wenigen Musiker, dessen Äußerungen in jedem Falle ernst genommen wurden. Denn er war schon zu Lebzeiten zu einer Institution geworden, wobei man anmerken sollte, dass er auch gleichzeitig als einer der führenden Komponisten unserer Zeit galt.

Allerdings zeitigten seine Äußerungen auch durchaus fatale Folgen. 1967 proklamierte Boulez in einem viel beachteten „Spiegel"-Interview, dass es am besten sei, „die Opernhäuser in die Luft zu sprengen", was neben den üblichen Verwerfungen auf den Feuilletonseiten 34 Jahre später noch ein Nachspiel hatte, als er von einem Sonderkommando der Schweizer Polizei nächtens in seinem Basler Hotelzimmer überwältigt wurde, da er zu „Sprengstoffattentaten" aufgerufen hätte ... Die wackeren eidgenössischen Gesetzeshüter konnten natürlich nicht wissen, dass diese Äußerung grob aus dem Kontext gerissen war. Der Dirigent hatte damals lediglich die an Opern übliche Routine und ungenügende Vorbereitung bemängelt, der am „elegantesten" auf diese Art zu begegnen sei. Pierre Boulez liebte es eben, Denkanstöße zu vermitteln. Schließlich hatte er zum Zeitpunkt dieses Aufrufs schon seine ersten großen Erfolge als Operndirigent gefeiert. Wieland Wagner hatte ihn überraschenderweise dazu eingeladen, 1966 den *Parsifal* in Bayreuth zu dirigieren. Das Wagnis gelang: Zwar brach der 38-Jährige bewusst mit allen Traditionen und entkleidete das „sanctum sanctorum Wagners" von jeglicher Sentimentalität, doch durch die sachliche Annäherung geriet das Weihefestspiel in ein völlig neues, weil transparentes Licht. Nach diesem viel diskutieren Erfolg wurde Boulez zehn Jahre später damit beauftragt, zusammen mit dem Filmregisseur Patrice Chereau den *Jahrhundert-Ring* am Grünen Hügel zu gestalten. Die Rezeption durch das Publikum war für Boulez durchaus typisch: Gerieten die Aufführungen im ersten Jahr zum handfesten Skandal, endete die letzte *Götterdämmerung* vier Jahre später mit 101 Vorhängen und 90 Minuten Applaus, sodass er 2004 erneut zu einem *Parsifal* nach Bayreuth geladen wurde, wobei durchaus bemerkenswert war, dass er das Weihefestspiel im gleichen ungewöhnlich raschen Tempo durchmaß wie fast 40 Jahre zuvor. Das überrascht nicht, denn Boulez galt als ausgesprochen vernunftgesteuerter Dirigent. Selbst bei hoch emotionalen Werken, wie etwa Mahlers Symphonien, wirkte er niemals persönlich involviert. Mit der durchaus berechtigten Frage konfrontiert, ob er denn während einer Aufführung keine Empfindungen habe, antwortete er nur, dass er sehr wohl Emotionen habe, aber nicht verpflichtet sei, sie zu zeigen.

Wie viele seiner Kollegen wollte Boulez eigentlich Pianist werden. Schon mit sieben Jahren erhielt er seinen ersten Klavierunterricht. Nachdem er mit dem Besuch eines mehrjährigen Intensivkurses in Mathematik den Wünschen seines Vaters gefolgt war, wandte er sich 17-jährig endgültig der Musik zu, wurde aber „wegen Unfähigkeit" nicht zum Klavierstudium am Pariser Konservatorium zugelassen. So studierte er dort eben Harmonielehre und Komposition bei Olivier Messiaen sowie Analyse und Komposition bei René Leibowitz, einem leidenschaftlichen Verfechter der reinen Zwölftonlehre. Dirigieren brachte er sich in erster Linie selbst bei.

Nach einem Intermezzo als Leiter, Arrangeur und Komponist der Bühnenmusik bei der Compagnie Renaud-Barrault trat er zunächst als Komponist in den Vordergrund. Zwar dirigierte er von 1953 bis 1957 die Konzerte des von ihm begründeten Domaine Musical und übernahm

1959 die Leitung der Donaueschinger Musiktage. Dass er schließlich doch häufiger dirigierte, lag einfach daran, dass er „es nicht mehr ertragen konnte, die Musik unserer Zeit schlecht interpretiert zu hören", wie er in einem Zeitungsinterview sagte. Woraufhin ihm nichts anderes übrig blieb, als selbst Hand anzulegen. Auf einen Taktstock verzichtete er von Anfang an, weil man mit den Händen mehr ausdrücken könne als mit einem Holzstäbchen, das er mit einem Schwert verglich.

Das Schlüsselerlebnis, das ihn schließlich endgültig mit dem süßen Gift des Dirigierens infizieren sollte, hatte Boulez Ende der 1950er-Jahre in Donaueschingen, wo er Hans Rosbaud, den Leiter der dortigen Musiktage, kurzfristig bei einem Konzert mit Béla Bartóks Tanzpantomime *Der wunderbare Mandarin* ersetzen musste: „Ich war grässlich aufgeregt. Und dann habe ich den *Mandarin* ganz wild gemacht, so wild wie seitdem nie mehr. Es war ein großer Erfolg. Damit hat alles begonnen", schilderte er weiter.

Nach einem Streit mit den Pariser Kulturbehörden zog er 1958 nach Baden-Baden um, wo ihn der Südwestfunk, die Heimat seines Mentors Hans Rosbaud, mit offenen Armen aufnahm und sich damit das Recht erwarb, alle Uraufführungen seiner Werke zu senden. 1963 sollte er kurzzeitig nach Paris zurückkehren, um dort mit *Le Sacre du printemps* im Konzertsaal und mit *Wozzeck* an der Oper Furore zu machen. Erst als der experimentierfreudige Wieland Wagner ihn schließlich nach Bayreuth berief, wurde er auch als Dirigent der Musik des 19. Jahrhunderts bekannt.

Zeit seines Lebens dirigierte Boulez nur Werke der Komponisten, die zu ihrer Zeit in die Zukunft verwiesen haben: Beethoven, Bruckner, Wagner, Mahler – den er als Bindeglied zwischen Wagner und der Wiener Schule ansah –, daneben Berlioz, den frühen Strawinsky, Bartók, Ravel, Debussy, Varèse, Messiaen und zahlreiche zeitgenössische Komponisten. Tschaikowsky hat er niemals dirigiert, Brahms betrachtete er als „bourgeois und selbstgefällig", Prokofjew gar als „unbedeutendes Talent", selbst Britten und Schostakowitsch lehnte er als „konservativ" ab. Zwar gab er von 1967 bis 1972 als ständiger Gastdirigent regelmäßig Konzerte mit dem Cleveland Orchestra, dennoch sollte es noch einige Jahre dauern, bis er sich fest an ein Symphonieorchester band. 1969 verpflichtete sich Boulez als Chefdirigent des BBC Symphony Orchestra in London und wurde 1971 als Nachfolger des gänzlich anders gearteten Leonard Bernstein Musikdirektor des New York Philharmonic Orchestras, der er bis 1977 blieb. Danach beschränkte er sich wieder auf Gastdirigate und widmete seine restliche Zeit der Komposition und der Erforschung neuer Klänge.

1976 übernahm er in Paris die Präsidentschaft des neu gegründeten Ensembles InterContemporain (EIC) und des Institute de Recherche et de Coordination Acoustique-Musique (IRCAM), das sich der Forschung von neuer Musik widmete und dessen Leiter er bis 2002 blieb. Um den „verlorenen Sohn" näher an sein Heimatland zu binden, wurde ihm vom französischen Staat ermöglicht, die Cité de la Musique in Paris zu gründen. Zugleich trat er eine Professur für technische Neuerungen und musikalischen Ausdruck am Collège de France an.

Im Jahre 2003 hatte Boulez seine Lehrtätigkeit wieder aufgenommen, übrigens aus einem ähnlichen Grund, aus dem er ursprünglich das Dirigieren begonnen hatte. An der Lucerne Festival Academy, die er begründete und dessen Leitung er innehatte, wurden junge Instrumentalisten ausschließlich in der Musik des 20. und 21. Jahrhunderts ausgebildet.

Obgleich er in den Jahren vor seinem Tod meinte, dass „wir" – damit meinte er Karlheinz Stockhausen, Bruno Maderna und Luigi Nono, mit denen er die ehedem revolutionären *Darmstädter Ferienkurse für Neue Musik* besucht hatte – „damals nicht weit genug gegangen" sind, war Boulez im Alter besonnener geworden: „Ich bin unbedingt dafür, nach vorne zu schauen …, was nicht unbedingt heißt, dass man überall gleich Feuer legen muss", meinte er in einem Interview. Allzu weit wollte er mit seiner Konzilianz dann doch nicht gehen. Der Provokateur aus Leidenschaft fügte an gleicher Stelle hinzu: „Ich liebe immer noch den Kampf, unter der Bedingung, dass mir der Gegner ebenbürtig ist."

Und einen solchen hatte er bis zu seinem Tod nicht gefunden, denn wer wagt es schon, sich mit einer Institution anzulegen?

Fragen an Pierre Boulez

Wenn Sie die Möglichkeit hätten, mit irgendeinem Komponisten, ob tot oder lebendig, einen Abend zu verbringen, mit wem wollten Sie sich treffen und was würden Sie ihn fragen?
Lieber würde ich einen Schriftsteller oder Maler treffen. Das wäre für mich interessanter. Wenn ich etwa Monteverdi treffen würde, was könnte ich mit ihm besprechen?

In welcher Zeit hätten Sie als Komponist am liebsten gelebt?
In der Gegenwart.

Auf der Bühne entfernt man sich immer mehr vom Urtext, während man sich im Orchestergraben diesem immer mehr nähert. Wie beurteilen Sie diese Entwicklung?
Die Musik ist viel präziser als der Text, den man auf vielfältigere Art interpretieren kann. Als Regisseur hat man viel mehr Freiraum als ein Musiker. Wagner etwa hat die Handlung aus seiner Zeit heraus gesehen, während seine Musik außerhalb der Zeit steht.

Seit dem 20. Jahrhundert besteht das Konzertprogramm zu 90 Prozent aus Musik schon längst verstorbener Komponisten. Worin liegt Ihrer Meinung nach die Begründung dafür?
Dieses Problem herrscht schon eine lange Zeit. Schon Berlioz hat in seinen Memoiren beklagt, dass in Paris immer derselbe Beethoven und dieselben Werke von konservativen Komponisten gespielt würden, weil man gegenüber den Neuigkeiten nicht aufgeschlossen war. Bereits im 19. Jahrhundert hat man wegen des historischen Bewusstseins viel mehr Musik der Vergangenheit gespielt, weil die gegenwärtige Musik so individuell geworden war. Es gab schon immer einen Abstand zwischen dem neu Geschaffenen und dem bereits Akzeptierten. Das ist dasselbe wie in der Malerei. Die Impressionisten etwa, die heute überall gefeiert werden, waren in ihrer Zeit keineswegs angesehen.

Es gibt immer mehr sehr gute Orchester und immer weniger herausragende Dirigenten. Woran liegt das?
Das ist eine Frage der Persönlichkeiten – und der Genetik.

Welche gesellschaftliche Aufgabe hat die Musik in der heutigen Zeit?
Die Musik hatte bis zu Mozarts Zeiten, in der Kirche wie auch in der Gesellschaft, die Aufgabe der Unterhaltung. Jetzt ist sie leider eine elitäre Kultur geworden, die für viele nicht notwendig ist. Das liegt an der Erziehung, bei der die Kultur immer mehr vernachlässigt wird. Zudem hat die Kirche keinen Einfluss mehr auf die Musikkultur, wodurch diese nur mehr für eine Konzertgesellschaft relevant ist, die nur eine kleine Gruppe im Vergleich zur Bevölkerung bildet. Deshalb sollte man sich viel mehr um die kulturelle Erziehung kümmern, damit unsere Nachfahren erkennen können, wie wichtig die Kultur für das Leben ist.

Wären Sie kein Dirigent geworden, welchen Beruf hätten Sie ergriffen?
Keinen, weil ich keine andere Begabung habe.

Welcher Dirigent ist Ihr Vorbild und warum?
Es gibt kein Dirigentenvorbild für mich. Ich bin ja ziemlich spät zum Dirigieren gekommen, und als ich jung war und eigentlich bis heute, steht für mich im Konzert nicht der Dirigent im Vordergrund, sondern das Werk.

Was war Ihr bewegendstes Musikerlebnis?
Es sind immer die Jugenderlebnisse, die wichtig sind, weil man zum ersten Mal etwas Bestimmtes gehört hat. Ich bin in einer kleinen Stadt aufgewachsen, wo es kein Orchester gab. Erst als Student habe ich zum ersten Mal ein Orchesterkonzert erlebt, was ein großes Erlebnis war. Auch meine ersten Opern, die ich gehört habe, *Die Meistersinger von Nürnberg* und *Boris Godunow*, waren für mich eine ganz neue Welt. Diese ersten Eindrücke sind unwiederholbar.

Womit verbringen Sie am liebsten Ihre Freizeit?
Mit Dingen, bei denen ich mich geistig erfrische: Ich gehe spazieren, lese oder gehe in Ausstellungen.

Was hören Sie in Ihrer Freizeit?
Nichts.

Sind Interpretationsschemata dem Zeitgeist unterworfen?
Sicher. Wenn man etwa Furtwänglers Beethoven-Interpretationen hört, bemerkt man sehr stark den Einfluss von Wagner. Wenn man heutige

Aufnahmen damit vergleicht, die von der Erfahrung mit der Barockmusik gekennzeichnet sind, ist das ein ganz anderer Gesichtspunkt. Wobei beides legitim ist. Es gibt für mich keine Authentizität. Das ist reine Fantasie.

Welche Art von wissenschaftlicher Forschung würden Sie unterstützen?
Jede Forschung, die nicht dem Kriege dient, obwohl unsere Kultur sehr oft davon profitiert hat. All die Fortschritte, die nach dem Krieg in der Wissenschaft gemacht wurden, waren zuerst für diesen entwickelt.

Würden Sie noch einmal geboren, was würden Sie anders machen?
Nichts. Vielleicht würde ich die Zeit zwischen Komponieren und Dirigieren besser aufteilen.

Welche drei Dinge würden Sie auf eine einsame Insel mitnehmen?
Nur Notenpapier. Um in Ruhe zu komponieren.

Welches Motto steht über Ihrem Leben?
Keines. Das wäre eine Verpflichtung. Ich möchte frei sein. Schließlich ändert sich das Leben, und deshalb möchte ich auch immer mein Motto ändern können.

DER THEATERMACHER
CHRISTOPH VON DOHNÁNYI

*8. September 1929, Berlin

Es gehört schon ein gerüttelt Maß an Idealismus dazu, neben der musikalischen Leitung eines Opernhauses gleichzeitig noch dessen Intendanz zu übernehmen. Schließlich trägt man in so einem Fall nicht nur die künstlerische Gesamtverantwortung für ein Theater, sondern muss sich auch ständig um die mühsamen administrativen Belange kümmern. Zudem hat man einen viel schwereren Stand bei seinen musikalischen Mitstreitern, weil man sich nicht als Anwalt des künstlerischen Personals gegenüber der Direktion profilieren kann. Doch Christoph von Dohnányi kümmerte all das nicht. Er war viel zu neugierig, um sich von solchen Vorbehalten abschrecken zu lassen, und ging dieses Risiko sogar gleich zweimal in seinem Leben ein. Zu groß erschien ihm die Verlockung, im damals noch reichlich verstaubten deutschen Musiktheater etwas bewegen zu können.

Möglicherweise ist die Ursache für ein solch außergewöhnliches Verantwortungsbewusstsein in seiner Biografie zu finden. Zwar hatte der hochintelligente Spross einer prominenten Familie – sein Onkel war der Widerstandskämpfer Dietrich Bonhoeffer – schon frühzeitig mit dem Klavierspiel begonnen und mit fünf Jahren seine ersten Kompositionen zu Papier gebracht. Doch mit dem Beginn des Zweiten Weltkriegs fand der Junge kaum mehr die notwendige Muße, zumal sein Vater Hans, eine entscheidende Figur im Widerstand gegen Hitler, 1943 von der Gestapo verhaftet und zwei Jahre später im Konzentrationslager Sachsenhausen ermordet wurde.

Nachdem er trotz dieser außergewöhnlichen Belastung bereits mit 16 Jahren das Abitur bestanden hatte, strebte er zunächst eine Juristenkarriere an. Denn er war sich dessen bewusst, dass er durch die schicksalhaften Zeitläufte viel zu wenig Zeit gehabt hatte, sich so intensiv mit der Musik auseinanderzusetzen, wie es zur professionellen Ausübung notwendig gewesen wäre. Dennoch gab er nach vier Semestern seiner eigentlichen Neigung nach, verbrachte er doch inzwischen mehr Zeit mit dem Komponieren als mit seinem eigentlichen Studium. So verlegte Dohnányi, der während des Krieges in die Isarstadt verschickt worden war, 1948 seinen Interessenschwerpunkt an die Münchner Musikhochschule, wo er bereits nach drei Jahren sein Studium mit Auszeichnung abschloss.

Nachdem er bei seinem Großvater, dem berühmten Komponisten Ernő von Dohnányi, eine einjährige Fortbildung absolviert hatte, traf er 1952 auf Georg Solti, der sich gerade anschickte, die Leitung der Frankfurter Oper zu übernehmen. Von seinem jungen Kollegen offensichtlich angetan, engagierte ihn der ungarische Maestro als Korrepetitor und Dritten Kapellmeister. In Frankfurt sollte Dohnányi von seinem anspruchsvollen Mentor jede Unterstützung erfahren. Sogar ein selbst komponiertes Ballett durfte er in Frankfurt uraufführen. Ansonsten lagen seine Aufgaben auf dem Gebiet der zeitgenössischen Musik und der Operette. Dohnányi wusste seine Chance zu nutzen und lernte viel von Solti, den er damals als „Idol" ansah und bis heute als „wunderbaren Chef" bezeichnet.

Nach seiner Lehrzeit am Main wurde er 1957 als jüngster Generalmusikdirektor Deutschlands nach Lübeck berufen. 1963 wechselte er an das Staatstheater Kassel und schon ein Jahr später übernahm er darüber hinaus noch die Leitung des Kölner Rundfunk-Sinfonie-Orchesters, wodurch ihm endlich ein breiteres Podium geboten wurde, sodass er seine Stellung in Kassel nach drei Jahren wieder aufgab. Mit den Städtischen Bühnen Frankfurt wurde Dohnányi 1968 erstmals mit der musikalischen Leitung eines großen Opernhauses betraut. Doch damit nicht genug: Vier Jahre später übernahm er dort zusätzlich noch die Intendanz, was er rückblickend als seine „schönste Zeit" bezeichnet. Das verwundert nicht, konnte der nunmehrige Intendant im Sog der grundlegenden gesellschaftlichen Veränderungen doch das Wagnis eingehen, völlig neue Konzepte zu verwirklichen. Schließlich war das Frankfurt dieser Tage eines der Epizentren des kulturellen Wandels, von dem Deutschland gerade erschüttert wurde. Zudem stand Dohnányi mit dem damaligen Kulturdezernenten Hilmar Hoffmann und dem Assistenten Gerard Mortier ein streitlustiges Team zur Seite. Junge und experimentierfreudige Regisseure, wie etwa Peter Mussbach, Volker Schlöndorff oder Hans Neuenfels wurden engagiert, zwei Opern, *Fidelio* und *Figaro*, inszenierte Dohnányi sogar selbst. Das Opernhaus Frankfurt war unter seiner Leitung zu einem der Hauptzentren progressiver Opernaufführungen geworden. Dennoch verließ er 1977 die Stadt am

Main, zu sehr nahmen ihn unterdessen seine internationalen Verpflichtungen in Anspruch.

Doch 1978 konnte er der Versuchung nicht widerstehen, die Intendanz und die Position des Chefdirigenten an der Hamburgischen Staatsoper zu übernehmen. Wie einst in Frankfurt band er junge Regisseure wie Jürgen Flimm und Luc Bondy an sein Haus, mit dem erklärten Ziel, durch progressive Aufführungen auch im Repertoirebetrieb höchstmögliche Qualität zu garantieren. Ungeachtet einiger szenischer und musikalischer Glanzpunkte war die Euphorie des Aufbruchs der „68er" inzwischen den nüchternen Kalkulationen einer wirtschaftlich schwereren Zeit gewichen. Als weiterer Wermutstropfen kamen größere Schwierigkeiten mit dem Orchester hinzu, was Dohnányi in seiner Doppelfunktion zusätzlich belastete.

In dieser unerfreulichen Situation wurde ihm ein Angebot unterbreitet, das er nicht ablehnen konnte. Als Nachfolger Lorin Maazels wurde er 1982 zum „Music Director Designate" und 1984 zum Musikdirektor des Cleveland Orchestra ernannt, bei dem er erst 1981 debütiert hatte. Bei diesem profilierten Klangkörper der Neuen Welt, wo er „die vielleicht glücklichste Zeit in seinem Leben" verbracht hatte, blieb er bis 2002, wobei er 1997 wieder einen Brückenschlag nach Europa vornahm, als er die Stellung des Chefdirigenten beim legendären Philharmonia Orchestra London antrat, von dem er sich als Ehrendirigent nach elf Jahren wieder verabschiedete. In den Jahren von 2004 bis 2011 übernahm der Unermüdliche darüber hinaus die Leitung des NDR-Sinfonieorchesters in Hamburg, was er gleichsam als seinen persönlichen Beitrag zur „einmaligen deutschen Kulturlandschaft" verstand, für die er eine große Verantwortung empfindet: „Wenn wir hier versagen und den Abbau, der überall stattfindet, mitmachen, ist dies ein schuldhaftes Verhalten diesem Land gegenüber", begründete er diesen Schritt in einem Radiointerview mit seinem neuen Arbeitgeber. Da sich unter seinen Orchestern lange Zeit kein Opernorchester befand, legte Dohnányi stets großen Wert darauf, regelmäßig an den Zentren des Musikdramas in London, Paris und Zürich präsent zu sein. Was kein Wunder ist, empfand Dohnányi doch immer eine große Affinität zur Oper.

Neben zahlreichen Aufführungen bei den Salzburger Festspielen, am Opernhaus Zürich und in Wien, wo er 1992/1993 an der Staatsoper etwa den gesamten *Ring des Nibelungen* aufführte, umfasst seine umfangreiche Diskografie zahlreiche Einspielungen der verschiedensten Bühnenwerke. Mit den Wiener Philharmonikern nahm er etwa *Wozzeck, Lulu, Fidelio,*

Der fliegende Holländer und *Salome* auf, mit dem Cleveland Orchestra, als dessen Ehrendirigent er fungiert, *Das Rheingold* und *Die Walküre*. Selbstverständlich für einen Dirigenten seines Rufs hat er auch sämtliche Symphonien von Beethoven, Brahms und Schumann sowie zahlreiche andere Werke des symphonischen Repertoires eingespielt.

Christoph von Dohnányi ist auch heute noch keineswegs von Altersweisheit beseelt, noch immer gleicht er dank seines messerscharfen Verstands zuweilen einem Agent Provocateur, etwa wenn er sich so explizit wie kaum ein anderer über die Originalklangbewegung auslässt. Obgleich er einräumt, einiges durch die historische Spielpraxis gelernt zu haben, glaubt er, dass diese Rückbesinnung auch zum Teil einem „Marktlücken"-Denken entspringt.

Und in seiner Begründung dafür blitzt in einem Interview mit Joachim Reiber wieder der „Bilderstürmer" aus Frankfurter Zeiten in ihm auf: „Retrospektive kann nur interessant sein im Sinne der Gegenwart … Wenn man aus Geschichte lernen kann für heute – ja. Aber Geschichte wiederherstellen – nein!"

Doch auch bezüglich der modernen Musik hat er Unerwartetes zu vermelden. Obwohl er, durchaus berechtigt, als analytischer Vertreter seiner Zunft gilt und ihm dadurch auch der Ruf eines Dirigenten der Moderne vorauseilt, ist er unterdessen der Meinung, dass nach dem Zweiten Weltkrieg „nur sehr weniges geschrieben worden" ist, wovon er glaubt, „dass es einen wirklich großen Bestandsfaktor beinhaltet, aber da kann man sich sehr irren", wie er gegenüber Dieter David Scholz sagte. Dennoch ist er der Meinung, dass „heute … leider sehr wenig komponiert [wird], und noch weniger Großes".

Anlässlich seines 85. Geburtstages antwortete er in einem Interview mit der „Presse" auf die Frage, ob er seinen Beruf als „Altersjob" empfände: „Wenn ich nicht immer wieder etwas Neues in der Musik entdeckte, würde ich nicht mehr dirigieren, dann hätte ich Besseres zu tun."

FRAGEN AN CHRISTOPH VON DOHNÁNYI

Wenn Sie die Möglichkeit hätten, mit irgendeinem Komponisten, ob tot oder lebendig, einen Abend zu verbringen, mit wem wollten Sie sich treffen und was würden Sie ihn fragen?
Bach, um ihm dieselbe Frage zu stellen.

In welcher Zeit hätten Sie als Komponist am liebsten gelebt?
Ich kenne, oder glaube, sie ein bisschen zu kennen: in unserer Zeit.

Auf der Bühne entfernt man sich immer mehr vom Urtext, während man sich im Orchestergraben diesem immer mehr nähert. Wie beurteilen Sie diese Entwicklung?
„Urtext" – meist doch nur Wörter oder Notenköpfe. Zwischen den Zeilen findet man den „Urtext".

Seit dem 20. Jahrhundert besteht das Konzertprogramm zu 90 Prozent aus Musik schon längst verstorbener Komponisten. Worin liegt Ihrer Meinung nach die Begründung dafür?
Erstens stimmt das nur regional und zweitens: Geschäft, Geschäft, Geschäft …!

Es gibt immer mehr sehr gute Orchester und immer weniger herausragende Dirigenten. Woran liegt das?
Persönlichkeit ist die Sache.

Welche gesellschaftliche Aufgabe hat die Musik in der heutigen Zeit?
Die, die sie wohl immer hatte. Primär Unterhaltung, für wenige etwas anderes.

Wären Sie kein Dirigent geworden, welchen Beruf hätten Sie ergriffen?
Wenn man in einer Partnerschaft glücklich ist, fällt es schwer, über andere nachzudenken.

Welcher Dirigent ist Ihr Vorbild und warum?
Für jeweils anderes ein anderer.

Was war Ihr bewegendstes Musikerlebnis?
Das ist die Frage nach dem „schönsten" Tag im Leben.

Was hören Sie in Ihrer Freizeit?
Kinder spielen und Flugzeuge, oder die Unterhaltungen der Fische im Aquarium.

Womit verbringen Sie am liebsten Ihre Freizeit?
Ich habe Höhenangst, also nicht beim Bergsteigen.

Sind Interpretationsschemata dem Zeitgeist unterworfen?
Ich möchte sagen: „hoffentlich".

Welche Art von wissenschaftlicher Forschung würden Sie unterstützen?
Forschung, die zur Früherkennung von Krebsgeschwüren der Politik in der Geschichte der Menschheit führen könnte.

Würden Sie noch einmal geboren, was würden Sie anders machen?
Vielleicht es diesmal in einer anderen Welt versuchen?

Welche drei Dinge würden Sie auf eine einsame Insel mitnehmen?
Kommt darauf an, ob ich die Insel wieder verlassen dürfte. Wenn nicht, ginge ich gar nicht dorthin!

Welches Motto steht über Ihrem Leben?
Das weiß der Himmel.

DER ZAUBERLEHRLING

GUSTAVO DUDAMEL

*26. Jänner 1981, Barquisimeto, Venezuela

Hollywood hätte eine solche Biografie nicht besser erfinden können. In einem Entwicklungsland, dessen Bevölkerung zu einem großen Teil unter der Armutsgrenze lebt, ersinnt ein Musikwissenschaftler ein Programm, mit dem er die grassierende Gewalttätigkeit unter den Jugendlichen eindämmen will, indem er sie ein Instrument erlernen lässt, um sie von der Straße zu holen und deren soziales Bewusstsein durch das gemeinsame Musizieren zu stärken. Innerhalb dieses Systems wächst ein talentierter Geiger heran, der sich, gerade einmal zwölfjährig, unversehens als Leiter seines Orchesters wiederfindet, als der etatmäßige Dirigent kurzfristig verhindert ist und er dazu aufgefordert wird, ihn zu vertreten. Dabei wird sein außergewöhnliches Talent entdeckt, woraufhin er eine spektakuläre Blitzkarriere macht und binnen Kurzem die besten Orchester der Welt dirigiert.

Was auf den ersten Blick wie ein Märchen klingt, hat sich tatsächlich so ereignet. Der venezolanische Musikwissenschaftler Antonio Abreu fasste angesichts des grassierenden Elends in seinem Heimatland eines Tages den wagemutigen Plan, Kinder und Jugendliche mithilfe der klassischen Musik von der Straße zu holen und ihrem Leben damit eine Perspektive zu geben. Mit der Unterstützung von jungen Berufsmusikern gründete er 1975 ein völlig neuartiges Orchester – das Orquesta Sinfónica de la Juventud Venezolana Simón Bolívar. Damit wollte Abreu die Musik zur Bildung und seelischen und sozialen Stabilisierung von Heranwachsenden nutzen, indem die Musiker ihr Wissen an Kinder aus den ärmsten Verhältnissen weitergeben. Durch Ölreichtum zu Wohlstand gekommen, erklärte sich die Regierung dazu bereit, dieses Experiment zu unterstützen. So konnte Abreu das einmalige System der Kinder- und Jugendorchester realisieren, in dem die Heranwachsenden bereits mit zwei Jahren sechs Tage in der Woche Musikunterricht erhalten. Oft aus schwierigen Verhältnissen stammend, genießen die Kinder in den Musikschulen eine sichere und gewaltfreie Umgebung und werden dort mit Kleidern und Nahrung versorgt.

Tatsächlich entwickelte sich das sogenannte *Sistema* (Sistema de Orquestas Juveniles de Venezuela) zu einer weltweit beachteten Erfolgsgeschichte, das viele Kinder und Jugendliche zu begeisterten Musikern machte und dessen Konzept unterdessen auch in anderen Problemzonen der Welt mit Erfolg angewendet wird.

Aus diesem gingen bereits etliche Spitzenmusiker hervor, wobei Gustavo Dudamel sicherlich die spektakulärste Karriere machte. Nachdem er so überraschend zum Orchesterleiter aufgestiegen war, begann Dudamel 1996 sein Dirigierstudium bei Rodolfo Saglimbeni und trat noch in demselben Jahr sein erstes Amt als Musikdirektor des venezolanischen Amadeus-Kammerorchesters an. Mit gerade einmal 18 Jahren wurde er zum Chefdirigenten des staatlichen venezolanischen Jugendorchesters ernannt und setzte seine Dirigierstudien bei José Antonio Abreu fort. Mit 19 Jahren absolvierte er mit dem Orchester seine erste Deutschland-Tournee und debütierte mit ihm in der Berliner Philharmonie.

Aufgrund der Umstände erscheint die frühe Karriere des venezolanischen Talents geradezu märchenhaft und machte die ganze musikalische Welt auf das einzigartige Erziehungssystem seines Heimatlandes aufmerksam – und auf das singuläre Talent dieses jungen Dirigenten, der sich geradezu prototypisch als Galionsfigur einer neuen Dirigentengeneration eignet. Denn neben seinem außerordentlichen Talent sieht der junge Mann auch noch gut aus und besitzt die Fähigkeit, kraft seines südamerikanischen Temperaments die Massen zu Jubelstürmen hinzureißen und die Musiker gleichermaßen zu Höchstleistungen zu motivieren.

Die Grundlage seiner internationalen Karriere stellte der Gewinn des „Gustav-Mahler-Dirigentenwettbewerbs" der Bamberger Symphoniker dar. Da war der Heißsporn gerade einmal 23 Jahre alt. Nach seinen Debüts mit dem Israel Philharmonic Orchestra, dem Orchestre Philharmonique de Radio France und dem London Philharmonia Orchestra im Jahre 2005 unterschrieb er bei der Deutschen Grammophon einen Exklusivvertrag, was ihn für alle großen Orchester interessant machte. Seitdem nahm der 2012 mit dem *Grammy Award* ausgezeichnete Dirigent zahlreiche CDs auf, unter anderem mit den Berliner und Wiener Philharmonikern, mit dem Simón Bolívar Symphony Orchestra of Venezuela und dem Los Angeles Philharmonic Orchestra sowie mit der Staatskapelle Berlin. Doch damit nicht genug: Gustavo Dudamel hat auch Komposition studiert und die Filmmusik zum Spielfilm *Libertador* geschrieben, der – wie könnte es auch anders sein – vom Leben des Volkshelden Simón Bolívar handelt.

Unterdessen hat er sich selbst zu einer Art Volksheld entwickelt, wovon zahlreiche Fernsehsendungen und die Dokumentation über ihn – *Dudamel: Let the Children Play* – zeugen, die in mehr als 500 Kinos in den Vereinigten Staaten gezeigt wurde. Die Auszeichnungen, die dem Ausnahmekünstler schon in jungen Jahren verliehen wurden, sind Legion. Bereits 2008 wurde dem Simón Bolívar Youth Orchestra der „Prinz-von-Asturien-Preis" in der Kategorie Kunst zuerkannt, 2009 wurde er in Paris als Chevalier in den „Ordre des Arts et des Lettres" aufgenommen, 2011 in die „Gramophone Hall of Fame" und 2013 von Musical America zum „Künstler des Jahres" ernannt. 2009 war er vom *Time-Magazine* in der Liste der 100 einflussreichsten Persönlichkeiten aufgeführt worden.

Dabei ging er seine Karriere für seine Verhältnisse geradezu behutsam an. Im Jahre 2007 übernahm Dudamel die Stelle des Chefdirigenten der Göteborger Symphoniker, wo er bis 2012 blieb. Im Jahre 2008 leitete er zum ersten Mal die Berliner Philharmoniker, zu denen er seitdem regelmäßig zurückkehrt. Er war sogar als Nachfolger Sir Simon Rattles als Chef dieses Paradeorchesters im Gespräch, entzog sich dieser Wahl aber durch seine vorzeitige Vertragsverlängerung beim Los Angeles Philharmonic Orchestra, als dessen Erster Musikdirektor er seit dem Jahr 2009 fungiert. Was auch folgerichtig schien, hatte ihm diese Stellung doch ermöglicht, in seinen Programmen eine besondere Vielfalt zu entwickeln – alleine 60 Werke erlebten in den ersten fünf Jahren seiner Ägide ihre Uraufführung, wovon er selbst 20 leitete. Eine solche Programmvielfalt wäre ihm als Chef des deutschen Nobelorchesters wohl kaum möglich gewesen. Zudem konnte er die Philosophie des *Sistema* auch in Kalifornien realisieren, wo er das Youth Orchestra Los Angeles (YOLA) initiierte, das regelmäßig Kinder aus prekären Verhältnissen aufnimmt und an Instrumenten ausbildet. Was wiederum als Vorbild für etliche andere Einrichtungen dieser Art in den Vereinigten Staaten, wie auch in einigen europäischen Ländern, in Schweden oder Schottland etwa, diente.

Denn Dudamel hat nie vergessen, woher er kam und wem er seine Karriere zu verdanken hat. Gemäß den Vorstellungen seines Mentors José Antonio Abreu will er die scheinbar elitäre klassische Musik allen Menschen zugänglich machen und möglichst viele Heranwachsende davon überzeugen, welch wichtige soziale Komponente das gemeinsame Musizieren beinhaltet. Er ist der festen Überzeugung, dass jeder Mensch Zugang zur Musik haben sollte. Diesem Grundsatz ist auch die Gründung der *Gustavo Dudamel Foundation* geschuldet, deren Ziel darin besteht, möglichst vielen Kindern – ungeachtet ihrer Herkunft – die Möglichkeit zu geben, Musik aktiv und passiv erleben zu können.

Folgerichtig leitet Dudamel nach wie vor das Simón Bolívar Symphony Orchestra of Venezuela, mit dem er regelmäßig auf Reisen geht. Jedes Jahr verbringt er bis zu fünf Monate mit den Orchestern und den Kindern von *El Sistema* in seinem Heimatland. Die Idee, wie auch die Qualität des Simón-Bolívar-Jugendorchesters haben unterdessen auch Dirigentenstars wie Claudio Abbado, Daniel Barenboim und Sir Simon Rattle überzeugt, die allesamt schon mit ihm musiziert haben. Als Musikdirektor des Simón Bolívar Symphony Orchestra of Venezuela wacht Dudamel bis heute über die Qualität des Ergebnisses dieses einmaligen Erziehungsprojekts.

Nachdem er auf symphonischem Gebiet schon so großartige Erfolge verzeichnet hatte, wagte er sich 2015 erstmals auch in die großen europäischen Opernhäuser. Zwar hatte er schon 2006 mit *Don Giovanni* an der Mailänder Scala und 2007 mit Gaetano Donizettis *L'elisir d'amore* an der Berliner Staatsoper als Operndirigent debütiert, doch für eine Neueinstudierung nahm er sich noch ein wenig Zeit. Nach einer *Bohème* an der Mailänder Scala mit dem Simón Bolívar Symphony Orchestra im Jahre 2015 leitete er an der Berliner Staatsoper eine Neuproduktion von Mozarts *Le nozze di Figaro*. Im April 2016 gab er sein aufsehenerregendes Debüt an der Wiener Staatsoper mit einer Neuproduktion von Puccinis *Turandot*. Mit den Wiener Philharmonikern verbindet ihn ohnehin schon länger eine herzliche künstlerische Beziehung.

Wie anders ist es zu erklären, dass sie Dudamel als bislang jüngstem Dirigenten das renommierte Neujahrskonzert 2017 anvertrauten?

FRAGEN AN GUSTAVO DUDAMEL

Wenn Sie die Möglichkeit hätten, mit irgendeinem Komponisten, ob tot oder lebendig, einen Abend zu verbringen, mit wem wollten Sie sich treffen und was würden Sie ihn fragen?
Zweifellos mit Beethoven. Ich würde ihn fragen, welche Oper er als Nächstes geschrieben hätte. *Fidelio* ist so großartig, dass ich mich oft gefragt habe, was er wohl als Nächstes geschrieben hätte.

In welcher Zeit hätten Sie als Komponist am liebsten gelebt?
Ich bin sehr glücklich in der heutigen Zeit.

Auf der Bühne entfernt man sich immer mehr vom Urtext, während man sich im Orchestergraben diesem immer mehr nähert. Wie beurteilen Sie diese Entwicklung?
Die wesentlichste Aufgabe besteht in meinen Augen darin, den Intentionen des Komponisten mit Demut und Respekt zu begegnen. Natürlich ist es letztlich die Deutung, die den Werken Leben einhaucht und es für die heutige Zeit interessant macht. Ich begegne diesen Ideen stets mit großem Interesse und genieße es, mit verschiedenen Regisseuren zu arbeiten und ihre Gedanken zu teilen.

Seit dem 20. Jahrhundert besteht das Konzertprogramm zu 90 Prozent aus Musik schon längst verstorbener Komponisten. Worin liegt Ihrer Meinung nach die Begründung dafür?
Genau aus diesem Grund tun wir in Los Angeles alles dafür, um das zu ändern. Während meiner ersten sechs Jahre als Musikdirektor haben wir mehr Werke in Auftrag gegeben und aufgeführt als jemals zuvor in der 98-jährigen Geschichte des Orchesters. Im Mai 2016 etwa haben wir Arvo Pärts neues Werk „Greater Antiphones" zur Uraufführung gebracht, sodass ich nun insgesamt 21 Kompositionen zur amerikanischen Erstaufführung oder Welturaufführung gebracht habe, ganz zu schweigen von den anderen Dirigenten meines Orchesters. Wir *feiern* die neue Musik – und auch wenn es schwer zu glauben ist, unsere Konzerte mit neuer Musik sind restlos ausverkauft!

Es gibt immer mehr sehr gute Orchester und immer weniger herausragende Dirigenten. Woran liegt das?

Ob ein Orchester außergewöhnlich oder nur mittelmäßig spielt, hängt davon ab, inwieweit sich der Dirigent in das Kollektiv einbringt. Taktschlagen ist die einfachste Übung – eine viel größere Rolle spielt die Psychologie, die weit über die Ausübung der Musik hinausgeht. Deshalb ist es so wichtig, dass junge Dirigenten nicht alleine die technische Seite des Handwerks lernen, sondern sich auch die Zeit dafür nehmen, in Ruhe ihre eigenen Gedanken zu entwickeln.

Welche gesellschaftliche Aufgabe hat die Musik in der heutigen Zeit?
Die klassische Musik ist heutzutage nicht mehr länger an ein bestimmtes Land oder an eine bestimmte Kultur gebunden. Sie ist global und universell zugleich. Genau das versuchen wir mit *El Sistema* in Venezuela zu zeigen, ungeachtet der Tatsache, dass wir dort den Zugang zur Musik für jeden ermöglicht haben. Dabei wollen wir keine Musiker heranzüchten. Wir wollen den Menschen die Möglichkeit geben, sich zu entwickeln und sich selbst zu verwirklichen. Unser Ziel ist es, etwas Gutes für jeden Einzelnen zu erreichen. Einen gemeinsamen Fortschritt also, mit dem Ziel, dass Kinder und Jugendliche den Großteil ihrer Zeit sinnvoll verbringen können. Dadurch werden ihre Emotionen in die richtige Richtung kanalisiert, nämlich auf die Suche nach der Schönheit. Die Kunst ist der wichtigste Teil unserer Erziehung, sie gibt uns die Möglichkeit, etwas Schönes zu schaffen. Die Zeit ist unser größtes Kapital und wir müssen sie nutzen, um unsere natürliche Sensibilität zu nutzen und uns zu besseren Menschen zu entwickeln.

Wären Sie kein Dirigent geworden, welchen Beruf hätten Sie ergriffen?
Da bin ich mir ganz sicher: Ich wäre Koch geworden! Ein ganz dicker Koch – denn meine zweite Leidenschaft ist kochen und essen. Sie können sich nicht vorstellen, wie viel Vergnügen mir gutes Essen bereitet!

Welcher Dirigent ist Ihr Vorbild und warum?
Das ist eine schwierige Frage: Karajan, Harnoncourt, Bernstein, Giulini und natürlich Claudio! Abbado war wie ein Vater zu mir und ich vermisse ihn schrecklich!

Was war Ihr bewegendstes Musikerlebnis?
Meine Inspiration, Motivation und Energie bekomme ich durch die Begeisterungsfähigkeit der Kinder in meinen musikalischen Projekten überall in der Welt. Manchmal fühle ich mich wie deren geistiger Vater.

Es erfüllt mich mit großem Stolz, wenn die jungen Menschen gemeinsam so viel Freude in der Musik erleben, und ich fühle mich davon so erfüllt, wenn ich in Caracas war.

Ich erinnere mich genau daran, als ich das erste Mal in einem Orchester spielte, an einem der letzten Pulte der zweiten Geigen in einem riesigen Orchester von ungefähr 300 Musikern und Maestro Abreu zu mir sagte: „Setz dich hin, erlebe die Erfahrung, höre zu und spiele." Und ich tat, wie mir geheißen. Glauben Sie mir, ich hatte keine Ahnung von den Noten, aber in diesem Klangmeer zu sitzen und zu spielen, als gäbe es kein Morgen ... Ich spielte wie besessen. Dieser unbeschreibliche Moment von gemeinsamer Anstrengung, das war unglaublich inspirierend für mich.

Womit verbringen Sie am liebsten Ihre Freizeit?
Freizeit habe ich nicht viel, aber die verbringe ich am liebsten mit meiner Familie.

Was hören Sie in Ihrer Freizeit?
Alles. Ich bin mir nicht sicher, ob es irgendeine Musikrichtung gibt, die ich nicht in meiner Sammlung habe. Und wenn nicht, dann habe ich sie wahrscheinlich im Internet gefunden.

Sind Interpretationsschemata dem Zeitgeist unterworfen?
Absolut!

Welche Art von wissenschaftlicher Forschung würden Sie unterstützen?
Ich bin vom menschlichen Gehirn fasziniert: Es ist so komplex, wunderbar und geheimnisvoll.

Würden Sie noch einmal geboren, was würden Sie anders machen?
Nichts.

Welche drei Dinge würden Sie auf eine einsame Insel mitnehmen?
Ich benötige nichts außer der Liebe meines Lebens.

Welches Motto steht über Ihrem Leben?
„Keine Wirkung ist ohne Ursache. Und wir leben in der besten aller Welten."
(Nach Voltaires „Candide".)

DER PHILANTHROP

CHRISTOPH ESCHENBACH

*20. Februar 1940, Breslau

Christoph Eschenbachs tiefe Liebe zur Musik ist in einer tragischen Ursache aus seiner Kindheit begründet. Schließlich waren seine ersten Lebensjahre von furchtbaren Schicksalsschlägen geprägt: Nachdem die Mutter bei seiner Geburt gestorben war, wurde sein Vater, der Musikwissenschaftler Heribert Ringmann, wenig später von den Nationalsozialisten in ein „Bewährungsbataillon" versetzt, das an der Front aufgerieben wurde. Mit der Großmutter, seiner letzten verbliebenen Bezugsperson, musste er gegen Kriegsende eine äußerst beschwerliche Flucht vor den heranrückenden Russen antreten. Binnen eines Jahres starb auch diese an den bei der Vertreibung erlittenen Strapazen. Diese schier hoffnungslose Lage des schwer gezeichneten Kindes erlebte durch den ersten Glücksfall in seinem noch so kurzen Dasein jedoch eine grundlegende Wandlung, als die Cousine seiner Mutter ihn an Kindes statt annahm.

Der sensible Knabe, selbst schwer krank, hatte durch die schrecklichen Erlebnisse seine Sprache verloren. Glücklicherweise spielte die Musik im Hause seiner Pflegeeltern eine bedeutsame Rolle, schließlich war seine Adoptivmutter Wallydore Eschenbach ausgebildete Sängerin und Pianistin und auch deren Ehemann liebte das Geigenspiel. Christophs erste sprachliche Äußerung nach seinem langen Schweigen sollte symptomatisch für sein weiteres Leben sein, denn es war ein schlichtes „Ja" auf die Frage, ob er selbst auch Musik machen wolle. So wuchs der Knabe unter der Anleitung seiner Mama zu einem vielversprechenden Pianisten heran, der bereits als Elfjähriger seinen ersten Wettbewerb gewann.

Trotz dieser günstigen Aussichten änderte sich sein Berufswunsch, als er zum ersten Mal die Berliner Philharmoniker unter Wilhelm Furtwängler erlebte, von nun an wollte er Dirigent werden. Konfrontiert mit diesem Verlangen verfügte seine Mutter, dass er, neben dem Klavierspiel, zusätzlich ein Orchesterinstrument erlernen sollte. Das Studium der Violine, das er daraufhin in Angriff nahm, zeitigte einen solchen Erfolg, dass er schon bald in die musikalischen Soireen seines Adoptivvaters mit einbezogen wurde.

Als die Familie 1953 nach Aachen umzog, bot sich dem jungen Christoph Eschenbach die Gelegenheit, regelmäßig Orchesterkonzerten auf hohem Niveau beizuwohnen. Zu dieser Zeit war Wolfgang Sawallisch Generalmusikdirektor beim Städtischen Orchester, dessen Nachfolger er 50 Jahre später in Philadelphia werden sollte. Der musikhungrige Heranwachsende versäumte keines seiner Konzerte. Nach dem Abitur zog er nach Hamburg, wo er mit Klavier, Dirigieren und Violine gleich drei Hauptfächer an der Musikhochschule belegte. Vorerst sollte er jedoch nur an seinem angestammten Instrument Weltkarriere machen.

Nachdem er 1962 den ARD-Wettbewerb und 1965 den Concours Clara Haskil in Luzern gewonnen hatte, lud ihn Herbert von Karajan ein, mit ihm das 1. Klavierkonzert von Beethoven einzuspielen, woraufhin er als „Deutschlands bedeutendster Pianist der Nachkriegszeit" gefeiert wurde. Karajan, der immer wieder mit ihm zusammen arbeiten sollte, und George Szell, der ihn 1969 zum gemeinsamen Musizieren nach Cleveland einlud, wurden seine prägenden Dirigentengestalten in den 1960er-Jahren.

Durch seine aufsehenerregende Pianistenkarriere hatte er das Dirigieren vorerst vernachlässigt, gleichwohl er sein Studium 1964 in Hamburg abgeschlossen hatte. Dennoch hatte er niemals seinen Lebenstraum aus den Augen verloren. Im April 1972 war es schließlich so weit: Eschenbach debütierte als Dirigent in Hamburg mit Anton Bruckners 3. Symphonie – und hatte sogleich Erfolg. Nach etlichen Gastdirigaten bei großen Orchestern übernahm er 1978 seine erste Position als Chefdirigent bei der Staatsphilharmonie Rheinland-Pfalz in Ludwigshafen, wo er systematisch mit dem Aufbau seines symphonischen Repertoires begann. Dies brachte einen enormen Arbeitsaufwand mit sich, schließlich hatte er dort fast die gesamte Saison zu tun, was bedeutete, dass er jede Woche ein anderes Programm dirigieren musste. Zur Vorbereitung reiste er regelmäßig nach Rumänien, wo er in Bukarest oder in der Provinz mit den für ihn neuen Werken gastierte, „ohne dass es große Wellen schlug", wie er gegenüber Sören Meyer-Eller in einem Interview erläuterte. Seine pianistische Tätigkeit schränkte er nunmehr auf Kammermusik und die Begleitung von Sängern ein.

1978 machte Eschenbach seine erste größere Tournee durch die Vereinigten Staaten, in deren Verlauf er das Boston Symphony Orchestra, das Chicago Symphony Orchestra und das Los Angeles Philharmonic Orchestra leitete, wodurch der bereits namhafte Pianist in den USA auch als Dirigent bekannt wurde. 1981 wurde er gleichzeitig zum Ersten Gastdirigenten des London Philharmonic Orchestra und des Tonhalle Orchesters Zürich ernannt, dessen Leitung er schließlich 1982 als Chefdirigent übernahm. Nach vier erfolgreichen Jahren an der Limmat und etlichen Dirigaten bei den großen Orchestern in Berlin, Wien, London und Amsterdam genoss er erst einmal die Freiheit von den zahlreichen administrativen Belangen, die mit der Position eines musikalischen Leiters verbunden sind, und verbrachte die nächsten zwei Jahre ausschließlich als Gastdirigent. Als ihm jedoch das Houston Symphony Orchestra, mit dem er seit seinem Debüt im Jahre 1983 regelmäßig aufgetreten war, 1988 das Angebot unterbreitete, dessen Chefdirigent zu werden, konnte er nicht widerstehen. In dem dort herrschenden konservativen Umfeld wurde er sich erstmals der Notwendigkeit bewusst, das Publikum auch an zeitgenössische Musik heranführen zu müssen. Bis 1999 sollte er in Texas bleiben, wo er das Orchester zu einem hochklassigen Klangkörper formte, was in zahlreichen umjubelten Tourneen, diversen Platteneinspielungen und schließlich seiner Ernennung zum Ehrendirigenten seinen Niederschlag fand.

1998 kehrte Eschenbach an den Ort seiner musikalischen Lehrzeit zurück und übernahm die Position des Chefdirigenten des NDR-Sinfonieorchesters Hamburg, mit dem er seit seinen Studienzeiten zuerst als Zuhörer und später auch als Klaviersolist eng verbunden war. Da er damit die Leitung eines Orchesters übernahm, das durch seinen Bildungsauftrag regelmäßig zeitgenössische Musik spielen musste, suchte er nach gangbaren Wegen, um auch das Publikum für diese Programme zu gewinnen. Schließlich sind die Rezeptionsprobleme der Neuen Musik nach seiner Meinung auch darin begründet, dass sie zu wenig gehört wird. Um diesem Missstand abzuhelfen, geht Eschenbach zuweilen auch ungewöhnliche Wege. So dirigierte er zur Jahrtausendwende etwa ein „Neujahrskonzert" mit dem Titel *Sieben Horizonte*, in dem er sieben Uraufführungen präsentierte. Zusätzlich zu seiner Verpflichtung in Hamburg wurde er im Jahre 2000 zum musikalischen Direktor des renommierten Orchestre de Paris ernannt. Die Leitung des Orchesters des NDR gab er 2004 zugunsten des berühmten Philadelphia Orchestra auf, womit er auch nominell im Dirigentenolymp angekommen war.

Seiner stets wachsenden Affinität zur zeitgenössischen Musik folgend, verkündete er dem Publikum bereits bei seinem Eröffnungskonzert im Jahre 2003, dass während seiner Regentschaft mit zahlreichen „indoor hurricanes" zu rechnen sei, womit er einer langen Tradition an diesem Ort folgte. Schließlich hatte das Orchester in seiner Vergangenheit schon zahlreiche Ur- und Erstaufführungen aus der Taufe gehoben, wie unter der Leitung seines Vorgängers Wolfgang Sawallisch oder, vor Eugene Ormandys Zeiten, in der Ära des legendären Leopold Stokowski.

Nachdem er 2008 die musikalische Leitung in Philadelphia und 2009 die in Paris niedergelegt hatte, wurde er zum musikalischen Leiter des National Orchestra in Washington und gleichzeitig zum musikalischen Direktor des Kennedy Centers ernannt. Die Verleihung des bedeutenden Ernst-von-Siemens-Musikpreises im Jahre 2015 mag stellvertretend für die vielen Auszeichnungen stehen, die Eschenbach für seine künstlerische Arbeit erhalten hat.

Dennoch will Christoph Eschenbach seine andere Mission, die darin besteht, die Jugend für Musik zu begeistern, nicht vernachlässigen. Schließlich hat er schon oft erlebt, welch einen heilsamen Einfluss die klassische Musik auf einen jungen Menschen ausüben kann. Seine künstlerische Leitung des Youth Orchestra des Pacific Music Festivals von 1992 bis 1998, des Ravinia Festivals (1995–2003) sowie des Schleswig-Holstein Musik-Festivals (1999–2002), wo er eine Orchesterakademie für junge Musiker gründete, geben Zeugnis davon, wie wichtig ihm dieses Anliegen ist. Um der „absoluten Insuffizienz der musikalischen Erziehung" entgegenzusteuern, die er Wolfgang Sandner gegenüber beklagte, engagierte er sich in Philadelphia für die Intensivierung des Musikunterrichts an den öffentlichen Schulen, wobei er auch persönlich immer wieder in Erscheinung trat.

Dank seiner stets interessierten und höchst umgänglichen Persönlichkeit ist er tatsächlich der richtige Botschafter, um junge Menschen mit seiner Musik zu erreichen. Was nicht zuletzt an seinem eigenen Werdegang liegen mag, war es doch schließlich die Musik, die ihm selbst wieder die Freude am Leben zurückgegeben hat.

FRAGEN AN CHRISTOPH ESCHENBACH

Wenn Sie die Möglichkeit hätten, mit irgendeinem Komponisten, ob tot oder lebendig, einen Abend zu verbringen, mit wem wollten Sie sich treffen und was würden Sie ihn fragen?
1. Robert Schumann:
Aus welchem Impuls haben Sie die Klaviermusik so sehr revolutioniert? Florestan und Eusebius, die so offen liegen in Ihrem Werk: Wie gehen Sie um mit der dialektischen Angst vor ihnen?
2. Gustav Mahler:
Ich würde gerne ein langes Gespräch mit ihm führen über sein Wort „Tradition ist nicht Wertschätzung von Asche, sondern vielmehr Weitertragen des Feuers".

In welcher Zeit hätten Sie als Komponist am liebsten gelebt?
Heute!

Auf der Bühne entfernt man sich immer mehr vom Urtext, während man sich im Orchestergraben diesem immer mehr nähert. Wie beurteilen Sie diese Entwicklung?

Text verlangt immer ausdeutbar zu sein, wartet immer auf Interpretation. Auch der Urtext! Noten sind schwarze Punkte auf mehr oder weniger weißem Papier; aber es heißt, hinter die schwarzen Punkte zu schauen, sie zu öffnen wie eine Mohnkapsel, um nach dem Inhalt zu forschen und den Gehalt zu verinnerlichen. Ähnlich verhält es sich mit den Geschichten, von denen die Libretti handeln, die Worte, die Umstände. Hinterfragt können sie in zuerst vielleicht „befremdende" Gefilde führen. Sind diese aber mit den Funden in der Musik vereinbar, so entsteht ein neuer Kosmos, ja im Idealfall eine Vision.
Fazit: Die direkte und verantwortungsvolle Zusammenarbeit von Dirigent, Regisseur und Bühnenbildner lange (manchmal Jahre) vor der ersten Probe ist vonnöten, um eine wahrhaftige Gesamtkonzeption zu errichten.

Seit dem 20. Jahrhundert besteht das Konzertprogramm zu 90 Prozent aus Musik schon längst verstorbener Komponisten. Worin liegt Ihrer Meinung nach die Begründung dafür?

Zuvorderst war es der Fehler der Institutionalisierung des Dirigentenberufs seit Hans von Bülow. Vorher dirigierten die Komponisten ihre eigenen Werke oder jene befreundeter Meister (siehe Liszt, Schumann, Mendelssohn, Berlioz bis zu Mahler). Dann wurde die Angelegenheit mehr und mehr retrospektiv ab etwa Karl Muck, Hans Richter, Felix Weingartner, Arthur Nikisch etc. Das Konzert wurde immer mehr zum Museum. Die Veranstalter, Institute, Philharmonien, Vereine taten das Ihrige dazu. Heute allerdings gibt es bei einigen Dirigenten (mich dazugerechnet) das dringende Bedürfnis und Bemühen, Musik lebendiger Komponisten jener der älteren gegenüberzustellen und damit eine lebendige Auseinandersetzung von Vergangenheit und Gegenwart wieder zu erschaffen.

Es gibt immer mehr sehr gute Orchester und immer weniger herausragende Dirigenten. Woran liegt das?
Es liegt daran, dass sich herausragende Dirigenten nicht genug dem Nachwuchs widmen. Denn nur von ihnen können junge Musiker das (weiß Gott schwere) „Handwerk" erlernen, weil ja viel mehr als Handwerk verlangt wird: Psychologie, Diplomatie, Umgang mit Menschen etc. Meine dringliche Bitte an die Kollegen: Nehmt junge hochbegabte Dirigentenanwärter und auch jene, die schon am Anfang einer Karriere stehen, unter eure Fittiche!

Welche gesellschaftliche Aufgabe hat die Musik in der heutigen Zeit?
Musik war seit eh und je die Kunstform, die die Menschen zusammenführte. Sie kennt keine Sprach- und sonstigen Barrieren. Ihre Botschaft ist einfach, auch in ihrer größten Kompliziertheit. Heute könnte sie der ideale Friedensstifter in einer die Erde mehr und mehr verwüstenden Zeit sein.

Wären Sie kein Dirigent geworden, welchen Beruf hätten Sie ergriffen?
Den des Schauspielers.

Welcher Dirigent ist Ihr Vorbild und warum?
Furtwängler und Bernstein. Weil ihre Interpretationen unverwechselbar sind, bis ans Äußerste gehen und trotzdem dabei die Musik am lebendigsten sprechen lassen.

Was war Ihr bewegendstes Musikerlebnis?
Ich möchte aus meinem schon recht langen Leben drei Beispiele nennen:

1. Furtwänglers Beethovenabend 1951 mit der *4. Symphonie,* der *Großen Fuge* und der *5. Symphonie.*
2. Karajans *Unvollendete* zum 100. Geburtstag von Furtwängler.
3. Bernsteins *4. Symphonie* von Mahler im Wiener Musikverein.

Aber wehe, man verfalle der Gefahr jeglicher Kopie. Wir haben immer uns selbst auszudrücken, durch uns selbst und durch andere. Diese Beispiele haben das gelehrt.

Womit verbringen Sie am liebsten Ihre Freizeit?
Lesen.

Was hören Sie in Ihrer Freizeit?
Neue Musik.

Sind Interpretationsschemata dem Zeitgeist unterworfen?
Zeitgeist: Goethe (frei zitiert): Einen Zeitgeist gibt es nicht; es gibt nur den Geist, in dem die Zeiten sich bespiegeln.
Interpretationsschemata: Von Schemata zu sprechen, ist für einen Künstler zu eng.
Fazit: Selbstverständlich ist unser Leben zeitgebunden und zeitbezogen. Gerade deshalb sollten wir „Zeitbezogene" unsere Zeit lebendig interpretieren, wohl wissend um alte Praktiken mit ihrer oft offenbaren Insuffizienz der Mittel; jedoch gleichzeitig wissend, wie ursprünglich für die damaligen Musiker ihre total natürlichen Reflexe von Diktion, Phrasierung, Luzidität waren, Begriffe, die Nikolaus Harnoncourt in seinem Buch „Musik als Klangrede" so brillant erläuterte.
Sie in unsere, wenn auch zeitgeprägten Ausdeutungen einzubeziehen, scheint mir wichtig. Also, warum lieben wir Glenn Goulds Bach, Tzimon Bartos Rameau, Christian Tetzlaffs Bach, Harnoncourts Mozart mit den Wiener Philharmonikern, eben nicht auf Cembalo und mit Rundbogen gespielt, aber mit einem überwachen Geist, in dem sich die Zeiten widerspiegeln?

Welche Art von wissenschaftlicher Forschung würden Sie unterstützen?
Ökologie, Krebsforschung, Vakzine gegen Aids.

Würden Sie noch einmal geboren, was würden Sie anders machen?
Nichts – und alles.

Welche drei Dinge würden Sie auf eine einsame Insel mitnehmen?
Drei „Dinge": Die unbeschränkte Offenheit meiner Seele. Meine uneingeschränkte Freiheit. Meine grenzenlose Suche nach Gott.

Welches Motto steht über Ihrem Leben?
Ein Satz aus Rilkes „7. Duineser Elegie": „Nirgends (…) wird Welt sein als innen."
Die Innerlichkeit als Ausgangspunkt jeglicher Einsicht, als Schmelztiegel des Befremdenden mit der Sehnsucht, der Neugier mit der Scheu.

Adam Fischer

DER WIDERSPRÜCHLICHE
ÁDÁM FISCHER

*9. September 1949, Budapest

„Ich habe mich nie in die Öffentlichkeit gedrängt und stehe nur ungern im Mittelpunkt. Wäre dies mein Ziel, wäre ich besser PR-Verkäufer geworden." Diese Äußerung Fischers aus einem Interview mit „Der Welt" scheint eine etwas seltsame Aussage für einen Menschen zu sein, der sich dem Dirigieren verschrieben hat, einem Beruf also, der wie nahezu kein anderer den Ausübenden ins Rampenlicht rückt. Während man eine solche Äußerung bei den meisten seiner Kollegen als pure Koketterie abtäte, scheint sie bei Ádám Fischer tatsächlich seiner Überzeugung zu entsprechen, denn nur in Einzelfällen geriert er sich vor dem Orchester als unumstößlicher Autokrat. Der Ungar scheint sich in seiner Arbeit viel eher als Teil eines Kollektivs zu verstehen, mit dem er seine musikalischen Ziele zu erreichen sucht.

Sein Lebensweg wurde ihm schon sehr früh vorgezeichnet, entstammt Fischer doch einer regelrechten Dirigentendynastie. Bereits sein Vater verdingte sich als Orchesterleiter, sein ebenfalls international erfolgreicher Bruder Iván und ein Cousin sind ebenfalls in diesem Beruf tätig. Ausgestattet mit solch familiärem Hintergrund verwundert es nicht, dass er von seinem Vater schon sehr früh in ein Konzert mitgenommen wurde, wo auch prompt der Grundstein zu seinem späteren Beruf gelegt werden sollte. Denn bei seinem allerersten Konzertbesuch, bei dem Joseph Haydns *Sinfonie mit dem Paukenschlag* gespielt wurde, war der zuvor wohl instruierte Knabe über den in seinen Augen viel zu leise ausgeführten Schlag so enttäuscht, dass sein pädagogisch ambitionierter Vater mit dem kleinen Ádám nach dem Konzert zum Dirigenten ging, damit er ihm die Beweggründe für seine Interpretation erkläre. Die Antwort befriedigte ihn indes überhaupt nicht. Trotzdem sollte er später den Rat beherzigen, den ihn der etwas irritierte Kapellmeister gegeben hatte, als er ihm sagte, wenn er eines Tages selbst Dirigent würde, dann könne er diesen Schlag ja lauter spielen lassen. Diese etwas trotzige Aussage fruchtete so sehr, dass

Ádám Fischer heute als der wohl profundeste Kenner der Werke Joseph Haydns gelten darf (und den besagten Schlag tatsächlich alles andere als halbherzig ausführen lässt).

Nicht nur, dass er für die Haydn-Festspiele in Eisenstadt im Jahre 1987 die Österreichisch-Ungarische Haydn-Philharmonie gründete, mit der er innerhalb von 14 Jahren das gesamte symphonische Schaffen des Meisters aus Rohrau aufnahm, gibt es wohl keinen Dirigenten, der dieses so farben- und facettenreich gestaltet. Selbstkritisch, wie er nun einmal ist, ging er nach Beendigung dieses Mammutprojekts daran, die wichtigsten Symphonien gar noch ein zweites Mal aufzunehmen, weil sich seine Sichtweise nach dieser intensiven Auseinandersetzung mit dem Œuvre Haydns grundlegend geändert hatte. Ähnlich verhält es sich mit den Opere serie und sämtlichen Symphonien Mozarts, die er mit dem Danish National Chamber Orchestra, dessen Chefdirigent er seit 1998 ist, eingespielt hat. Vor allem die Auseinandersetzung mit den frühen Symphonien vermittelte ihm nach eigener Aussage eine völlig neue Sicht auf Mozarts Spätwerk.

Dennoch täte man Fischer unrecht, ihn alleine auf die Kompositionen der Wiener Klassik beschränken zu wollen. Denn auch in Bayreuth, wo er 2001 kurzfristig den überraschend verstorbenen Giuseppe Sinopoli ersetzte, machte er bei der *Ring*-Tetralogie solch eine gute Figur, dass er von der renommierten Fachzeitschrift *Opernwelt* zum „Dirigenten des Jahres" ernannt wurde. Ein weiterer Komponist, zu dem er eine große Nähe verspürt, ist sein Landsmann Béla Bartók, dessen gesamtes Orchesterwerk er mit der Ungarischen Nationalphilharmonie zwischen 1989 und 1992 auf Tonträger einspielte, was international für hervorragende Kritiken sorgte.

Ádám Fischers Berufsweg verlief geradlinig, aber keineswegs spektakulär, was angesichts seiner frühen internationalen Erfolge doch seltsam anmutet. Nach seinem Studium in den Fächern Klavier, Komposition und Oboe in Budapest ging er 1968 nach Wien, um dort die Kunst der Orchesterleitung beim legendären Hans Swarowsky zu erlernen, zu dessen Schülern unter anderem Claudio Abbado, Zubin Mehta oder Giuseppe Sinopoli gehörten. Nach drei Jahren des Studiums absolvierte der damals gerade einmal 22-Jährige 1971 das Dirigierdiplom und wurde sogleich an die Grazer Oper als Korrepetitor engagiert. Im Jahr darauf ging er an das Theater von Sankt Pölten, wo er für „alles" zuständig war: Korrepetitor, Chordirektor, Dirigent, Bühnendienst, Orchesterdienst und Kartenverkauf. Nach einem Jahr hatte er von diesem breit gefächerten Tätigkeitsspektrum genug und nahm die Stelle als „letzter Korrepetitor" an der Wiener Staatsoper an, wo er die Aufgabe hatte, mit den jungen Sängern die kleinsten Rollen einzustudieren. Kurz darauf gewann Fischer den renommierten Guido-Cantelli-Wettbewerb in Mailand, was allerdings nicht zu dem eigentlich zu erwartenden Karrieresprung führte. Als einzig fassbares Ergebnis ergab sich ein Dreijahresvertrag an der Finnischen Nationaloper in Helsinki, wo er mit Verdis *Rigoletto* debütiert hatte.

1977 ging er als Kapellmeister an das Staatstheater Karlsruhe, und nach seinen erfolgreichen Debüts an der Bayerischen Staatsoper im Jahre 1978 und zwei Jahre später an der Wiener Staatsoper mit Verdis *Otello* wurde er 1981 zum Generalmusikdirektor in Freiburg im Breisgau ernannt. 1987 ging er in gleicher Funktion an das Staatstheater Kassel, wo er ein Festival für Mahler initiierte, der dort einst gewirkt hatte; ein weiterer Komponist, dem er sich sehr verbunden fühlt. Dieses Amt legte Fischer 1992 nieder und verbrachte die nächsten acht Jahre als freischaffender Dirigent, in denen er an allen großen Bühnen auftrat. Nachdem er von 2000 bis 2005 als Generalmusikdirektor in Mannheim tätig gewesen war, kehrte er 2006 als Chef des Ungarischen Rundfunkorchesters in seine Heimat zurück. Darüber hinaus wurde er im Jahre 2007 zum künstlerischen Leiter der Ungarischen Staatsoper in Budapest ernannt, wiederum als später Nachfolger von Gustav Mahler. Ähnlich wie dieser ging er sogleich mit dem ihm eigenen Elan daran, die überkommenen Strukturen an diesem Haus aufzubrechen. So führte er etwa Béla Bartóks Einakter *Herzog Blaubarts Burg* gleich zweimal hintereinander auf. In verschiedenen Interpretationen versteht sich, um die vielfältigen Aspekte in der komplizierten Struktur dieser Oper deutlich zu machen. Die politischen Interventionen der Regierung Orbán veranlassten Fischer dazu, sein Amt im Jahre 2010 unter Protest gegen die undemokratischen Zustände und den herrschenden Antisemitismus niederzulegen, auf den er – dessen Eltern sich einst im KZ von Auschwitz kennengelernt hatten – verständlicherweise besonders empfindlich reagiert. Als Antwort auf die Umtriebe in seinem Heimatland rief er alle Künstler in Europa dazu auf, gegen den wieder erstarkenden Rassismus zu protestieren. Seit 2015 hat er das Amt des Ersten Konzertdirigenten bei den Düsseldorfer Symphonikern inne, wo er gleich ein politisches Zeichen setzte und den „Menschenrechtspreis der Tonhalle" begründete.

Bereits in jungen Jahren hatte Fischer an allen renommierten Opernhäusern große Erfolge gefeiert. 1984 debütierte er an der Pariser Oper mit dem *Rosenkavalier*, 1986 an der Mailänder Scala mit Mozarts *Zauber-*

Adam Fischer

flöte, 1989 am Royal Opera House Covent Garden in London mit der *Fledermaus* und 1994 an der New Yorker Metropolitan Opera mit Verdis *Otello*. Doch nicht nur als Operndirigent machte er von sich reden, immerhin ist er ein gern gesehener Gast bei so berühmten Klangkörpern wie den Wiener Philharmonikern und den Wiener Symphonikern, dem Los Angeles Philharmonic Orchestra, den großen Londoner Orchestern sowie dem Chicago Symphony Orchestra und dem Boston Symphony Orchestra.

Für seine Einspielungen von Karl Goldmarks *Königin von Saba* und Bartóks *Herzog Blaubarts Burg* erhielt er jeweils den „Grand Prix du Disque". Und dies, obwohl er keineswegs über die Grundvoraussetzung für einen Plattendirigenten verfügt, der mit seinen Aufnahmen ja Bleibendes schaffen will. Denn er steht seinem bisherigen Wirken ausgesprochen kritisch gegenüber. So bekannte er einmal in einem Interview mit dem Klassikmagazin „Partituren", dass er „heute alles verdamme, was er vor zehn Jahren gemacht habe". Allerdings räumte er gleichzeitig ein, dass diese Aussage nicht allzu ernst genommen werden dürfe, da er „seine Überzeugungen jede Woche ändere". Wenn einer so spricht, kann man davon ausgehen, dass er noch für so manche Überraschung sorgen wird.

Ähnlich wie bei seinen Probenarbeiten, bei denen er die Musiker zuweilen mit scheinbar widersprüchlichen Aussagen zum Nachdenken zwingt. Wenn er etwa sagt, dass das Orchester „nicht das spielen soll, was ich zeige, sondern das, was ich meine", zeugt das von einem Glauben an eine schwer zu beschreibende geistige Verbindung, die sich im Idealfall zwischen dem Dirigenten und dem Orchester ergibt. Durch eine solche Harmonisierung auf geistiger Ebene ist schon manches unvergessliche Konzert entstanden.

Auch mit Ádám Fischer.

Fragen an Ádám Fischer

Wenn Sie die Möglichkeit hätten, mit irgendeinem Komponisten, ob tot oder lebendig, einen Abend zu verbringen, mit wem wollten Sie sich treffen und was würden Sie ihn fragen?

Eigentlich mit niemandem, weil mich die Musik interessiert und nicht der Komponist als Privatmensch. Die größten Halunken können großartige Musik schreiben. Gesualdo war sogar ein Mörder, aber auch Mussorgski oder Wagner dürften privat sehr unangenehm gewesen sein. Allerdings hätte ich gerne Mozart in seinem letzten Lebensjahr getroffen, weil er kurz vor seinem Tod eine neue musikalische Sprache gefunden hat – er kommt in seinen beiden letzten Opern *Die Zauberflöte* und *Titus* plötzlich mit viel weniger Noten aus. Darüber hätte ich gerne mit ihm gesprochen.

In welcher Zeit hätten Sie als Komponist am liebsten gelebt?

An der Wende vom 17. zum 18. Jahrhundert, einfach, weil die Musik ohne Vorbehalte schön ist.

Auf der Bühne entfernt man sich immer mehr vom Urtext, während man sich im Orchestergraben diesem immer mehr nähert. Wie beurteilen Sie diese Entwicklung?

Der Mensch empfindet visuell anders als auditiv. Die visuellen Eindrücke sind stärker. Dabei sind die Sehgewohnheiten viel schneller überholt als die Hörgewohnheiten. Die Regisseure gehen mit diesem Dilemma anders um als die Dirigenten. In ihrer Zeit sind die Komponisten mit ihren Werken genauso umgegangen wie heute die Regisseure. Je nach Bedarf haben sie ihre Werke umgestellt, haben Arien gestrichen und Neues dazu komponiert. Das war jedoch authentisch, da die Komponisten ihre Werke selbst aufgeführt haben, wie auch die Autoren zumeist die Regie übernommen haben. Alles wurde den Gegebenheiten angepasst. Mozart hat in seinem *Don Giovanni* etwa für jeden Sänger andere Arien komponiert, dadurch hat heutzutage jede Rolle zwei Arien und dadurch ist das Stück zu lang. Damals hat ein Komponist für den Sänger einen Maßanzug angepasst, heute sucht man den Sänger für den Maßanzug.

Die Aufgabe des heutigen Dirigenten kann nicht darin liegen, die Vorschriften des Komponisten sklavisch zu befolgen und dabei die eigene Interpretation außen vorzulassen. Das Regietheater dagegen ist ein Versuch, in alten Stücken noch immer etwas Neues zu finden, da es nicht genügend neue Werke gibt – das führt allerdings zu nichts. Theater war in seiner langen Geschichte immer an die Zeit gebunden, in dem die Werke geschrieben wurden. Beim Musiktheater ist es etwas anderes, weil die Empfindungen, die darin ausgedrückt werden, immer dieselben sind. Bei den meisten Regisseuren habe ich den Eindruck, dass sie die Musik nicht lieben. Es kommt mir so vor wie ein ungarisches Restaurant in New York, wo Gulasch mit Ketchup serviert wird, damit die Leute es annehmen.

Seit dem 20. Jahrhundert besteht das Konzertprogramm zu 90 Prozent aus Musik schon längst verstorbener Komponisten. Worin liegt Ihrer Meinung nach die Begründung dafür?
In Wahrheit ist es völlig unnatürlich, heute Stücke zu spielen, die für die Menschen der damaligen Zeit geschrieben wurden. Aber wir spielen diese Musik, weil sie schön ist, wobei dies eigentlich nicht der Sinn des Theaters ist.

Es gibt immer mehr sehr gute Orchester und immer weniger herausragende Dirigenten. Woran liegt das?
Die heutigen Dirigenten scheuen sich, ihre Persönlichkeit einzubringen, indem sie sich zu sehr hinter den Vorschriften der Komponisten verstecken. Darüber hinaus muss ein Dirigent heute über Managerqualitäten verfügen, die mit seiner Musikalität nichts zu tun hat. Die letzten großen Dirigierpersönlichkeiten lebten zur Zeit der letzten Jahrhundertwende. Aus diesem Grunde sind die Vorschriften in den moderneren Werken, wie etwa von Bartók und Janáček, viel genauer als die bei Bach oder Schubert. Als Dirigent sollte man den eigenen Gefühlen trauen und sich nicht nur hinter den Vorschriften der Partitur verstecken.

Welche gesellschaftliche Aufgabe hat die Musik in der heutigen Zeit?
Seit es die Unterscheidung zwischen U- und E-Musik gibt, wollen immer weniger Menschen die E-Musik hören. Bei Mozart sind diese beiden Arten der Musik noch identisch. Johann Strauß und Johannes Brahms sind sich noch viel ähnlicher als etwa Léhar und Bartók. Heutzutage haben diese Bereiche überhaupt nichts mehr miteinander zu tun. Wenn der Musik aber die Unterhaltungsfunktion genommen wird, ist sie verloren! Bei der Neuen Musik besteht leider die Gefahr, dass sie sich aufgrund ihrer Intellektualität in einer Sackgasse verrennt.

Adam Fischer

Wären Sie kein Dirigent geworden, welchen Beruf hätten Sie ergriffen?
Journalist. Ich betrachte gerne die Menschen.

Welcher Dirigent ist Ihr Vorbild und warum?
Nikolaus Harnoncourt und Carlos Kleiber, weil sie jederzeit erkennbar sind. Ich glaube zwar nicht, dass alle Antworten Harnoncourts richtig waren, aber er stellte die richtigen Fragen und das ist viel wichtiger. Kleiber war so besessen von der Musik, dass bei ihm kein Ton zufällig war.

Was war Ihr bewegendstes Musikerlebnis?
Natürlich gab es deren einige. Stellvertretend dafür fällt mir ein *Fidelio* unter Otto Klemperer ein, den ich 1969 in Covent Garden gehört habe.

Womit verbringen Sie am liebsten Ihre Freizeit?
Gut, dass Sie das nicht vor einem Jahr gefragt haben … Ab jetzt mit meinem Enkelkind.

Was hören Sie in Ihrer Freizeit?
Barockmusik.

Sind Interpretationsschemata dem Zeitgeist unterworfen?
Alles ist dem Zeitgeist unterworfen. Man kann nichts außerhalb seiner Entstehungszeit betrachten. Man kann nicht eine Zeit aus einer anderen Zeit heraus beurteilen.

Welche Art von wissenschaftlicher Forschung würden Sie unterstützen?
Sozialpsychologie und Massenpsychologie.

Würden Sie noch einmal geboren, was würden Sie anders machen?
Vieles will man im Leben anders machen, aber wahrscheinlich würde ich wieder dieselben Fehler begehen. Denn was man wirklich will, ist oft eine Illusion. Vielleicht hätte ich öfter meinem Gefühl folgen sollen. Das Sammeln von Erfahrung kostet eben Zeit. Karajan sagte einmal, bis ein Dirigent wirklich gut ist, braucht er 40 Jahre; also, wenn man mit 60 einigermaßen gut sein möchte, muss man mit 20 beginnen. Ich denke dabei nur an die armen Musiker, die dabei als Versuchskaninchen herhalten müssen …

Welche drei Dinge würden Sie auf eine einsame Insel mitnehmen?
L'incoronazione di Poppea, die *Matthäus-Passion* und *Don Giovanni.*

Welches Motto steht über Ihrem Leben?
Siegen soll nicht besiegen heißen.

Adam Fischer

DAS NATURTALENT
DANIELE GATTI

*6. November 1961, Mailand

Kaum hatte er die internationale Bühne betreten, war Daniele Gatti von der Kritik schon als „aufregendster Dirigent seiner Generation" bezeichnet worden.

Tatsächlich schien seine Karriere anfangs zu explodieren. Nach einigen Erfahrungen bei verschiedenen kleineren italienischen Orchestern feierte er als gerade einmal 27-Jähriger sein Debüt an der Mailänder Scala, was schon bald zahlreiche Gastdirigate an anderen bedeutenden Bühnen, wie der Berliner Staatsoper oder der New Yorker Metropolitan Opera, nach sich zog. Unaufhaltsam führte ihn sein weiterer Berufsweg nach oben, als er 30-jährig seine erste leitende Stelle antrat. Bereits nach ihrem ersten gemeinsamen Konzert wurde er 1992 zum Musikdirektor des Orchesters der Accademia Nazionale di Santa Cecilia in Rom gewählt, 1994 übernahm er zusätzlich noch die Stelle des Ersten Gastdirigenten am Londoner Royal Opera House Covent Garden, wo er alljährlich zwei Premieren aufführte. Beide Positionen gab er jedoch 1997 auf. Nicht ersatzlos, wie wir uns denken können.

Dennoch scheint Gatti bewusst einen Karrierebruch auf hohem Niveau herbeigeführt zu haben, als er 1996 die Leitung des zwar namhaften, aber kränkelnden Royal Philharmonic Orchestra in London übernahm, sowie im Jahr darauf die Position des Musikdirektors des Teatro Comunale di Bologna. Solch ein Tun schien für einen aufstrebenden Dirigenten außergewöhnlich genug, zumal er schon damals, zumindest in den USA, regelmäßig bei den größten Orchestern zu Gast war. Doch Daniele Gatti setzt eigene Prioritäten.

Als ihm das Royal Philharmonic Orchestra (RPO) nach dem ersten gemeinsamen Konzert die Chefstelle anbot, nahm er sie nach kurzer Bedenkzeit freudig an, denn schon bei der ersten Probe war er von der Wärme und Freundlichkeit der Musiker begeistert gewesen. Da spielten die finanziellen Belange, bei der bekannt sparsamen Londoner Kulturpolitik durchaus ein Thema, eine eher nebensächliche Rolle. Viel wichtiger war ihm, dass er im RPO ein Orchester mit einem großen Repertoire fand, das auch die erklärte Bereitschaft mit sich brachte, mit seinem Dirigenten regelmäßig auf Reisen zu gehen. Denn das internationale Podium ist für Gatti wesentlich, versteht er sich doch als musikalischer Botschafter, der mit seinen Konzerten möglichst viele Menschen erreichen will. Bei solch einem gegenseitigen Verständnis verwunderte es nicht, dass der lange Zeit als „kleineres" Londoner Orchester angesehene Klangkörper mit Gatti einen veritablen Höhenflug erlebte. Dementsprechend groß war die Trauer an der Themse, als es den Dirigenten nach elf Jahren harmonischen Beisammenseins wieder auf den Kontinent zog. Immerhin blieb er ihm als *Conductor Laureate* erhalten.

Vor allem in den USA besitzt der charismatische Dirigent eine große Anhängerschar. Beim Chicago Symphony Orchestra etwa ist er seit seinem ersten Auftritt im Jahre 1994 fast jedes Jahr wieder zu Gast. Nach zahlreichen Konzerten mit den größten Orchestern kann der überzeugte Europäer es sich unterdessen aussuchen, wohin er seine Schwerpunkte legt. Um auch genug Zeit für seine anderen Aktivitäten zu haben – Gatti betätigt sich auch als Komponist –, dirigiert er seit geraumer Zeit nur noch die Orchester in New York, Chicago und Boston. Doch nicht nur jenseits des Atlantiks hat es sich inzwischen herumgesprochen, dass mit Daniele Gatti ein ganz Großer herangewachsen ist.

Stellvertretend für seine vielen Triumphe in den europäischen Musikzentren sei hier sein glanzvolles Debüt an der Wiener Staatsoper mit einer beeindruckenden Neueinstudierung von Verdis *Simon Boccanegra* im Jahre 2002 oder vier Jahre später mit Schönbergs *Moses und Aron* genannt. Sein erstmaliges Auftreten mit den Wiener Philharmonikern im Jahre 2005, fast ausschließlich mit Werken des 20. Jahrhunderts, begeisterte Musiker und Publikum gleichermaßen, wie auch sein Konzert bei den Salzburger Festspielen und den Luzerner Festwochen im gleichen Jahr. Bei den Salzburger Festspielen ist er seit der Intendanz Alexander Pereiras einer der künstlerischen Stützpfeiler. Dieser hatte ihn schon im Jahre 2009 als Chefdirigent an das Opernhaus Zürich verpflichtet, wo er drei Jahre blieb.

Trotz seiner Erfolge ist Gatti keineswegs gewillt, den sich nunmehr bietenden Versuchungen nachzugeben. Schließlich könnte er in so einem Fall die an sich selbst gestellten Ansprüche nicht mehr erfüllen. Denn er benötigt genügend Zeit, um sich auf das Werk und die Sänger einstellen zu können, deshalb mag er pro Jahr nicht mehr als vier Premieren dirigieren. Auch aus diesem Grund hat er noch niemals eine Repertoirevorstellung geleitet. Die Richtigkeit seiner Berufsauffassung bestätigte sich auch im Erfolg seines Teatro Comunale di Bologna, das er konsequent zu einem führenden Opernhaus Italiens aufbaute. Neben der rasant gestiegenen Qualität band ihn noch ein weiteres Faktum an dieses Haus: Da er die Leitung von Repertoirevorstellungen ablehnt, kam ihm das dort herrschende „Stagione-System" sehr entgegen (in dem eine neu inszenierte Oper mehrmals hintereinander aufgeführt wird). Dennoch legte er nach zehn Jahren sein Amt nieder, zumal ihn andere Aufgaben erwarteten. Nach dem Rücktritt Riccardo Mutis von der Leitung der Mailänder Scala war Gatti neben Daniel Barenboim und Riccardo Chailly einer der drei Hauptdirigenten an dem prominentesten Opernhaus Italiens.

Auch Bayreuth war unterdessen auf den Italiener aufmerksam geworden und verpflichtete ihn mit der Leitung des *Parsifal* im Jahre 2008. Im selben Jahr wurde er zum Chefdirigenten des namhaften Orchestre National de France ernannt, wofür er seine Stellung in London aufgab. Unterdessen kann man sagen, dass er mit dem legendären Concertgebouw-Orchester, das er seit 2016 als Chefdirigent leitet, einen adäquaten Klangkörper gefunden hat. Schließlich ist Gatti Perfektionist.

Das spürt man spätestens dann, wenn man ihn auf dem Podium erlebt. Nach seiner sorgfältigen Probenarbeit vermag er bei der Aufführung eine Spannung und Emotion zu wecken, wie es nur wenigen seiner Kollegen gelingt. Was unter anderem auch an seiner expressiven Mimik und seiner exzellenten Schlagtechnik liegt – kaum ein anderer Dirigent verfügt über eine solch ausdrucksstarke linke Hand. Dabei hat er das Dirigieren nicht wirklich gelernt. Obwohl sich seine Musikbegeisterung schon frühzeitig abzeichnete, hatte der kleine Daniele erst mit acht Jahren autodidaktisch mit dem Klavierspiel angefangen. Einen geregelten Klavierunterricht bekam der Sohn musikliebender Eltern, sein Vater hatte Gesang studiert, allerdings erst mit elf Jahren am *Conservatorio Giuseppe Verdi* in Mailand. Ein Jahr später führte ihn sein Vater erstmals in die Scala, wo Claudio Abbado Rossinis *La Cenerentola* dirigierte. Es war weniger die Oper, die ihn faszinierte, sondern das Erlebnis, einer Liveaufführung beiwohnen zu dürfen. Nach einem weiteren Besuch eines Konzerts mit dem Mailänder Rundfunkorchester stand sein Entschluss endgültig fest: Er wollte Dirigent werden.

Doch dazu brauchte er ein Orchester. Da weit und breit kein solches zu finden war, gründete er zusammen mit einigen Freunden kurzerhand ein Streicherensemble. Da war er gerade 18 Jahre alt. Er fungierte dort

jedoch nicht nur als Dirigent, sondern auch als Orchesterinspektor, der die Musiker zusammenruft, als Orchesterwart, der die Räumlichkeiten besorgt, und als Organisator der Konzerte in Personalunion. Mit einigem Erfolg, denn nach den ersten beiden noch selbst veranstalteten Konzerten bekamen die jungen Instrumentalisten ihre ersten Angebote. Glücklicherweise befanden sich unter den Mitwirkenden einige Musikerkinder, deren Väter im Orchester der Scala tätig waren. Diese, neugierig geworden, was ihre Sprösslinge in ihrer Freizeit so trieben, besuchten die Proben und brachten zuweilen sogar ihre Instrumente mit, um das Ensemble zu verstärken. Mit dem willkommenen Nebeneffekt, dass sie dem jungen Gatti wesentliche Hinweise zur Dirigiertechnik gaben. Das war der einzige Unterricht, den er jemals genossen hatte – und der trug, wie wir heute wissen, reiche Früchte.

Zwar absolvierte er am Konservatorium seiner Heimatstadt die Fächer Klavier, Violine (auch die hatte er sich selbst beigebracht), Komposition und Dirigieren, dennoch studierte er nicht eigentlich die Kunst der Orchesterleitung. Denn schon in seiner ersten Dirigierstunde teilte ihm sein verblüffter Lehrer mit, dass er eigentlich sofort das Examen machen könne, da er schon alles beherrsche. Damit stellte Gatti die Stichhaltigkeit der erstaunlichen Aussage unter Beweis, die der große Arthur Nikisch einst getan hatte. Der hatte nämlich behauptet, dass er „jedem begabten Menschen in einer halben Stunde beibringen könne, wie man dirigiert".

Und Nikisch, der auch niemals das Dirigierhandwerk erlernt hatte, war schließlich einer der größten Maestri aller Zeiten.

Fragen an Daniele Gatti

Wenn Sie die Möglichkeit hätten, mit irgendeinem Komponisten, ob tot oder lebendig, einen Abend zu verbringen, mit wem wollten Sie sich treffen und was würden Sie ihn fragen?

Mit Mozart, Mahler und Berg. Ich würde sie fragen, ob sie mir erlauben würden, dass ich ihre Musik dirigiere.

In welcher Zeit hätten Sie als Komponist am liebsten gelebt?

Ganz eindeutig im 19. Jahrhundert. Dadurch, dass man damals noch viel mehr im Einklang mit der Natur lebte, hatte man die Muße und Konzentrationsfähigkeit, Musik zu schaffen. Was wurde in diesen Jahren alles komponiert, während man heute einfach nicht mehr die Ruhe dazu hat.

Auf der Bühne entfernt man sich immer mehr vom Urtext, während man sich im Orchestergraben diesem immer mehr nähert. Wie beurteilen Sie diese Entwicklung?

Vor etwa 40 Jahren begann man sich mit dem Urtext zu befassen. Das war eine sehr gute Sache, dennoch muss man heute aufpassen, dass man aus der Oper kein Museum macht. Viel wesentlicher ist, dass das Konzert spannend ist und wir den Gehalt der Partitur erkennen können.

Andererseits ist es die Aufgabe eines Regisseurs, neue Gedanken zu entwickeln. Die Themen in Verdis Opern beispielsweise sind immer dieselben: Eifersucht, Vater-Sohn-Konflikt und die Konfrontation zwischen kirchlicher und staatlicher Macht. Immer geht es um eine Beziehung zwischen starken Charakteren. Und diese Themen sind eigentlich zeitlos. Daher kann die Handlung auch in der Gegenwart spielen. Natürlich übertreiben einige Regisseure, denen es nur um den Skandal geht, wenn sie etwa *Don Carlos* in den Irak verlegen. Damit zwingt man die Zuschauer in eine Idee hinein, anstatt sie lediglich damit zu konfrontieren. Tatsächlich gibt es für die letzten Verdi-Opern ein vom Komponisten erstelltes Regiebuch, doch heutzutage ist es einfach unmöglich, die Anweisungen dieses Buchs zu befolgen.

Seit dem 20. Jahrhundert besteht das Konzertprogramm zu 90 Prozent aus Musik schon längst verstorbener Komponisten. Worin liegt Ihrer Meinung nach die Begründung dafür?

Tatsächlich befindet sich die klassische Musik etwa seit dem Zweiten Weltkrieg in einer Krise – aber 50 Jahre sind nicht viel. Schon im 15. Jahrhundert, nach den Madrigalisten und der Flandrischen Schule, hat es eine solche Phase gegeben.

Der Grund dafür liegt darin, dass das Publikum nach der Zweiten Wiener Schule und Darmstadt mit seinen Experimenten endgültig den Kontakt mit den Komponisten verlor. Diese Entwicklung nahm im 19. Jahrhundert ihren Lauf, als die Persönlichkeit der Interpreten immer mehr an Bedeutung gewann. Heute sind wir so weit, dass das Publikum in erster Linie Stars sehen will. Die Komponisten sind bei diesem Hörverhalten zweitrangig.

Eigentlich weiß ich selbst nicht genau, woran das liegt. Wahrscheinlich wollen die Leute immer dieselben Stücke mit verschiedenen Dirigenten hören, um sie vergleichen zu können. Dabei sollte man neue Werke spielen, weil die Komponisten ihre Stücke erst kennenlernen, wenn sie sie selbst hören können. Das weiß ich, weil ich selbst komponiere. Erst wenn ich mein Werk aufgeführt höre, bemerke ich, dass viele Stellen anders klingen, als ich sie eigentlich gemeint habe.

Es gibt immer mehr sehr gute Orchester und immer weniger herausragende Dirigenten. Woran liegt das?
Fragen Sie die Wiener Philharmoniker ...

Welche gesellschaftliche Aufgabe hat die Musik in der heutigen Zeit?
Sie ist die einzige Medizin für den Geist. Sie lässt den Menschen träumen und tröstet ihn wie eine beruhigende Droge. Die Musik ist die einzige Kunst, die es vermag, die Zeit anzuhalten und die keinen Unterschied zwischen den Zuhörern macht. Jeder hört dasselbe. Während eines Konzerts sind alle Menschen gleich.

Wären Sie kein Dirigent geworden, welchen Beruf hätten Sie ergriffen?
Eigentlich bin ich zum Musiker geboren. Interessiert hätte mich wahrscheinlich auch der Geigenbau, denn ich liebe es, mit Holz zu arbeiten.

Welcher Dirigent ist Ihr Vorbild und warum?
In erster Linie bewundere ich Toscanini, weil er die Musik über die Interpretation stellt, worin auch mein Ziel liegt: die richtige Balance zwischen den eigenen Gedanken und dem eigentlichen Gehalt des Werks zu finden. Klemperer und natürlich Karajan.

Was war Ihr bewegendstes Musikerlebnis?
Die Aufführung von Brahms' *Ein Deutsches Requiem* im Jahre 1988 mit den Berliner Philharmonikern unter Herbert von Karajan in Salzburg.

Was hören Sie in Ihrer Freizeit?
Beim Autofahren höre ich Popmusik und Jazz. Zu Hause höre ich eigentlich keine Musik. Ich lese lieber.

Sind Interpretationsschemata dem Zeitgeist unterworfen?
Wer sagt, dass die heutige Interpretation die Richtige ist? Das Wichtigste ist doch der Gehalt der Musik. Es ist doch völlig gleichgültig, ob ich die *Eroica* mit zwölf oder mit 16 ersten Geigen mache. Viel wichtiger ist doch die Phrasierung oder das Tempo. Natürlich hab ich viel von der Originalklangbewegung gelernt, vor allem, was die Tempi angeht, die durchwegs viel schneller sind. Aber ich mag den Klang nicht.

Welche Art von wissenschaftlicher Forschung würden Sie unterstützen?
Die Medizin, um Krebs und andere Zivilisationskrankheiten zu bekämpfen, allerdings nicht die Genforschung.

Womit verbringen Sie am liebsten Ihre Freizeit?
Ich habe eine große Werkstatt, in der ich mit Holz arbeite und Schiffe baue. Außerdem mag ich Fußball.

Würden Sie noch einmal geboren, was würden Sie anders machen?
Nichts.

Welche drei Dinge würden Sie auf eine einsame Insel mitnehmen?
Ein verzaubertes schwarzes Buch mit unendlich vielen Seiten, wo ich meine Gedanken und Erfahrungen niederschreiben könnte. Oder aber ein Seil, ein Werkzeug und Holz, mit dem ich ein Boot bauen kann, um die Insel zu verlassen. Aber eigentlich will ich auf gar keine Insel.

Welches Motto steht über Ihrem Leben?
Gott sei Dank gibt Er mir jeden Tag die Stärke, voranzugehen.

DER UFERLOSE

VALERY GERGIEV

* 2. Mai 1953, Moskau

Nichts deutete in seiner Kindheit darauf hin, dass Valery Gergiev einmal einer der bedeutendsten Dirigenten seiner Zeit werden würde.

Denn zum Klavierunterricht, zu dem der Spross einer musikalisch wenig ambitionierten Offiziersfamilie geschickt wurde, ging er anfangs nur widerstrebend. Doch seine Lehrerin Zarema Lollayeva, die ihn an der Musikschule im kaukasischen Wladikawkas unterrichtete, war so sehr von seinem Talent überzeugt, dass sie alles daransetzte, ihn für die Musik zu begeistern. Mit dem Ergebnis, dass er aufgrund seiner herausragenden Begabung schon 1972 in die Klasse des berühmten Dirigierlehrers Ilja Mussin am Leningrader Konservatorium aufgenommen wurde. Tatsächlich trugen die Bemühungen seiner Lehrerin schon nach kurzer Zeit die schönsten Früchte, gewann der Student 1976 doch den gesamtrussischen Dirigentenwettbewerb in Moskau und ein Jahr später den internationalen „Herbert-von-Karajan-Wettbewerb" in Berlin.

Damit waren die Weichen für seine Karriere endgültig gestellt. Bald darauf wurde Gergiev zum Assistenten von Yuri Temirkanov an das Kirow-Theater in Leningrad berufen, wo er bereits ein Jahr später mit Prokofjews Mammutoper *Krieg und Frieden* debütierte. Bevor er jedoch endgültig an dieses Haus gebunden wurde, verdiente er sich von 1981 bis 1985 seine Sporen als Leiter des Armenischen Staatsorchesters und des Kirow-Kammerorchesters.

1988 war es endlich so weit. Knapp 35-jährig wurde Gergiev vom Ensemble zum Chefdirigenten und künstlerischen Leiter des Kirow-Theaters erwählt. Seitdem gilt seine grenzenlose Loyalität seinem Opernhaus, denn nach seiner Eigendefinition ist er „nicht einfach Dirigent", sondern „Dirigent des Mariinski und Intendant des Mariinski", wie er in einem Interview Joachim Reiber gegenüber betonte. Eine seiner ersten Bestrebungen ging dahin, dass er die außerordentliche Qualität seines riesigen Hauses mit über tausend Mitarbeitern (darunter 170 Musiker, 120 Choristen, 80 Sänger, 200 Tänzer und 300 Techniker) auch international präsentieren wollte.

Schon ein Jahr nach seiner Ernennung gastierte Gergiev erstmals beim „Schleswig-Holstein Musik Festival", was sofort etliche Anfragen internationaler Veranstalter nach sich zog.

Seitdem reist er mit seinen Musikern um die Welt, nimmt Platten auf und macht Fernsehproduktionen, während der verbliebene Teil seines Ensembles in Sankt Petersburg die Oper bespielt. Um seinen Künstlern ein noch breiteres Forum zu bieten, hat er im Lauf der Jahre einige weitere Festivals geschaffen oder übernommen: 1993 gründete er in Sankt Petersburg die „Weißen Nächte", 1996 übernahm er das „Rotterdam Festival", im Kaukasus etablierte er ein „Festival für den Frieden in Wladikawas", in Finnland das „Mikkell-Festival", gleichsam eine Sommerresidenz des Mariinski-Theaters, und schließlich noch das „Rote-Meer-Festival" im israelischen Eilat. Die Energie, mit der Gergiev sein Ensemble leitet, war von Beginn an beispiellos, sodass es nur folgerichtig war, dass ihm die russische Regierung 1996 auch noch das vakante Amt des Generaldirektors über das Mariinski-Theater anvertraute, der Heimstatt des Kirow-Ensembles.

Seit dieser Ernennung hat sich dort einiges geändert. Fünf bis sechs Neuinszenierungen jährlich, viele davon in Koproduktion mit westlichen Bühnen, sind zur Norm geworden, vor seiner Zeit waren es gerade ein oder zwei gewesen. Auch vor dem ziemlich verstaubten Repertoire machte sein Reformeifer nicht halt. Waren vor dem Zerfall der Sowjetunion noch viele Werke aus politischen Gründen verpönt gewesen und wurden auch später aus falsch verstandener Tradition nicht aufgeführt, brach sich mit Gergievs Ernennung ein neuer Geist Bahn. Neben Richard Wagner, dessen Werke jahrzehntelang auf dem Index gestanden waren und dessen *Ring des Nibelungen*, der unter Gergievs Leitung erstmals in seinem Opernhaus aufgeführt wurde, und Giuseppe Verdi, dessen Oper *La forza del destino* einst in Sankt Petersburg uraufgeführt worden war, wurden auch zahlreiche russische Opern von dem Osseten neu einstudiert. Als wäre dies nicht genug, hat er noch die Pflichten eines Generaldirektors zu erfüllen, der neben dem Orchester und den Sängern auch noch für das berühmte Ballett und das gesamte Opernpersonal verantwortlich ist.

Man sollte meinen, diese Verpflichtungen würden sein Leben zur Gänze ausfüllen. Doch dem ist nicht so, schließlich war Gergiev von 1995 bis 2007 Chefdirigent des Rotterdamer Philharmonischen Orchesters und von 1997 bis 2008 Erster Gastdirigent an der Metropolitan Opera in New York. Nachdem er von 2007 bis 2015 Chefdirigent des London Symphony Orchestra gewesen war, fungiert er seit 2015 als musikalischer

Leiter der Münchner Philharmoniker. Darüber hinaus ist er ein gern gesehener Gastdirigent bei den Wiener Philharmonikern, dem Los Angeles Philharmonic Orchestra, dem Chicago Symphony Orchestra und des von ihm geleiteten World Orchestra for Peace.

Trotz seiner regen internationalen Tätigkeit liegt der Lebensmittelpunkt des im Kaukasus aufgewachsenen Gergiev eindeutig im Mariinski-Theater, mit dessen Ensemble er jährlich etwa 250 Tage verbringt, wobei er allein in Sankt Petersburg bis zu 60 Vorstellungen im Jahr dirigiert. Weitere 60 Mal leitet er sein Kirow-Ensemble im Ausland, wo es regelmäßig an den größten Bühnen gastiert. Es ist verwunderlich, und bestimmt dem unermüdlichen Einsatz Gergievs zuzuschreiben, dass selbst die herausragenden Sänger und Tänzer dem Mariinski trotz des enormen Pensums die Treue halten, das mit jährlich 400 Vorstellungen wohl das meistbespielte Opernhaus der Welt ist. Schließlich sind viele der Gesangsstars erst unter seiner Ägide zu Weltruhm gekommen: Ob Olga Borodina, Galina Gorchakova oder Anna Netrebko, alle entstammten dieser außergewöhnlichen Talentschmiede. Denn auch die Nachwuchsarbeit ist für Gergiev äußerst wichtig. Neben den regelmäßig stattfindenden Vorsingen, wo er neue Stimmen zu entdecken hofft, kümmert er sich im gleichen Ausmaß um den instrumentalen Nachwuchs. So war es nur folgerichtig, dass er bald nach seinem Amtsantritt in Sankt Petersburg ein Jugendorchester gegründet hat. Laut seiner eigenen Aussage gibt es wohl keinen lebenden Dirigenten, der so oft ohne Bezahlung gearbeitet hat wie er selbst. Denn das Geld ist für ihn nicht die wesentliche Antriebsfeder für sein Tun. Tatsächlich investiert Gergiev, wie man sagt, auch einen Großteil seines eigenen Kapitals in das Mariinski. Und nicht nur das: Durch seinen unerschütterlichen Idealismus, den er absolut glaubwürdig vertritt, gewann er viele potente Geldgeber für sein Theater, unter anderem eben auch Wladimir Putin, dem er wohl auch deshalb die Treue hält. Denn auch das Mariinski könnte ohne reichliche staatliche Unterstützung nicht überleben.

Doch nicht nur für sein geliebtes Opernhaus setzt sich Gergiev ein. Als 2004 das entsetzliche Massaker im ossetischen Beslan etwa 350 Menschen, in erster Linie Kinder, das Leben kostete, hielt er sich gerade in Wien auf, um zusammen mit den Philharmonikern für die Luzerner Festwochen zu proben. Nach dem Bekanntwerden der schrecklichen Nachricht flog er sofort nach Moskau, um via Fernsehen an das russische Volk zu appellieren, dass es in dieser Krisenregion den Frieden bewahre und keinesfalls Gewalt mit Gewalt vergelten solle. In Luzern leitete er ein eingeschobenes Konzert zugunsten der Opfer, wie später überall in der Welt, wobei es ihm offensichtlich nicht in erster Linie um Geld, sondern um Solidarität und Verständnis ging. Und das ist nicht nur auf seine Heimat beschränkt. Im Mai 2016 etwa dirigierte Gergiev mit seinem Mariinski-Orchester ein Konzert im kurz zuvor vom „Islamischen Staat" befreiten syrischen Palmyra, das den Opfern der Terrormiliz gewidmet war.

Selbst mit politischen Meinungsbekundungen – sehr ungewöhnlich für einen russischen Dirigenten – hält der erste Parteilose in dieser Position nicht hinterm Berg. Er schimpft auf den Raubtierkapitalismus unter Jelzin und verteidigt die im Westen durchaus umstrittenen Handlungen des etwa gleichaltrigen Wladimir Putin. So hat er etwa die Annektierung der Krim 2014 durch den russischen Präsidenten in einem offenen Brief, der diese für rechtens erklärte, mitunterzeichnet, was zu höchst kontroversen Diskussionen geführt und fast seinen Amtsantritt als Leiter der Münchner Philharmoniker verhindert hätte.

Bleibt nur noch die Frage, wann der Vielbeschäftigte eigentlich schläft – lächelnd geht er darüber hinweg, niemand weiß es … Tröstlich mag dem um seine Gesundheit Besorgten jedoch erscheinen, dass Gergievs Großvater immerhin 113 Jahre alt wurde. Mit diesen Genen gesegnet, gelingt es ihm vielleicht sogar, die 47 Jahre seines großen Vorgängers Eduard Nápravník (1839–1916) noch zu übertreffen, die dieser dem Mariinski-Theater vorgestanden war und die bis heute als dessen „goldene Ära" bezeichnet wird.

FRAGEN AN VALERY GERGIEV

Wenn Sie die Möglichkeit hätten, mit irgendeinem Komponisten, ob tot oder lebendig, einen Abend zu verbringen, mit wem wollten Sie sich treffen und was würden Sie ihn fragen?
Mit Hector Berlioz und Modest Mussorgski. Mit Berlioz, der nicht nur Musiker, sondern ein großer Künstler war, würde ich über sein Buch reden wollen, das er über sein Leben geschrieben hat. Mussorgski hingegen würde ich fragen, wie es ihm möglich war, ohne irgendeine Vorbildung und in seiner Zeit solche unglaublichen Werke zu schreiben.

In welcher Zeit hätten Sie als Komponist am liebsten gelebt?
Zu Zeiten von Hector Berlioz.

Auf der Bühne entfernt man sich immer mehr vom Urtext, während man sich im Orchestergraben diesem immer mehr nähert. Wie beurteilen Sie diese Entwicklung?
Ich respektiere die Arbeit der Regisseure, wenn diese die Oper respektieren. Allerdings haben sie oftmals kein musikalisches Verständnis und versuchen diesen Mangel durch Provokationen auszugleichen. Dabei gehen sie viel zu wenig auf die Komposition und auch auf das Libretto ein, das schließlich die Grundlage der Musik bildet. Würden sie mehr Verständnis für die Musik aufbringen, würden sich wiederum die Dirigenten mehr für die Szene interessieren, wodurch beiden Seiten geholfen wäre. Dabei kann die Inszenierung durchaus modern sein, jedoch sollte man noch immer die Handlung verstehen. Ein Problem liegt auch darin, dass das Publikum, das von so vielen großen Filmen verwöhnt ist, auch visuell unterhalten sein will.
Die Dirigenten hingegen sollten risikofreudiger agieren. Alleine das Gedruckte wiederzugeben ist einfach zu wenig, sie sollten dem Publikum mit der Musik erklären, warum die Komposition nur auf diese eine Weise interpretiert werden kann.

Seit dem 20. Jahrhundert besteht das Konzertprogramm zu 90 Prozent aus Musik schon längst verstorbener Komponisten. Worin liegt Ihrer Meinung nach die Begründung dafür?
Ganz einfach: Es gibt viel mehr tote Komponisten als lebende.

Es gibt immer mehr sehr gute Orchester und immer weniger herausragende Dirigenten. Woran liegt das?
Viele der heutigen Orchester bestehen ohne Zweifel aus hervorragend ausgebildeten Musikern. Dies trifft auch auf viele Dirigenten zu. Allerdings bedarf es bei den Letzteren auch einer Persönlichkeit, die neben dem Führungstalent auch über eine umfassende Bildung verfügen muss, die eben den breiten Horizont ermöglicht, der die großen Dirigenten der Vergangenheit auszeichnete. Ich fürchte, dass heute die Unterscheidbarkeit zwischen den verschiedenen Dirigenten durch ein identisches Idealbild zunehmend verloren geht. Möglicherweise fehlt mir der Überblick in der jungen Dirigentenszene, aber ich vermisse einfach eine persönliche Interpretation, die unverwechselbar ist. Dabei hängt es nicht davon ab, ob alte oder moderne Instrumente benutzt werden, ob mit oder ohne Vibrato gespielt wird. Dies sind schließlich keine menschlichen Faktoren, auf die es im Endeffekt jedoch ankommt.

Welche gesellschaftliche Aufgabe hat die Musik in der heutigen Zeit?
Viele, einschließlich die des Hintergrundgeräuschs.

Wären Sie kein Dirigent geworden, welchen Beruf hätten Sie ergriffen?
Tennisprofi.

Welcher Dirigent ist Ihr Vorbild und warum?
Wilhelm Furtwängler, weil er unverwechselbar ist. Es ist völlig egal, welches Orchester er dirigiert, es würde anders klingen, wenn er nicht vorne stünde. Eine solch unverwechselbare Persönlichkeit zu entwickeln, darin liegt der eigentliche Sinn des Dirigierens.

Was war Ihr bewegendstes Musikerlebnis?
Da gab es einige. Etwa *Parsifal* mit den Wiener Philharmonikern, insbesondere die Stellen, die aus Zeitgründen nicht geprobt werden konnten und bei denen es daher auf den Zauber des Augenblicks ankam. Dann die vielen Male, die ich Jewgeni Mrawinski in Sankt Petersburg erleben durfte. Jedes Konzert war eine Lehrstunde des Dirigierens. Und schließlich Leonard Bernstein, dessen Konzerte auf mich ungeheuer inspirierend wirkten.

Womit verbringen Sie am liebsten Ihre Freizeit?
Mit Freizeit, wenn ich welche hätte.

Was hören Sie in Ihrer Freizeit?
Vor allem Werke, die ich noch nicht dirigiert habe, aber gerne machen würde.

Sind Interpretationsschemata dem Zeitgeist unterworfen?
Natürlich unterliegt die Interpretation immer einer gewissen Mode.

Welche Art von wissenschaftlicher Forschung würden Sie unterstützen?
All das, was uns einem Komponisten näherbringen kann.

Würden Sie noch einmal geboren, was würden Sie anders machen?
Ich hätte gerne noch mehr mit Musikern gearbeitet und mehr Menschen getroffen, aber das ist völlig unrealistisch, weil mein Zeitplan schon immer gedrängt war. Trotzdem wollte ich niemand anders sein, auch wenn ich manches im Nachhinein anders machen würde. Das weiß ich aber nur aus der heutigen Sicht, weil ich mit den Jahren klüger geworden bin. Ich bin glücklich, dass ich als Assistent angefangen habe und nicht zu früh in eine große Karriere geraten bin, was durchaus möglich gewesen wäre, wäre ich früher in den Westen gekommen.

Welche drei Dinge würden Sie auf eine einsame Insel mitnehmen?
Meine jüngste Tochter, obwohl ich ihr nicht zumuten wollte, alleine mit ihrem Papa auf einer Insel sein zu müssen, eine Tasche mit Partituren von der Musik, die ich nicht dirigiert habe, und ein riesiges Buch über die Kulturgeschichte der Menschheit.

Welches Motto steht über Ihrem Leben?
Die alten Fesseln, die uns politisch auferlegt wurden, zu überwinden und uns auf die Zukunft zu konzentrieren.

DER DEMÜTIGE
BERNARD HAITINK

* 4. März 1929, Amsterdam

„Dirigieren hat nichts mit Mystik zu tun, das ist ein Job wie jeder andere." Aus dem Munde jedes anderen Spitzendirigenten würden solche Worte wohl ausgesprochen kapriziös klingen – nicht jedoch bei Bernard Haitink. Trotzdem kann man sich dem nicht ohne Weiteres anschließen. Wer erleben durfte, mit welcher Demut er sich den Symphonien von Anton Bruckner nähert oder mit welch unprätentiöser Selbstverständlichkeit er die großen Mahler-Symphonien durchmisst und dabei trotzdem eine nur mehr mystisch zu nennende Spannung zu erzeugen imstande ist, der wird zweifellos behaupten, dass diese Aussage des Maestros absolut nicht zutrifft. Das völlige Gegenteil eines Autokraten, vermittelt Haitink vielmehr den Eindruck, als würde er sich in seiner „Wiedergabe" – den Begriff der „Interpretation" lehnt er ab – ganz bewusst den Intentionen der Komponisten unterordnen, was seinem unspektakulären Musizieren den Eindruck der absoluten Authentizität verleiht.

Unvergessen etwa ein Konzert der Wiener Philharmoniker mit Bruckners *Achter* in Paris, die erst zum zweiten Mal in der Seine-Metropole aufgeführt wurde, nachdem Herbert von Karajan bei der Erstaufführung in den 1960er-Jahren damit entsetzlich Schiffbruch erlitten hatte. Das gesamte Orchester, wie auch Haitink, waren sich des Risikos bewusst, das mit diesem Konzert verbunden war, und standen daher unter ganz besonderer Anspannung. Es wurde zu einem der größten Erfolge, den das Orchester in Paris jemals erleben durfte. Das war in erster Linie das Verdienst des herausragenden Maestros, der von sich sagt: „Ehrlich gesagt kann ich meinen Erfolg auch nicht erklären. Ich sage nicht viel, doziere nicht, kann keine Monologe halten. Oft denke ich: Die haben nicht viel an mir", wie er dem Journalisten Andreas Gebbink gegenüber bekannte.

Doch nicht nur in künstlerischer Hinsicht ist Bernard Haitink ein Ausnahmedirigent. Schließlich begann seine Berufslaufbahn im Orchester, er kennt also sehr genau die Gegenseite, was die Grundlage für seine verständnisvolle Art und Weise zu sein scheint, mit der er den Musikern gegenübertritt. Zudem gehört der Verehrer von Bruno Walter, den er in seiner Jugend oft erlebt hatte, zu den ganz wenigen Dirigenten, die in ihrer Geburtsstadt Karriere gemacht haben. Schließlich lag sein hauptsächlicher Arbeitsbereich bis zu seinem 60. Lebensjahr in seiner Heimat Amsterdam.

Bernard war neun Jahre alt, als er seine Eltern bat, Geige lernen zu dürfen. Unterricht bekam er von einem Mitglied des Concertgebouw-Orchesters, was ihm den Kontakt zu diesem Orchester eröffnete, dessen Werdegang er später so nachhaltig prägen sollte. Während seines Violinstudiums verspürte er „gegen alle Ratio" den Drang in sich, Dirigent werden zu wollen. Als er diesen Wunsch dem Dirigierlehrer Felix Hupka mitteilte, kanzelte der ihn mit der Bemerkung ab, dass ihm dazu das Talent fehle. Dennoch schien ihn das Anliegen seines Schülers nachdenklich gemacht zu haben, denn bei einer Probe des Konservatoriumsorchesters, in dem Haitink mitspielte, rief er ihn plötzlich ans Dirigentenpult. Offenbar bestand der Student diese Prüfung mit Bravour, denn fortan sollte Hupka ihn in der Kunst der Orchesterleitung unterweisen. Allerdings auf eine sehr spezielle Art und Weise: So musste der junge Bernard zu seinen Lektionen immer seine Geige mitbringen, um die einzelnen Orchesterstimmen richtig phrasieren zu lernen, war doch sein Lehrer der Überzeugung, dass man das Dirigieren nicht erlernen müsse. Eine Aussage, die seinen Schüler wohl nicht ganz überzeugte, denn neben seinem Studium besuchte Haitink die Kurse des Dirigenten Ferdinand Leitner. Der deutsche Kapellmeister hatte das Talent Haitinks gleich erkannt und lud ihn öfter nach Stuttgart ein, wo er als Generalmusikdirektor tätig war. Schließlich war es auch Leitner gewesen, der den jungen Studenten dahingehend erzog, dass ein Orchesterleiter sich nicht über die Musiker stellen dürfe, und somit die Grundlage zu dem Hauptcharakteristikum des großen niederländischen Dirigenten legte.

Nach dem Abschluss seines Studiums begann er als Geiger beim Philharmonischen Orchester des Niederländischen Rundfunks, wo er allerdings nicht lange blieb. Bereits nach einem Jahr, also 1955, wurde der 26-Jährige durch die Vermittlung Leitners zum Zweiten Kapellmeister des Orchesters der Niederländischen Radio-Union ernannt. Da er dort nicht allzu viel zu tun hatte, konnte er in aller Ruhe die wichtigsten Partituren studieren. Dies sollte sich schon bald bezahlt machen. Denn schon ein Jahr später erhielt Haitink die Chance, die sein Leben grundlegend ändern sollte. Das Concertgebouw-Orchester suchte nach einem Ersatzdirigenten für den erkrankten Carlo Maria Giulini und verfiel auf den jugendlichen Maestro, der mit Luigi Cherubinis *c-Moll-Requiem* so spektakulär einsprang, dass ihm sogleich die Position des Chefdirigenten des Philharmonischen Orchesters des Niederländischen Rundfunks angeboten wurde. Doch nicht nur seine Landsleute wurden auf ihn aufmerksam, sein sensationelles Einspringen machte ihn auch im Ausland mit einem Schlag bekannt. Bereits 1958 feierte er sein Debüt mit dem Los Angeles Philharmonic Orchestra und sein erstes Konzert mit dem Symphonieorchester des Bayerischen Rundfunks. Ein Jahr später hatte der gerade 30-Jährige seinen ersten Plattenvertrag mit Philips in der Tasche.

1959 verstarb mit Eduard van Beinum der Chefdirigent des Concertgebouw-Orchesters, woraufhin Haitink 1961, anfänglich zusammen mit dem erfahrenen Eugen Jochum, die Leitung des Amsterdamer Paradeorchesters angetragen wurde, die er für die nächsten 27 Jahre innehaben sollte. Unter seiner Stabführung entwickelte sich das ohnehin hervorragende Orchester zu einem Ensemble der Weltklasse.

Die Verbindung zwischen Haitink und dem Concertgebouw-Orchester wurde in dieser Zeit so untrennbar wie etwa die Herbert von Karajans mit seinen Berliner Philharmonikern. Ähnlich wie sein großer Salzburger Kollege war er damit jedoch nicht ausgelastet; 1967 wurde er für die nächsten zwölf Jahre Chefdirigent des London Philharmonic Orchestra. Auch nach Ablauf seines Vertrags hielt er diesem Klangkörper die Treue, hatte er doch 1978 die Leitung der Opernfestspiele von Glyndebourne übernommen, der „Sommerresidenz" der Londoner Philharmoniker. Diese Stellung behielt er zwar nur bis 1988 bei, blieb dem Orchester aber weiterhin als Musikalischer Direktor verbunden. Im Jahre 1987 gab er der Versuchung nach, endlich einmal an einem großen Opernhaus zu dirigieren, und wurde zum Musikdirektor des Royal Opera House Covent Garden ernannt, was bei seinem Amsterdamer Orchester auf wenig Gegenliebe stieß, mit der Folge, dass sich deren Wege trennten. Das hieraus resultierende Zerwürfnis dauerte glücklicherweise nicht allzu lange, schließlich wurde Haitink 1999 zum ersten Ehrendirigenten in der Geschichte des Concertgebouw-Orchesters ernannt.

Darüber hinaus leitete er von 1994 bis 1999 das European Youth Orchestra, zudem war er von 1995 bis 2004 als Erster Gastdirigent beim Boston Symphony Orchestra tätig. An der königlichen Oper an der Themse blieb Haitink bis 2002, um im selben Jahr für die nächsten zwei Spielzeiten die Nachfolge des überraschend verstorbenen Giuseppe Sinopoli als Leiter der Staatskapelle Dresden zu übernehmen.

Nun aller festen Verpflichtungen ledig, wurde er im Jahre 2004 zum Ehrendirigenten des Boston Symphony Orchestra ernannt, mit dem er seit 1971 eng verbunden war. Zusätzlich hatte Haitink in der Saison 2007 zusammen mit Pierre Boulez die Position des Principal Director beim Chicago Symphony Orchestra übernommen, das nach dem Abgang von Daniel Barenboim über keinen ständigen Chefdirigenten mehr verfügte. Seitdem widmet er sich vermehrt der Ausbildung von jungen Talenten.

Natürlich verfügt ein Dirigent seiner Größe und seines Alters über eine reichhaltige Diskografie. Neben den Symphonien von Beethoven, Schumann, Bruckner, Tschaikowsky, Brahms und Mahler, die er teilweise sogar zweimal aufnahm, hat auch zahlreiche Opernaufnahmen vorzuweisen, von Mozarts *Da-Ponte-Opern* bis hin zu Wagners *Ring-Tetralogie*. Anlässlich seines 65. Geburtstags wurde schließlich eine 36 Compact Discs umfassende Edition herausgebracht. Dennoch ist er mit seinen CD-Aufnahmen, die er als etwas „Eingefrorenes und Zeitverhaftetes" ansieht, nicht immer glücklich. Deshalb hat er 2008 mit dem Chamber Orchestra of Europe nochmals die Symphonien von Beethoven in einer Radikalität eingespielt, die nicht mehr mit seiner früheren Aufnahme zu vergleichen sind, die er heute als „eher ‚middle of the road'" bezeichnet.

Trotz all seiner überragenden Erfolge und Auszeichnungen, deren Aufzählung den Rahmen dieser Biografie sprengen würde, ist er ein zutiefst bescheidener Mann geblieben, der – wie der Musikjournalist Andreas Gebbink zitiert – gar von sich sagte: „Wenn es Hitler nicht gegeben hätte, hätte es auch keinen Dirigenten Haitink gegeben. Denn da wären da noch so viele jüdische Talente gewesen und niemand hätte sich beklagt, dass es zu wenig Dirigenten gibt!"

Fragen an Bernard Haitink

Wenn Sie die Möglichkeit hätten, mit irgendeinem Komponisten, ob tot oder lebendig, einen Abend zu verbringen, mit wem wollten Sie sich treffen und was würden Sie ihn fragen?
Es gibt so viele Komponisten, die ich liebe. Wenn ich mit diesen zusammenträfe, würde ich mich fürchten, die falschen Fragen zu stellen. Schließlich herrscht ein riesiger Abstand zwischen Kreativität und Dirigieren. Zuerst kommen die Komponisten, dann kommt lange Zeit nichts und erst dann kommen wir Dirigenten.

In welcher Zeit hätten Sie als Komponist am liebsten gelebt?
Ich habe niemals daran gedacht zu komponieren. Ich bin ein nachschöpferischer Mensch, der sich über jede Partitur eines Meisterwerks freut. Vielleicht zu Brahms' Zeit, der nicht mehr wie etwa Mozart unter dem Druck stand, Kompositionsaufträge zu erhalten, um leben zu können, und dabei noch über genügend Zeit für andere Dinge verfügte.

Auf der Bühne entfernt man sich immer mehr vom Urtext, während man sich im Orchestergraben diesem immer mehr nähert. Wie beurteilen Sie diese Entwicklung?
Ich finde verheerend, was die meisten Regisseure den Komponisten zumuten. Wir Musiker werden immer akribischer, was vielleicht auch nicht immer gut ist, während die Regisseure den geistigen Gehalt eines Stückes völlig frei behandeln. Und keiner traut sich, etwas dagegen zu sagen. Wegen der Publicity unterstützen die Operndirektoren sogar diese Entwicklung. Zwar hat schon Wagner gesagt: „Kinder, macht immer etwas Neues!", aber wenn er sehen würde, was heute aus seinen Opern gemacht würde, würde er wohl vor Schreck auf der Stelle tot umfallen. Die letzten wirklich guten Regiearbeiten, die ich erlebt habe, waren Ende der 1970er-Jahre. Heute würde wohl auch dies nicht mehr akzeptiert werden.

Seit dem 20. Jahrhundert besteht das Konzertprogramm zu 90 Prozent aus Musik schon längst verstorbener Komponisten. Worin liegt Ihrer Meinung nach die Begründung dafür?
Es gibt heute eine große Kluft zwischen Komponisten und Publikum. Zu den meisten Tonschöpfern, mit Ausnahme von Boulez und wenigen anderen, finden auch wir immer weniger Zugang. Als die neuen Strömun-

gen aus Protest gegen die Konservativen in den 1960er-Jahren aufkamen, haben sie zwar für viel Aufsehen gesorgt, aber keine nachhaltige Wirkung erzielt. Die Komponisten, die im herkömmlichen Stil schrieben, wurden damals von den Neuerern in den Hintergrund gedrängt und ignoriert. Dadurch haben einige wirkliche Talente aufgehört zu komponieren. Wenn ich auf meine Amsterdamer Zeit zurückblicke, in der ich unglaublich viele Werke holländischer Komponisten uraufgeführt habe – von dem ist nicht viel übrig geblieben.

Ein anderer Aspekt dafür liegt darin, dass heutzutage die Chefdirigenten nur mehr für kurze Zeitspannen bei ihren Orchestern sind. In diesen wenigen Wochen müssen auch noch die Tourneen absolviert werden, die eher einem reisenden Jahrmarkt gleichen, in dem Pionierarbeit keinen Platz hat, weil man Erfolgswerke aufs Programm setzen muss.

Es gibt immer mehr sehr gute Orchester und immer weniger herausragende Dirigenten. Woran liegt das?
Das ist eine Frage, die mir sehr am Herzen liegt. Eigentlich habe ich nie unterrichten wollen, aber in letzter Zeit habe ich in Boston, London und Luzern einige Dirigentenkurse gegeben. Ich mache das unentgeltlich, denn wir Dirigenten sind solche Egoisten, dass wir am Ende unseres Lebens auch einmal etwas für die Zukunft tun sollten. Ich selbst wäre ohne die Förderung Ferdinand Leitners wahrscheinlich niemals Dirigent geworden. Das Unterrichten bereitet mir viel Freude, macht mir aber auch große Sorgen, denn es gibt definitiv zu wenige Talente. Dies hat einerseits mit der Ausbildung zu tun, sicherlich aber auch mit der Vermarktung, sodass auch begabte Dirigenten nur für das Publikum dirigieren und nicht mehr für die Musik.

Welche gesellschaftliche Aufgabe hat die Musik in der heutigen Zeit?
Früher, zu Mozarts und Beethovens Zeiten, waren Aristokratie und Bürgertum musikbegeistert. Heute leben wir im Zeitalter des Sponsorings. Wir könnten ohne dieses Geld nicht leben, aber die Sponsoren haben in vielen Fällen überhaupt keine Ahnung von Musik.
In letzter Zeit versucht man, Jugendliche für die Musik zu gewinnen, aber wir sollten nicht vergessen, dass klassische Musik etwas für erwachsene Leute ist. Schon als ich zu dirigieren anfing, beklagte man sich über das hohe Alter des Publikums. Vielleicht braucht man einfach ein gewisses Alter, um reif für die klassische Musik zu sein. Und gerade heute, wo alles sehr schnell gehen muss, ist es für junge Leute sehr schwer, sich ein Kon-

zert anzuhören, wo ja nichts passiert. Wer hat noch die Ruhe, sich eine Bruckner-Symphonie anzuhören? Wer versteht noch die späten Streichquartette von Beethoven? Wir können nur hoffen, dass die Meisterwerke unsere Zeit überleben und nicht verloren gehen.

Wären Sie kein Dirigent geworden, welchen Beruf hätten Sie ergriffen?
Ich weiß es nicht. Nach meiner ersten Probe mit dem Concertgebouw-Orchester sagte ein Musiker zu Dirigent Eduard von Beinum: „Der Junge weiß überhaupt nichts, aber er ist ein Dirigent!"

Welcher Dirigent ist Ihr Vorbild und warum?
Bruno Walter, weil er eine Mischung aus Autorität und Humanität darstellte. Herbert von Karajan, der ein wirklich großer Könner war. Pierre Monteux, der unglaublich klar, wenn auch ein wenig kühl musizierte, Charles Münch, der mit großer Geste dirigierte und dabei ein sehr warmherziger Mensch war. Und natürlich Eduard von Beinum, der ein hervorragender Musiker war.

Was war Ihr bewegendstes Musikerlebnis?
Eigentlich waren es zwei Erlebnisse: *Fidelio* in Salzburg unter Wilhelm Furtwängler. Am Anfang war es nichts Besonderes. Doch mit dem Vorspiel von „Mir ist so wunderbar" war es plötzlich, als ob der ganze Saal elektrisch aufgeladen würde. Am nächsten Morgen Anton Bruckners *Achte*, wieder unter Furtwängler – ich war wie betäubt davon.

Womit verbringen Sie am liebsten Ihre Freizeit?
Ich sitze gerne in meinem Garten, lese und höre den Vögeln zu. Außerdem bereitet es mir die größte Freude, Partituren zu studieren.

Was hören Sie in Ihrer Freizeit?
Kammermusik, da gibt es so viele schöne Dinge.

Sind Interpretationsschemata dem Zeitgeist unterworfen?
Auf jeden Fall. In Amsterdam hat Nikolaus Harnoncourt gerade in dieser Richtung sehr viel bewegt. Auch meine Interpretation hat sich durch die Auseinandersetzung mit seinen Ideen verändert – und ich bin sehr dankbar dafür. Als man mir nach einem Beethoven-Zyklus in London gesagt hat, dass darin Einflüsse der Originalklangbewegung erkennbar sind, habe ich mich sehr gefreut.

Welche Art von wissenschaftlicher Forschung würden Sie unterstützen?
Medizinische.

Würden Sie noch einmal geboren, was würden Sie anders machen?
Wenn auch nicht alles, so doch sehr vieles.

Welche drei Dinge würden Sie auf eine einsame Insel mitnehmen?
„Der Zauberberg" von Thomas Mann, Bachs *Hohe Messe* und meine letzte Aufnahme der *Pastorale*. Die hat mir sehr viel Freude bereitet. Und ich bin neugierig, ob sie mir auf einer Insel noch immer so viel Freude machen würde.

Welches Motto steht über Ihrem Leben?
Liebe zur Musik.

DAS WUNDERKIND
DANIEL HARDING

*31. August 1975, Oxford

Geschichten über musikalische Wunderkinder, die nach ihrem pubertären Reifeprozess ins Straucheln gerieten und an den Anforderungen ihres bis dahin geführten Lebens scheiterten, sind Legion.

Sind doch in den meisten Fällen Instrumentalisten von solchen Krisen betroffen, ist dieses Phänomen bei Dirigenten weithin unbekannt. Was möglicherweise auch daran liegen mag, dass Dirigenten einem ganz anderen Altersschema unterworfen sind – immerhin gelten sie auch mit 40 Jahren noch als „jung". So gesehen war Daniel Harding noch geradezu ein Kleinkind, als er sich für seinen Beruf entschied. Nach den ersten obligaten Versuchen auf der Blockflöte und der Violine befanden ihn seine Eltern als so begabt, dass sie ihn auf ein Musikinternat in Manchester schickten, wo er in der Handhabung der Trompete unterwiesen wurde. Doch trotz ausgedehnter Exerzitien und Proben genügte es Daniel Harding schon bald nicht mehr, sich mit dürrer Kammermusik auseinanderzusetzen oder seine Zeit in einem klein besetzten Orchester zu verbringen. Schließlich wollte er auch die Werke seiner Idole Wagner oder Mahler spielen.

Nachdem der Dirigierlehrer die Schule verlassen hatte, suchte der 14-Jährige dem curricularen Gleichmaß ein Ende zu bereiten und gründete zusammen mit einigen gleichgesinnten Freunden ein Orchester. Die Leitung übernahm selbstredend er selbst, war er doch schon längst dazu entschlossen, Dirigent zu werden. Die Schuldirektion sah solche Eigenmächtigkeiten indes gar nicht gerne. Doch der schlaue Daniel nutzte das ausgeprägte Traditionsbewusstsein der altehrwürdigen englischen Internate, das besagt, dass den Schülern am Sonntag auch das erlaubt ist, was an Werktagen verboten ist. So verbrachten die ambitionierten Jugendlichen ihre Feiertage damit, die Musik ihrer „Hausgötter" zu spielen. Bis hin zur erfolgreichen Einstudierung des *Siegfried-Idylls* von Wagner.

Doch schon bald stieß der junge Orchesterleiter an seine Grenzen. Als er eines Tages auf die Idee verfiel, mit seinem Orchester Schönbergs *Pier-*

rot Lunaire einzustudieren, musste er erkennen, dass seine handwerklichen Fähigkeiten zur Realisierung dieses komplizierten Werks nicht ausreichten. Mit dieser bedauernswerten Tatsache wollte sich der damals 15-Jährige aber keineswegs abfinden. So schrieb er einfach an seinen prominenten Landsmann Sir Simon Rattle und bat ihn um fachlichen Rat. Der damals noch in Birmingham tätige Dirigent lud ihn zu sich ein. Offenbar machte der willensstarke Jugendliche großen Eindruck auf den berühmten Kollegen, denn schon zwei Jahre später ernannte er ihn zu seinem Assistenten. Zuvor jedoch rief Rattle bei der Direktion des Internats an und fragte den entgeisterten Direktor, warum er Harding eigentlich nicht das Internatsorchester leiten lasse, wo er doch schon dessen eigenes Orchester dirigieren dürfe. Prompt übertrug ihm der eingeschüchterte Schulleiter die Leitung über das nächste Projekt – das Musical *Fiddler on the Roof* …

Im Jahre 1994 feierte Harding sein professionelles Debüt mit dem City of Birmingham Symphony Orchestra, wofür er sogleich den „Best Debut Award" der Royal Philharmonic Society zuerkannt bekam. Ein Jahr später holte ihn Claudio Abbado als Assistent zu den Berliner Philharmonikern, die er erstmals 1996 als Einspringer für den erkrankten Franz Welser-Möst bei den dortigen Festwochen dirigierte, was ihn auf einen Schlag bekannt machte.

Nachdem er als 22-Jähriger die Position des Chefdirigenten des Trondheim Symphony Orchestra übernommen hatte, wurde er 1999 zum musikalischen Leiter der Deutschen Kammerphilharmonie Bremen ernannt, einem etwas größeren Kammerorchester mit gerade 41 Musikern, das unter seiner Leitung zu einem herausragenden Klangkörper heranreifte. Nach seinem Abschied von der Weser übernahm Harding 2003 die musikalische Direktion des von Claudio Abbado gegründeten Mahler Chamber Orchestra, die er bis 2011 innehatte und zu dessen Ehrendirigent er nach seinem Ausscheiden ernannt wurde.

Doch er begnügte sich nicht alleine mit dem symphonischen Repertoire. 1998 übernahm Harding von seinem Lehrmeister Abbado die Produktion des *Don Giovanni* unter der Regie von Peter Brook in Aix-en-Provence, die im Jahre 2000 von der englischen Fachzeitschrift „International Record Review" als „Best Performance of the Year" ausgezeichnet wurde. Der Livemitschnitt seines nächsten Opernprojekts, Benjamin Brittens *Turn of the Screw* mit dem Mahler Chamber Orchestra, errang den „Grand Prix du Disque" und eine Nominierung für den „Grammy Award".

Tritt man heute dem immer noch jungenhaften Daniel Harding gegenüber, kann man sich immer noch nicht vorstellen, dass sich dieser gegen eine Hundertschaft gestandener Orchestermusiker, wie etwa den Berliner oder Wiener Philharmonikern, durchzusetzen vermag. Doch kaum sieht man ihn am Werk, wird man eines Besseren belehrt. Mit außergewöhnlicher Konzentration und exaktem Konzept erarbeitet er auch die schwierigsten Partituren, wobei er klug genug ist, den Instrumentalisten dabei den benötigten musikalischen Freiraum zu gewähren. Solchermaßen wird seinen Forderungen gerne Folge geleistet, obwohl er mit seinen Taktschlägen nicht immer die Hilfeleistungen gibt, die das Leben eines Musikers bei einem komplizierten Werk zu erleichtern vermögen. Was nicht heißen soll, dass der Engländer über keine Schlagtechnik verfügt, ganz im Gegenteil. Jedoch beugt er sich dabei lieber den musikalischen Gegebenheiten als den möglicherweise hilfreichen Unterteilungen, die den Melodiefluss beeinträchtigen würden. Sowohl in seiner Probenarbeit wie auch an seiner Schlagtechnik und Gestik erkennt man ganz genau, bei wem er in die Schule gegangen ist. Während der Proben, zu denen er exzellent vorbereitet erscheint, bleibt er ähnlich wie Sir Simon Rattle stets unnachgiebig. Seine Schlagtechnik und sein Verhalten im Konzert erinnern dagegen sehr an Claudio Abbado.

In einem Punkt ging er sogar noch weiter als seine beiden Lehrmeister: Als wohl erster Dirigent brachte er es tatsächlich fertig, vor seinem Debüt im Goldenen Musikvereinssaal in Wien jede seiner fünf Proben um ein paar Minuten zu überziehen, üblicherweise ein unerhörter Vorgang, zumal bei einem so viel beschäftigten Klangkörper wie den Wiener Philharmonikern, die den meisten Dirigenten allenfalls vier Proben zugestehen. Dennoch bedachten ihn die Musiker nach der letzten Probe mit frenetischem Beifall.

Ähnlich wie sein Lehrer Sir Simon Rattle kennt Harding überhaupt keine stilistischen Berührungsängste. Vom Barock bis zur zeitgenössischen Musik scheint er überall gleichermaßen zu Hause zu sein. Zwar wirkt bei ihm manches ungewohnt, aber das meiste besticht durch seine überzeugende Darbietung. Bei seinem erfolgreichen Debüt mit den Wiener Philharmonikern im Dezember 2004 etwa dirigierte er ein so problematisches Werk wie Gustav Mahlers *Zehnte*, die das Orchester niemals zuvor gespielt hatte, was in Hardings Lebensplanung allerdings durchaus beabsichtigt war. Schließlich hatte ihm schon Sir Simon Rattle geraten (der sich in Wien mit Mahlers *Neunter* eingeführt hatte), bei seinen Dirigierdebüts sich nicht an allzu bekannten Werken zu versuchen, da sonst der Vergleich mit seinen großen und viel erfahreneren Kollegen naheläge. So interpretierte der fanatische Fußballfan bei seinem nächsten Auftritt im Jahr 2005 mit den Wiener Philharmonikern Bachs *Matthäus-Passion* …

Eine solche Persönlichkeit muss polarisieren. Während ihm das Pariser Opernorchester im Herbst 2005 die Gefolgschaft bei seiner Deutung von Mozarts Così fan tutte verweigerte, die er zuvor mit großem Erfolg mit dem Mahler Chamber Orchestra in Aix-en-Provence aufgeführt hatte, eröffnete er im Dezember desselben Jahres die Saison an der Mailänder Scala mit einem umjubelten *Idomeneo*. Welchen internationalen Stellenwert er bereits in jungen Jahren innehatte, zeigte sich darin, dass er im Mozartjahr 2006 während der Wiener Festwochen *Die Zauberflöte* und *Così fan tutte* sowie bei den Salzburger Festspielen *Don Giovanni* dirigierte. Dabei durchlebte er gerade in dieser Zeit eine fürchterliche persönliche Krise, die einen spürbaren Karriereknick nach sich zog.

Wohl auch aus diesem Grund hat es so lange gedauert, bis Harding eine feste leitende Position bei einem großen Klangkörper übernehmen konnte. Zwar war er seit 2006 Principal Guest Conductor des London Symphony Orchestra und seit 2007 als Chefdirigent des Schwedischen Radiosinfonieorchesters tätig. Außerdem war er ein stets gern gesehener Gastdirigent bei allen großen Orchestern und in den bedeutendsten Opernhäusern.

Doch die Folgen seiner Krise, über die er übrigens – ungewöhnlich genug für einen Dirigenten – ganz offen spricht, scheinen nun endgültig überwunden, ist er doch seit September 2016 Chefdirigent des Orchestre de Paris und kann seine hier lebenden Kinder regelmäßig sehen. So bleibt zu hoffen, dass er in dieser Konstellation seinen künstlerischen Höhenflug fortsetzen kann, mit dem er einst so jung begonnen hatte. Schließlich gibt es in seiner Generation nicht allzu viele Dirigenten von solcher Qualität.

Fragen an Daniel Harding

Wenn Sie die Möglichkeit hätten, mit irgendeinem Komponisten, ob tot oder lebendig, einen Abend zu verbringen, mit wem wollten Sie sich treffen und was würden Sie ihn fragen?
Ein Abend ist nicht sehr lange … Richard Wagner, dem ich am liebsten eine ganze Reihe von verschiedenen Aufnahmen seiner Werke zeigen würde. Danach würde ich ihn fragen, ob er jemals erwartet hätte, auf diese Weise interpretiert zu werden.

In welcher Zeit hätten Sie als Komponist am liebsten gelebt?
Jetzt, da eine so große Freiheit herrscht, dass man beim Besuch einer Uraufführung überhaupt keine Vorstellung davon hat, was einen eigentlich erwartet.

Auf der Bühne entfernt man sich immer mehr vom Urtext, während man sich im Orchestergraben diesem immer mehr nähert. Wie beurteilen Sie diese Entwicklung?
Zuerst einmal: Es herrscht ein großes Missverständnis bezüglich des Begriffs „Urtext". Es gibt eigentlich keinen Urtext, der strikte Regeln festlegt. Wenn man sich die Beethoven-Symphonien unter Brüggen, Harnoncourt, Norrington und Gardiner anhört, dann herrscht dabei ein viel größerer Unterschied als zwischen Karajan und Furtwängler. Das Wesentliche beim „Urtext" ist doch nur, was bei allem Respekt gegenüber den Noten in den gesetzten Grenzen möglich ist … Auf der Bühne ist es ganz ähnlich: Es ist alles erlaubt, wenn es den Text erhellt und ihn mit dem gehörigen Respekt behandelt.

Seit dem 20. Jahrhundert besteht das Konzertprogramm zu 90 Prozent aus Musik schon längst verstorbener Komponisten. Worin liegt Ihrer Meinung nach die Begründung dafür?
Der Grund dafür liegt wohl darin, dass die Menschen heutzutage glauben, dass früher alles viel besser war, nicht nur in der Musik. Auch die Vorliebe für alte Instrumente hängt mit der „neuen Sentimentalität" zusammen. Zudem wollen wir Dinge hören, die wir wiedererkennen. Dazu kommt, dass wir durch die Aufnahmen über so viele Möglichkeiten verfügen, auf die Vergangenheit zurückzugreifen, die den Gegenwärtigen gegenübergestellt werden, was eigentlich nicht gerecht ist. In dem letzten Jahrhundert

kam darüber hinaus die Trennung zwischen E- und U-Musik auf, was den Zugang zur zeitgenössischen Musik zusätzlich erschwerte.

Es gibt immer mehr sehr gute Orchester und immer weniger herausragende Dirigenten. Woran liegt das?
Ich weiß nicht, ob das so zutrifft. Es gibt derzeit in der jüngeren Generation eine ganze Menge ausgezeichneter Dirigenten. Es stimmt auch nicht, dass es immer mehr gute Orchester gibt. Zwar gibt es bestimmt viel mehr gut ausgebildete Musiker als früher, aber ich bezweifle, dass sie ihren Individualismus zugunsten des Orchesterspiels einschränken werden.

Welche gesellschaftliche Aufgabe hat die Musik in der heutigen Zeit?
Man muss unterscheiden, welche Aufgabe die Musik hat und wie wir die Musik nutzen. Musik wird heute für jede Lebenslage genutzt, zum Entspannen, zum Einschlafen usw. In England haben wir einen Radiosender, der den ganzen Tag klassische Musik sendet, für jede Tageszeit und für jede Lebenslage. So hat die Musik die Aufgabe, uns vom Alltag abzulenken, aber auch, uns zu besseren Menschen zu machen.

Wären Sie kein Dirigent geworden, welchen Beruf hätten Sie ergriffen?
Ich wäre gerne Pilot geworden. Aber das Dirigieren ist eigentlich das Einzige, wozu ich Geduld habe. Alles andere hätte in einer Katastrophe geendet.

Welcher Dirigent ist Ihr Vorbild und warum?
Claudio Abbado ist der Grund dafür, dass ich Dirigent geworden bin. Sir Simon Rattle ist der Grund dafür, dass ich dirigieren kann. Und Nikolaus Harnoncourt, weil ich seine Art liebe, wie er Musik machte.

Was war Ihr bewegendstes Musikerlebnis?
Der Moment, der mich am meisten beeinflusste, war der erste Unterricht bei Simon Rattle, als wir zusammen *Pierrot Lunaire* durchnahmen. In diesen drei Stunden öffnete er mir die Augen für die Geheimnisse der Musik. Als Zuhörer: Mahlers *Zweite* in Amsterdam und Bergs *Wozzeck* in Salzburg mit Abbado. Berlioz' *Les Troyens* in Paris unter John Eliot Gardiner.

Womit verbringen Sie am liebsten Ihre Freizeit?
Ich versuche, alle Fußballspiele der Premier League zu sehen. Da ich nur sehr selten ins Stadion komme, gehe ich in Pubs, um mir die Spiele dort

anzuschauen. Falls ich gerade zu dieser Zeit ein Konzert habe, bitte ich die Wirte, mir die Spiele aufzunehmen. Außerdem liebe ich es, nach einem Konzert Fernsehserien anzuschauen.

Was hören Sie in Ihrer Freizeit?
Ich habe eine riesige CD-Sammlung und liebe es, möglichst viele Aufnahmen von den Werken anzuhören, die ich gerade dirigiere. Und Frank Sinatra, der mehr Charisma als jeder andere Musiker hat.

Sind Interpretationsschemata dem Zeitgeist unterworfen?
Das ist eine sehr böse Frage. Denn damit stellt sich mir die Frage: Ist alles, woran ich glaube, nur eine Modeerscheinung? Wenn ich mir die Frage zu häufig stelle, dann werde ich an gar nichts mehr glauben. Trotzdem muss ich sagen: ganz sicher, weil wir uns vor den neuen Einflüssen nicht verschließen können.

Welche Art von wissenschaftlicher Forschung würden Sie unterstützen?
Medizinische Forschung.

Würden Sie noch einmal geboren, was würden Sie anders machen?
Nicht sehr viel. Würde ich wiedergeboren, wüsste ich nichts von den Fehlern, die ich gemacht habe, und wenn ich um sie wüsste, müsste ich sie wieder machen, um weiterzukommen.

Welche drei Dinge würden Sie auf eine einsame Insel mitnehmen?
Bei einer englischen Polarexpedition bestand der einzige Zugang zur Zivilisation darin, dass den Teilnehmern jedes Wochenende die Fußballergebnisse übermittelt wurden. Und das gab ihnen die Kraft, weiterzumachen. Daher: einen Fernseher für die Fußballspiele, ein Klavier mit Aufnahmegerät und möglicherweise meine Familie, auch wenn es eine traurige Sache wäre, ihr zuzumuten, auf eine Insel mitzukommen. Falls das also nicht gehen sollte: eine verzauberte Pastamaschine.

Welches Motto steht über Ihrem Leben?
Es kommt nicht darauf an, wie oft man etwas tut, es ist wichtig, auf wie viele verschiedene Arten man es tut.

DIE INSTANZ

NIKOLAUS HARNONCOURT

*6. Dezember 1929, Berlin
†5. März 2016, St. Georgen im Attergau

„Egal, was ich anfasse, man hält mich sofort für einen Spezialisten!"
Dieser scheinbar verzweifelte Ausruf Nikolaus Harnoncourts verwundert
nicht, denn es gab wohl kaum einen anderen Dirigenten seiner Generation, der während der letzten 50 Jahre einen so großen Einfluss auf die
Musiklandschaft ausgeübt hat. Galt er bis zu seinen ersten Mozart-Ein-
spielungen in den 1970er-Jahren nur als höchst kompetenter Fachmann
für Renaissance- und Barockmusik, der schon die damals noch üblichen
opulenten Deutungen der Werke von Händel und Bach obsolet gemacht
hatte, warf er nun auch mit seinen Interpretationen des Salzburger Meisters
sämtliche bis dahin geltenden Parameter über den Haufen. Als der Pianist
Friedrich Gulda erstmals hörte, was Harnoncourt aus den Mozart-Partitu-
ren herauslas, ist er „g'fallen von einer Ohnmacht in die andere" – und es
ging nicht nur ihm so. Doch auch das war Programm. Der Dirigent wollte es seinem Publikum niemals einfach machen. Schließlich war es seiner
Meinung nach durchaus legitim, auch einen nicht notierten, wenn auch
musikalisch begründeten Akzent zu setzen, um beim unvorbereiteten Hörer eine ähnliche Wirkung zu erreichen, wie es zu Zeiten des Komponisten
der Fall gewesen war. Die Beweggründe können also in manchen Fällen
wichtiger sein als das überlieferte Quellenbild; für wesentlich bedeutsa-
mer als die Notentreue hielt er die Lebendigkeit des Kunstwerks. Mit dieser wahrlich unkonventionellen Einstellung, mit der er sich im Übrigen
von vielen Kollegen der „Alten Musik" grundlegend unterschied, setzte er
schließlich eine Revolution in Gang, deren Nachhall bis heute andauert.
Derzeit gibt es wohl kaum einen Dirigenten, der es wagt, sich über die In-
terpretationserkenntnisse Harnoncourts hinwegzusetzen. Sein Einfluss auf
die klassische Musiklandschaft war so groß, dass er das erreichte, was nur
den größten seiner Vorgänger gelungen ist: Er ist zur Instanz geworden.

Längst schon hatte der sprachgewaltige und hoch gebildete Dirigent auch Teile der Romantik erschlossen und größere Ausflüge in das 20. Jahrhundert unternommen. 1986 ließ er sich gar zu einer Uraufführung hinreißen, Luciano Berios *Rendering*, was allerdings ein einmaliges Abenteuer blieb. Da keine anderen für ihn geeigneten Werke komponiert wurden, überließ er dies hinfort lieber seinen Kollegen.

Geboren wurde Nikolaus Harnoncourt, der aus hohem Adel stammte, zwar in Berlin, er zog aber zweijährig mit seinen Eltern nach Graz um, wo er zusammen mit seinen Geschwistern aufwuchs. Da in der Familie großer Wert auf Musik gelegt wurde, erlernte der kleine Nikolaus schon in der Volksschule das Cellospiel. Aus Kriegsgründen zog die Familie 1944 ins Salzkammergut, was sich als Glücksfall für den späteren Dirigenten erwies, lernte er doch dort den berühmten Cellisten Paul Grümmer kennen, der ihn hinfort unterrichtete. Allerdings hatte Nikolaus Harnoncourt damals noch ganz andere Berufspläne. Die Möglichkeiten waren so vielfältig wie seine Interessen. Ob Holzbildhauer, Marionettenspieler, Architekt – alles war denkbar. Glücklicherweise hörte er 1947 eine Übertragung der *Siebten* von Beethoven unter Wilhelm Furtwängler im Radio – von diesem Moment an war ihm klar, dass er sein Leben der Musik widmen würde. So begann er 1948 sein Studium an der Wiener Akademie bei Emanuel Brabec und wurde vier Jahre später Cellist bei den Wiener Symphonikern, die damals unter der Leitung von Herbert von Karajan standen.

Sein Interesse an der Alten Musik wurde bei dem stets alles infrage stellenden Harnoncourt vor allem deshalb geweckt, weil er sich einfach nicht vorstellen konnte, dass im sinnenfrohen Barock so langweilige Musik geschrieben wurde, wie es die damals üblichen Interpretationen nahelegten. Nachdem er zusammen mit einigen Kommilitonen Zugang zu der Instrumentensammlung des Kunsthistorischen Museums bekommen hatte, trat er 1949 in das Wiener Gambenquartett ein (in dem auch schon seine spätere Frau mitwirkte) und führte im Bach-Jahr 1950 die *Kunst der Fuge* auf. Obwohl die Konzerte auf keinen allzu großen Widerhall stießen, begann Harnoncourt, historische Instrumente zu sammeln, um dann 1953 zusammen mit Freunden den Concentus Musicus Wien zu gründen. Am Anfang nur in privatem Kreis musizierend, traten sie 1957 zum ersten Mal öffentlich auf. Überraschenderweise zeitigten ihre Konzerte einen so großen Erfolg, dass der Concentus schon 1959 seine ersten Schallplatteneinspielungen machte und 1966 zu seiner ersten Tournee durch die Vereinigten Staaten aufbrach. Trotz dieser ermutigenden Zeichen behielt

Harnoncourt seine Stelle bei den Wiener Symphonikern, bis zu jenem verhängnisvollen Tag im Jahr 1969, als ein von ihm niemals genannter Dirigent Mozarts *g-Moll-Symphonie* „so was von heruntergenudelt hat", dass sich der Cellist kurzerhand entschloss, das Orchester zu verlassen, trotz seiner vier Kinder. Die dadurch entstandene unsichere finanzielle Situation fand erst mit seiner Professur für Aufführungspraxis am Salzburger Mozarteum ein Ende, die er 1973 antrat und in den nächsten 20 Jahren beibehielt.

Eine weitere wesentliche Zäsur in seinem Leben brachte das Jahr 1972: Der Cellist stand auf. Erstmals verzichtete Harnoncourt darauf, das Orchester von seinem Instrument aus zu leiten. Dies war nötig geworden, weil er mit Claudio Monteverdis *Il Ritorno d'Ulisse in patria* an der Piccola Scala in Mailand eine Oper leitete. Was nicht ohne Folgen blieb. Von 1975 bis 1979 erarbeitete er in Zusammenarbeit mit dem großen Regisseur Jean-Pierre Ponelle einen Monteverdi- und von 1980 bis 1989 einen Mozart-Zyklus am Zürcher Opernhaus und schrieb damit Interpretationsgeschichte. Bis 2011 blieb das Opernhaus in Zürich sein Forum. Ob Weber, Schubert, Offenbach oder Verdi: Wenn er etwas Neues für sich entdeckt hatte, erlebte es meist an diesem Haus seine Premiere. Freilich mit Ausnahmen: Die Aufführungen von Igor Strawinskys *Rake's Progress* etwa fanden 2008 im Theater an der Wien statt, die von George Gershwins *Porgy and Bess* im Jahr darauf bei der Grazer Styriarte. Mit diesen beiden Opern hatte er sich nun auch szenisch bis ins 20. Jahrhundert hervorgewagt.

Die Auszeichnungen, die ihm im Laufe seines Künstlerlebens zuteil wurden, sind Legion: Etwa der „Erasmuspreis", der „Polar Music Price", der „Kyoto-Preis", der „Ernst-von-Siemens-Musikpreis". Die Aufnahmen seiner zwei Neujahrskonzerte mit den Wiener Philharmonikern wurden mit Doppel- und Dreifachplatin ausgezeichnet. Was nicht verwundert. Schließlich verkaufte sich seine Gesamteinspielung der Beethoven-Symphonien mit dem Chamber Orchestra of Europe von 1992 fast so gut wie die CDs mit den „Drei Tenören", die bei der gleichen Plattenfirma erschienen.

Zusammen mit seiner Frau Alice, die seit der ersten Stunde des Concentus Musicus als Konzertmeisterin wirkte und bis zu seinem Rückzug dem Ensemble angehörte, hatte er fast den gesamten musikalischen Kosmos durchschritten. So sehr waren die beiden verbunden, dass er ihren Stellenwert bei der musikalischen Arbeit als genauso hoch bewertete wie seinen eigenen. Da er jedes Werk „wie eine Uraufführung" dirigierte, was eine entsprechende Vorbereitung voraussetzte, beschränkte er sich nur auf wenige Orchester. Neben seinem Concentus waren das die Berliner und Wiener Philharmoniker, das Concertgebouw-Orchester, das Chamber Orchestra of Europe und das Orchester der Zürcher Oper.

Es gab wohl kein Festival, das sich nicht gerne mit Nikolaus Harnoncourt schmücken wollte, seit 1985 hatte er sich jedoch auf Österreich konzentriert, wo er regelmäßig bei der Styriarte in seiner Heimatstadt Graz auftrat, bei den Wiener Festwochen und zuweilen auch den Salzburger Festspielen. Denn trotz seiner Berühmtheit blieb er sich immer treu, was er auch bewies, als er freimütig bekannte, nach dem Mozart-Jahr 2006 kürzertreten zu wollen, weil er nach eigener Aussage seine Kräfte überschätzt habe und sich nicht der Gefahr aussetzen wolle, mitten in einer großen Produktion aussteigen zu müssen. Wer angesichts solcher Aussagen fürchtete, Harnoncourt ziehe sich langsam ins Privatleben zurück, wurde spätestens dann eines Besseren belehrt, als der Maestro ankündigte, dass er neben all seinen anderen Projekten 2008 auch zum ersten Mal, zusammen mit seinem Sohn Philipp, selbst inszenieren würde. Und zwar Mozarts *Idomeneo*, weil „Idomeneo … eine Oper [ist], die immer falsch eingeordnet, falsch verstanden und falsch aufgeführt worden ist", wie er in einer Pressekonferenz betonte. Obgleich er aus gesundheitlichen Gründen die Aufführung von Alban Bergs *Lulu* bei den Salzburger Festspielen schon 2010 abgesagt hatte und immer wieder betonte, künftig weniger arbeiten zu wollen, war die Musikwelt geradezu schockiert, als Harnoncourt im Dezember 2015 verkündete, sich endgültig ins Privatleben zurückzuziehen. Drei Monate später war er tot – nach langer Krankheit, wie es hieß.

Wie sagte doch einst ein sichtlich beeindruckter Musiker über ihn: „Wenn Harnoncourt sagt, die Wand da hinten sei weiß und fünf Minuten später von derselben Wand sagt, sie sei schwarz … ist er der einzige Mensch auf der Welt, dem man beides glaubt!"

FRAGEN AN NIKOLAUS HARNONCOURT

Wenn Sie die Möglichkeit hätten, mit irgendeinem Komponisten, ob tot oder lebendig, einen Abend zu verbringen, mit wem wollten Sie sich treffen und was würden Sie ihn fragen?
Ui, da gibt's so viele und jeden wollte ich fragen … fragen: Schubert, Beethoven, Mozart, Haydn, Bach, Monteverdi. Schubert und Mozart müssten nur Klavier spielen für mich, dann bräuchte ich sie nichts fragen … Bach, eine Toccata und vielleicht doch Monteverdi und er sollte die nötigen Sänger und Instrumentalisten mitbringen und mir ein Madrigal aus dem V. Buch vorsingen/spielen – und dann würde ich ihn genau fragen nach den Gründen für seine mondförmige Aufstellung und wieso er für ein fünfstimmiges Vokalstück so viele Instrumentalisten braucht. Vielleicht würde ich ihn ganz nebenbei fragen, was er von Schubert und Bartók hält.

In welcher Zeit hätten Sie als Komponist am liebsten gelebt?
Kurz nach 1300.

Auf der Bühne entfernt man sich immer mehr vom Urtext, während man sich im Orchestergraben diesem immer mehr nähert. Wie beurteilen Sie diese Entwicklung?
Ich finde die Frage falsch gestellt. Erstens bin ich keineswegs sicher, dass man sich musikalisch dem Urtext nähert. Aber vor allem, was ist denn der *Ur*text: eine geistige Situation auf die Autoren (bei einem Meisterwerk) *für ihre Zeitgenossen* aufregend reagiert haben. Es heute zu spielen, nach zusätzlichen Erlebnissen aller Art, für ein Publikum, das das Werk schon „kennt" (mindestens es zu kennen glaubt) – *das* ist überhaupt kein Urtext. Urtext wäre es – wenn das Stück heute überhaupt noch etwas zu sagen hat, also ein echtes Meisterwerk ist – wenn man das, was es *heute* bedeutet, herausbrächte und man damit das Publikum so wie damals aufregen könnte – und das gilt für Szene *und* Musik. Alles andere ist Museum oder Kulinarik.

Seit dem 20. Jahrhundert besteht das Konzertprogramm zu 90 Prozent aus Musik schon längst verstorbener Komponisten. Worin liegt Ihrer Meinung nach die Begründung dafür?
Eine langsame Entwicklung seit etwa 1500 (Protestantismus), die nach und nach, ab etwa 1900, diese Wirkung zeigt.

Es gibt immer mehr sehr gute Orchester und immer weniger herausragende Dirigenten. Woran liegt das?
Das finde ich überhaupt nicht. Alles wird nur immer ähnlicher, leider.

Welche gesellschaftliche Aufgabe hat die Musik in der heutigen Zeit?
Dieselbe wie jede andere Kunst: die geistige Situation der Zeit abbilden – in die positiven und negativen Abgründe zu blicken und den Menschen zu verändern – hoffnungslos, aber es muss sein.

Wären Sie kein Dirigent geworden, welchen Beruf hätten Sie ergriffen?
Bildhauer.

Welcher Dirigent ist Ihr Vorbild und warum?
Vielleicht Mendelssohn. Das von ihm geformte Orchester muss toll gewesen sein.

Was war Ihr bewegendstes Musikerlebnis?
Eine Aufführung des *2. Violinkonzerts* von Béla Bartók durch Ede Zatureczky (bei der ich mitspielte) in den 1950er-Jahren.

Womit verbringen Sie am liebsten Ihre Freizeit?
Mit Bergwanderungen.

Was hören Sie in Ihrer Freizeit?
Vogelzwitschern – Enkelkinder brüllen – murmelnde Stille; sonst ist es keine Freizeit.

Sind Interpretationsschemata dem Zeitgeist unterworfen?
Die Mode ändert sich etwa alle 30 Jahre bis zur Lächerlichkeit – wie die Kleidermode.

Welche Art von wissenschaftlicher Forschung würden Sie unterstützen?
Die Naturwissenschaften – nicht die Musikwissenschaft und Rechtswissenschaft.

Würden Sie noch einmal geboren, was würden Sie anders machen?
Wie soll ich das wissen?

Welche drei Dinge würden Sie auf eine einsame Insel mitnehmen?
Ein gutes Taschenmesser, einen ewig haltenden Bleistift mit ewigem Papierblock, ein Buch.

Welches Motto steht über Ihrem Leben?
Die Knödeltheorie: Man hat eine Masse und wenn man etwas verändern will, muss man woanders etwas wegnehmen. Das heißt: Alles muss irgendwie bezahlt werden, irgendein Opfer muss man bringen. Eine reine Verbesserung gibt es nicht, auch wenn man das oft erst 100 Jahre später merkt.

DER PERFEKTIONIST
MARISS JANSONS

*14. Jänner 1943, Riga

Es gibt nur wenige Dirigenten, die so sehr mit Superlativen überhäuft werden wie Mariss Jansons.

Die *New York Times* etwa bezeichnete ihn schlicht als „Wunder", *The Guardian* zählte ihn zu den „sechs weltbesten Dirigenten" und der britische Musikjournalist Norman Lebrecht meinte, er sei wohl der „meist umworbene Dirigent der Welt". Solch Lob kommt nicht von ungefähr. Schließlich hat Jansons das ursprünglich eher mittelklassige Oslo Philharmonic, dem er von 1979 bis 2000 als Chefdirigent vorstand, mit konsequenter und effizienter Probenarbeit zu einem Ensemble der Spitzenklasse geformt. Doch dieses Meisterstück alleine erklärt noch nicht, dass er zu einem der Lieblingsdirigenten der besten Orchester geworden ist. Es ist wohl vielmehr die einzigartige Intensität seiner Konzerte, die Zuhörer wie Musiker gleichermaßen begeistern.

Aber der Lette macht sich rar. Und das aus gutem Grund. Denn im April 1996 erlitt er bei einer Vorstellung in Oslo während des letzten Aktes von Puccinis *La Bohème* einen Herzinfarkt. Obwohl er bereits bewusstlos zusammengebrochen war, dirigierte seine rechte Hand noch weiter. Als er nach fünf Wochen einen weiteren Infarkt erlitt, beschloss er, sich ein halbes Jahr von der Bühne zurückzuziehen. Schließlich war einst schon sein Vater Arvids, Dirigent wie sein Sohn, nach einem Konzert einem Herzinfarkt erlegen. Als Mariss Jansons nach dieser Zwangspause wieder zu dirigieren begann, agierte er anfangs zurückhaltend, doch schon nach kurzer Zeit wurde ihm bewusst, dass dies mit seinem Musizierideal nicht in Übereinstimmung zu bringen war.

Zwar erfüllte er noch seinen Vertrag in den Vereinigten Staaten, von 1997 bis 2004 war er als künstlerischer Leiter des Pittsburgh Symphony Orchestra tätig, doch danach verlegte er sein Hauptbetätigungsfeld nach Europa, zumal er im Jahr 2003 das Symphonieorchester des Bayerischen Rundfunks übernahm und seit 2004 gleichzeitig als Chefdirigent des Concertgebouw-Orchesters in Amsterdam fungierte, womit er zwei der

weltbesten Orchester leitete. Allerdings wollte der inzwischen 73-Jähri-
ge doch ein wenig kürzertreten und legte sein Amt in Amsterdam 2016
zurück, während er den Münchnern eine Vertragsverlängerung bis 2021
schenkte.

Darüber hinaus zählt Jansons auch zu den Lieblingsdirigenten der Wiener
und Berliner Philharmoniker, die einzigen Orchester, bei denen er regelmäßig gastiert. Selbst die höchste Ehrung, die die Wiener Philharmoniker
zu vergeben haben, wurde ihm mehrfach zuteil: 2006 dirigierte er erstmals ein Neujahrskonzert, dem 2012 und 2016 zwei weitere folgten, die
jeweils mit Superlativen bedacht und in ihrer Intensität mit denen von
Carlos Kleiber verglichen wurden. Trotz dieser vielfältigen Aufgaben ist
er sich stets dessen bewusst, dass er auf seine Gesundheit Rücksicht nehmen muss. Was in seinem Falle nicht einfach ist, denn sein Verständnis
vom Dirigieren besteht in dem völligen Eintauchen in die Musik, zumal
er dabei auch von seiner moralischen Verpflichtung überzeugt ist, durch
Hingabe und hohe Qualität das geistige Leben der Gesellschaft beeinflussen zu können.

Die Ansprüche, die er stets an sich selbst stellt, sind sicherlich auch ein
Ergebnis seiner Biografie. Denn auch seine Mutter Iraida war als Sänge-
rin am Rigaer Opernhaus beschäftigt gewesen. So verbrachte der kleine
Mariss seine Kindheit buchstäblich im Theater, was nicht immer ohne
Zwischenfälle verlief. Als seine Mutter die *Carmen* sang und Don José
sie rollengemäß im ersten Akt verhaften wollte, sprang der Junge zum
Entsetzen seiner Eltern panisch auf und rief: „Rühr meine Mutter nicht
an!" Vielleicht war dieses Erlebnis so prägend, dass in ihm bereits mit drei
Jahren der Wunsch reifte, den Befehlsstand auf dem Dirigentenpodium
einzunehmen. Fortan beobachtete er jede Bewegung seines Vaters und
kopierte sie zu Hause vor einem imaginären Orchester, das er sich aus
Nadeln und Knöpfen zusammengebaut hatte, ein aufgeschlagenes Buch
diente dem Jungen als Partitur. Die Opern und Ballette kannte er ohnehin auswendig.

Doch dieses Familienidyll in Riga fand 1952 sein Ende. Da holte der
große Jewgeni Mrawinski Arvids Jansons als seinen Assistenten nach Leningrad. Vier Jahre später zog auch seine Familie in die Sowjetunion um,
wo auch Mariss den legendären Maestro kennenlernte. Durch die völlig
divergenten Charaktere der beiden Dirigenten – Jansons senior war ein
höchst emotionaler Musiker, während Mrawinski eher vernunftmäßig ge-
steuert war – lernte der Teenager durch die daraus entstehenden Diskussionen die gesamte Bandbreite interpretatorischer Möglichkeiten kennen.

Doch nicht nur das beeindruckte ihn, denn durch das ständige Zusammensein mit den erwachsenen Dirigenten lernte er auch schon früh die größten Künstler der damaligen Sowjetunion kennen.

So war es nur natürlich, dass der musikalisch Hochbegabte am Leningrader Konservatorium die Fächer Violine und Klavier und Dirigieren mit Auszeichnung absolvierte. 1968 hielt Herbert von Karajan im Rahmen eines Gastspiels der Berliner Philharmoniker in Leningrad eine Meisterklasse ab, wo ihm Jansons sofort auffiel. Schon damals wollte ihn der Maestro zu sich nach Berlin holen, doch die Kulturbehörde versagte ihre Zustimmung. Allerdings gestattete sie ihm ein Jahr später im Rahmen eines Studentenaustauschs einen einjährigen Aufenthalt in Wien, wo er beim berühmten Dirigentenpädagogen Hans Swarowsky in die Lehre gehen sollte. Das heiß ersehnte Studium verlief jedoch mit Unterbrechungen, denn sein erster Anruf galt seinem Mentor Karajan, der ihn sofort nach Salzburg beorderte, wo er ihm assistieren konnte. Zwei Jahre später war der Lette Preisträger beim Dirigentenwettbewerb der Herbert-von-Karajan-Stiftung, womit eigentlich eine Assistenz beim *Maestrissimo* verknüpft war. Doch abermals legten sich die sowjetischen Behörden quer.

Gleichsam als Ausgleich dafür wurde er 1972 zum Lehrer für Dirigieren am Leningrader Konservatorium ernannt. Diese Stellung behielt er, für einen Spitzendirigenten äußerst ungewöhnlich, unglaubliche 28 Jahre bei. Denn Jansons erachtet die Arbeit mit dem Nachwuchs als ganz wesentlich, betrachtet er die klassische Musik doch als etwas geistig Wertvolles, das der Jugend nicht vorenthalten werden dürfe.

Auch mit seiner Dirigentenkarriere ging es allmählich voran. Schließlich hatte ihn Mrawinski schon 1971 zu seinem Assistenten bei den Leningrader Philharmonikern ernannt. Das Orchester zählte damals zu den besten Klangkörpern der Welt. Was nicht zuletzt am autoritären Chefdirigenten lag, der die Philharmoniker im Endeffekt 42 Jahre lang leitete. Der Autokrat und Kontrollfetischist übte einen übermächtigen Einfluss auf Jansons aus, von dem sich dieser, laut eigener Aussage, später nur schwer befreien konnte. Ähnlich wie er selbst forderte Mrawinski von sich selbst stets die höchste Qualität, die er folgerichtig auch von den Musikern erwartete.

Zwei wesentliche Dinge hatte Jansons bei seinem Mentor gelernt: den absoluten Willen zur Perfektion und, unmittelbar damit korrespondierend, die exzellente Probentechnik. Ähnlich wie auch bei seinem anderen großen Lehrer Herbert von Karajan werden bei Jansons keine überflüssigen Dinge geprobt, stets konzentriert er seine Arbeit auf die neuralgischen Punkte einer Partitur, die er vor einem Konzert immer wieder aufs Neue studiert. Sein Verantwortungsbewusstsein geht mitunter sogar so weit, dass er vor dem Konzertbeginn die richtige Aufstellung der Musikerstühle überprüft. Solch ein Perfektionsdrang ist im Konzertbetrieb natürlich viel leichter auszuleben als im Theater. Dies jedoch ist nicht der Grund, dass er nach seinem tragischen Zusammenbruch lange Zeit kein Bühnenwerk mehr dirigieren wollte. Neben der außerordentlichen Belastung, die mit der Aufführung einer Oper einhergeht, war es bislang auch der Zeitfaktor, der dagegen sprach, denn eine Einstudierung bedeutet, zumindest für Jansons, dass man zwei Monate an ein und demselben Ort bleiben muss.

Im Jahr 2006 beendete er schließlich seine zehnjährige Absenz von der Opernbühne. In Amsterdam leitete er eine intensive und von Kritik und Publikum bejubelte Neuproduktion von Schostakowitschs *Lady Macbeth von Mzensk*. Es sollten weitere zehn Jahre vergehen, bis er 2016 wiederum in Amsterdam eine ebenfalls gefeierte Neuproduktion von Tschaikowskys *Pique Dame* leitete, die dem Vernehmen nach auch bei den Salzburger Festspielen gezeigt werden soll.

Es ist leicht vorstellbar, mit wie vielen Ehrungen ein Dirigent seiner Klasse bedacht worden ist. Eine Auszeichnung sei jedoch hervorgehoben, zumal nur die wenigsten seiner Kollegen mit einer solchen gewürdigt wurden. Carlos Kleiber war es, der dem bescheidenen Dirigenten auf einer Postkarte mitgeteilt hatte: „So viele Größen sind tot und so viele [lebende] Dirigenten sind tödlich langweilig."

Ganz offensichtlich war Mariss Jansons damit nicht gemeint, denn der scheue Maestro wohnte alsbald höchst interessiert sogar zwei seiner Proben bei.

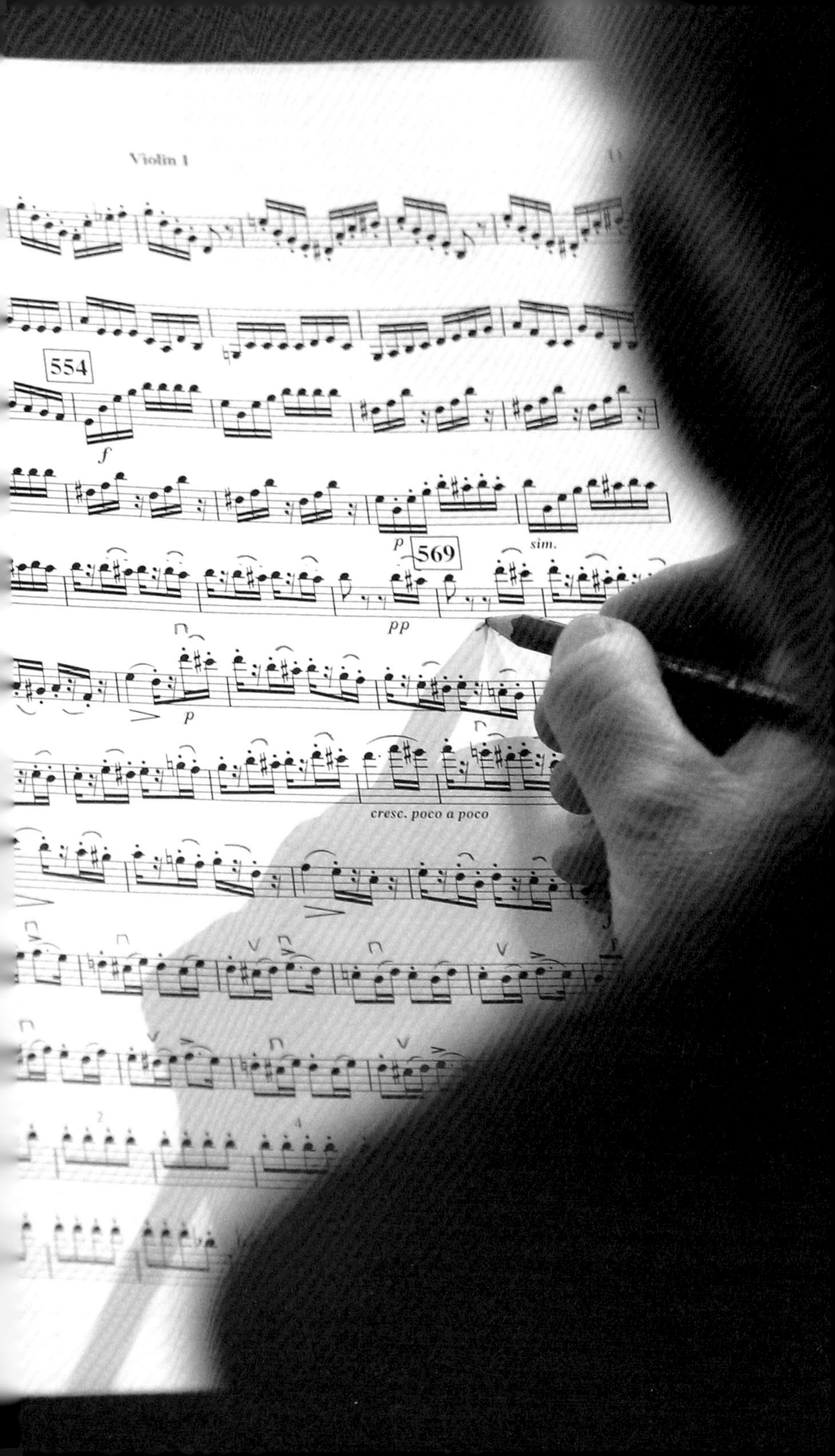

Violin 1
554
f
p
569
sim.
pp
p
cresc. poco a poco

FRAGEN AN MARISS JANSONS

Wenn Sie die Möglichkeit hätten, mit irgendeinem Komponisten, ob tot oder lebendig, einen Abend zu verbringen, mit wem wollten Sie sich treffen und was würden Sie ihn fragen?
Mahler. Ich würde ihn fragen, ob er in der 7. *Symphonie* die Satzreihenfolge Andante – Scherzo oder Scherzo – Andante für richtig hält.

In welcher Zeit hätten Sie als Komponist am liebsten gelebt?
Im Jahr 2400.

Auf der Bühne entfernt man sich immer mehr vom Urtext, während man sich im Orchestergraben diesem immer mehr nähert. Wie beurteilen Sie diese Entwicklung?
Das ist eine interessante Frage, die ich mir bereits selbst gestellt habe. Ich kann es nicht erklären – vielleicht hat es mit dem klanglichen und visuellen Konzept zu tun?

Seit dem 20. Jahrhundert besteht das Konzertprogramm zu 90 Prozent aus Musik schon längst verstorbener Komponisten. Worin liegt Ihrer Meinung nach die Begründung dafür?
Das ist einfach wunderbare Musik, die unsterblich ist. Sie bereitet uns heute nicht nur Freude, sondern bereichert uns spirituell.

Es gibt immer mehr sehr gute Orchester und immer weniger herausragende Dirigenten. Woran liegt das?
Vielleicht gibt es heute zu viele Dirigenten. Dirigieren ist zur Mode geworden. Es kommt daher zu einer Überquantität, in der manche allerdings nicht genug Talent und Ausbildung haben.

Welche gesellschaftliche Aufgabe hat die Musik in der heutigen Zeit?
Die Musik ist ein spirituelles Lebensmittel, ohne sie kann der Mensch nicht existieren. Die Musik verdient mehr Aufmerksamkeit in unserer schwierigen Zeit, in der sich die Welt immer mehr den materiellen Werten zuwendet. Wenn man ein Musikwerk am Tag hört, hilft einem das schon psychologisch, mit dem Alltag fertig zu werden.

Wären Sie kein Dirigent geworden, welchen Beruf hätten Sie ergriffen?
Arzt.

Welcher Dirigent ist Ihr Vorbild und warum?
Ich habe großen Respekt vor allen seriösen und hart arbeitenden Dirigenten von Integrität, sei es aus der Vergangenheit oder von heute. Ich bewundere beispielsweise sehr Karajan, Kleiber, Bernstein; ein Teil von jedem ist ein Vorbild für mich.

Was war Ihr bewegendstes Musikerlebnis?
Als ich als Kind zum ersten Mal Beethovens 5. *Symphonie* hörte. Vladimir Horowitz live. Und Karajans *Otello* in Salzburg.

Was hören Sie in Ihrer Freizeit?
Gerüchte … Im Ernst – nicht nur symphonische Musik und Oper, sondern auch Jazz und leichte Musik.

Sind Interpretationsschemata dem Zeitgeist unterworfen?
Natürlich, aber nur bis zu einer bestimmten Grenze.

Welche Art von wissenschaftlicher Forschung würden Sie unterstützen?
Medizin – von ihr ist das menschliche Leben abhängig.

Womit verbringen Sie am liebsten Ihre Freizeit?
Ich gehe gern ins Theater, lese, treffe Freunde.

Würden Sie noch einmal geboren, was würden Sie anders machen?
Ich würde versuchen, viele menschliche Fehler nicht zu wiederholen. Auf jeden Fall würde ich wieder Dirigent werden wollen.

Welche drei Dinge würden Sie auf eine einsame Insel mitnehmen?
Meine Frau, mein Orchester und meine Freunde.

Welches Motto steht über Ihrem Leben?
Ehrlichkeit und Qualität.

DER WAGEMUTIGE

PHILIPPE JORDAN

*18. Oktober 1974, Zürich

Ist es bei einem Anwalt, Arzt oder selbst bei einem Instrumentalisten
etwas völlig Selbstverständliches, dass der Sohn den Berufsweg des erfolgreichen Vaters einschlägt, scheint dies in einer Dirigentenfamilie doch
eher die Ausnahme zu sein. Sogar beim berühmtesten Beispiel einer solchen Konstellation, bei Erich und Carlos Kleiber, war der Vater vehement
dagegen gewesen, dass sein offensichtlich hoch begabter Sohn in seine
Fußstapfen tritt.

Bei Philippe Jordan verhielt sich dies glücklicherweise anders, er betont
bis heute, wie viel Unterstützung und Hilfe er von seinem Vater, dem
bekannten Dirigenten Armin Jordan, erhalten hat. Nachdem er schon als
Kind Klavier- und Violinunterricht genossen und als Mitglied der Zürcher Sängerknaben in Mozarts *Zauberflöte* die Partie des ersten Knaben
gesungen hatte, wurde ihm auch weiterhin die beste musikalische Förderung zuteil. Da der Vater berufsbedingt nur selten zu Hause war, bedeutete es jedes Mal etwas ganz Besonderes für Philippe, wenn er ihn zu seiner
Arbeit begleiten durfte. Der Dirigent nahm seinen interessierten Sohn
so oft wie möglich ins Theater mit, sodass der Neunjährige einen höchst
außergewöhnlichen Berufswunsch hegte: Er wollte Regisseur oder Bühnenbildner werden. Diese Wahl sollte allerdings nicht seine endgültige
bleiben: Mit elf Jahren befand er dann doch die Stellung eines Dirigenten
für interessanter.

Als seine Familie erkannte, wie ernst es dem Filius mit seinem Berufswunsch war, erlaubte sie ihm, bereits mit 16 Jahren die Schule zu verlassen, um am Konservatorium seiner Heimatstadt Zürich Klavier und
Tonsatz zu studieren. Erstaunlicherweise nahm er jedoch keinen Diri-
gierunterricht. Von diesem hatte ihm ausgerechnet sein Vater abgeraten,
der es als besser erachtete, den traditionellen Weg eines Kapellmeisters
einzuschlagen. Also begann Philippe, gerade einmal 18-jährig und noch
Student, als Korrepetitor beim Festival von Aix-en-Provence, wo Mozarts
Don Giovanni aufgeführt wurde. Schon ein Jahr später geleitete der ver-

sierte Pianist am Théâtre du Châtelet die Sänger durch den *Rosenkavalier*, was offensichtlich zur allgemeinen Zufriedenheit verlief, denn schon im folgenden Jahr, 1994, wurde er wieder nach Paris berufen: Diesmal assistierte er dem Dirigenten Jeffrey Tate bei der Neueinstudierung von Richard Wagners *Ring*-Tetralogie.

In diesem Jahr kam er seinem Berufsziel einen großen Schritt näher. Jordan wurde Solorepetitor mit Dirigierverpflichtung. Und zwar ausgerechnet an der Bühne, wo einst auch Herbert von Karajan seine Karriere begonnen hatte, dem Theater in Ulm. Nachdem Jordan dort nach zwei Jahren zum Ersten Kapellmeister aufgestiegen war, bot sich ihm – ebenso wie seinem großem Vorgänger – die Möglichkeit, sich vom Dirigentenpult aus ein breit gefächertes Repertoire anzueignen, das von leichten Operetten bis hin zu Wagners Musikdramen reichte. 1998 ging er nach Berlin, an die Staatsoper Unter den Linden, wo er bis 2001 als Kapellmeister und Assistent von Daniel Barenboim wirkte. Diese Verpflichtung brachte naturgemäß viel anspruchsvollere Aufgaben mit sich, die Jordan abermals glänzend bewältigte: Giuseppe Verdis *Falstaff*, *Der Rosenkavalier* von Richard Strauss sowie die Premieren von Darius Milhauds *Christophe Colombe* und Giacomo Puccinis *Bohème*. Im Jahre 2004 sorgte er noch mit der Berliner Premiere von Hans Werner Henzes *Elegie für junge Liebende* für größeres internationales Aufsehen, doch zu dieser Zeit war er andernorts längst schon zum Chefdirigenten avanciert.

Denn bereits 2001 hatte Jordan die Leitung des Grazer Opernhauses übernommen, immerhin dem zweitgrößten in Österreich. Auch dieser Schritt war klug gewählt, zumal dieses Theater seit fast zehn Jahren keinen musikalischen Leiter gehabt hatte, was dem jungen Dirigenten die Möglichkeit eröffnete, zusammen mit dem Ensemble etwas völlig Neues aufzubauen, wovon schließlich beide Seiten profitierten. Das Niveau wuchs innerhalb kurzer Zeit beträchtlich. Um den etwas vernachlässigten, aber qualitativ guten Klangkörper nach seinem Geschmack zu formen, setzte er ihn erst einmal auf Diät. Anstelle der schwerblütigen und klangvollen Spätromantik verordnete Jordan den Musikern erst einmal leichtere Kost von Mozart bis Britten. „Wir suchen Repertoire heraus, wo man am Detail arbeiten muss, wo die Orchestrierung den Klang nicht so schön zudeckt, dass dabei einige Dinge untergehen, die nicht funktionieren – das ist ein guter Weg, uns zu zeigen, wo die Probleme liegen", erklärte er sein Konzept.

Zusammen mit der Intendantin Karen Stone gelang es ihm, die Auslastung des bis dahin eher mäßig besuchten Hauses um 27 Prozent zu steigern. Obwohl Graz sogar zum „Opernhaus des Jahres" ernannt worden war, machte den beiden schließlich die Politik einen Strich durch die Rechnung. Nach einschneidenden Etatkürzungen verließen Stone und Jordan im Jahre 2004 die Oper der steirischen Metropole. Zum Nachteil der zweitgrößten Stadt Österreichs, so viel schien immerhin festzustehen.

Jordan hatte zu diesem Zeitpunkt eine feste Stellung zur Existenzsicherung ohnehin nicht mehr nötig, wirkte er doch schon damals als gefragter Gastdirigent an den größten Häusern und bei den besten Orchestern. In der Saison 2004/2005 debütierte er kurz nacheinander bei den Berliner und Wiener Philharmonikern. Neben der Wiener Staatsoper, wo er 2005 mit Jules Massenets *Werther* erstmals eine Premiere leitete, hatte er bereits an der New Yorker Metropolitan Opera, beim Glyndebourne Festival, an der Opéra de la Bastille, der Semperoper Dresden, der Bayerischen Staatsoper, in Covent Garden, am Opernhaus Zürich, an der Mailänder Scala und in Bayreuth dirigiert. Dabei ist er kein Künstler, der es einem Intendanten einfach macht. Als der gerade 30-Jährige etwa die musikalische Leitung von Mozarts *Così fan tutte* bei den Salzburger Festspielen innehatte, verweigerte er eine Wiederaufnahme im folgenden Jahr, da die Regisseure ihre szenischen Vorstellungen kompromisslos über seine musikalischen Wünsche stellten. Die – einleuchtende – Begründung dafür lieferte Jordan in einem Interview mit der Zeitschrift „News" gleich mit: „Die Regisseure verschwinden nach der Premiere. Als Dirigent muss man die weiteren Abende nicht nur ansehen, sondern auch gestalten."

Philippe Jordan ist sich durchaus dessen bewusst, dass er ohne hilfreiche Unterstützung niemals eine solche Karriere hätte machen können. Neben seinem 2006 verstorbenen Vater, der ihm die Richtung vorgegeben hatte, verdankt er Daniel Barenboim sein ausgeprägtes Gespür für die Klangfarben und Jeffrey Tate die profunden musikwissenschaftlichen Kenntnisse. Offensichtlich war der etwas steinige Weg, den er für seine Ausbildung erwählt hatte, für ihn genau der richtige gewesen: „Man kann nur schwer sagen, wie man Dirigieren eigentlich lernen kann. Ich habe den soliden deutschen Weg gewählt – Lernen durch Erfahrung. Der beste Lehrer ist schließlich das Orchester selbst." Nach fünf Jahren des Gastierens strebte er wieder eine Chefposition an, „denn ein Dirigent ohne Verantwortung für ein Orchester ist nur ein halber Dirigent", wie er in einem Interview mit Sibylle Ehrismann befand.

Nachdem Jordan von 2006 bis 2010 als Erster Gastdirigent an der Berliner Staatsoper Unter den Linden tätig war, übernahm er 2009 als Musikdirektor der Opéra National de Paris wieder eine leitende Funktion.

Im Jahre 2014 kehrte er zudem als Chefdirigent der Wiener Symphoniker nach Österreich zurück, wo er wie in Graz thematische Schwerpunkte setzt. So begann er nach einem Schubert- und Beethoven-Zyklus, in dem er sämtliche Symphonien interpretierte, die Auseinandersetzung mit Bach, der unterdessen fast ausschließlich von Originalklangensembles gespielt wird. Ein Wagnis, das er damit begründet, dass Bach oder die Musik der Wiener Klassiker für die tägliche Arbeit eines Orchesters enorm wichtig seien, weil sie „Reinheit und Klarheit" erforderten.

In einem Zeitalter, in dem selbst 50-jährige Maestri noch zur jungen Generation gezählt werden, war Jordan wegen seiner Jugend oft genug mit Vorbehalten konfrontiert. Darauf angesprochen, antwortete er der Journalistin Shirley Apthorp: „Sie dürfen nicht vergessen, dass Bruno Walter seine erste Bruckner-Symphonie mit 18 dirigiert hat, Karajan war 25, als er Generalmusikdirektor in Aachen wurde! … Einige Leute werfen mir vor, dass ich für die *Vierte* von Brahms noch nicht die Reife habe. Aber ich glaube nicht, dass dies eine Frage der Reife ist, es ist vielmehr eine Frage der Erfahrung. Wenn ein Dirigent mit 58 zum ersten Mal Brahms dirigiert, wird es wohl kaum viel besser sein."

Und Erfahrung hat Philippe Jordan in seinem noch relativ jungen Leben ja schon reichlich sammeln können.

Fragen an Philippe Jordan

Wenn Sie die Möglichkeit hätten, mit irgendeinem Komponisten, ob tot oder lebendig, einen Abend zu verbringen, mit wem wollten Sie sich treffen und was würden Sie ihn fragen?

Mozart. Fragen würde ich ihn, ob er etwas gegen moderne Instrumente hätte.

In welcher Zeit hätten Sie als Komponist am liebsten gelebt?

In der Mitte des 19. Jahrhunderts. Zu dieser Zeit herrschte eine Ausgewogenheit zwischen Individualität und gegebener Form, in der man sich bewegen, die man aber auch sprengen konnte. Was den größten Freiraum für die Kreativität bedeutete.

Auf der Bühne entfernt man sich immer mehr vom Urtext, während man sich im Orchestergraben diesem immer mehr nähert. Wie beurteilen Sie diese Entwicklung?

Es ist bedauerlich, weil es ja eigentlich darum geht, zwischen Bühne und Orchester eine Einheit zu schaffen. Ich würde mir auf der Bühne mehr Respekt vor dem Text wünschen. Natürlich kann man immer etwas anderes machen, dennoch sollte man zuerst von dem Text ausgehen.

Seit dem 20. Jahrhundert besteht das Konzertprogramm zu 90 Prozent aus Musik schon längst verstorbener Komponisten. Worin liegt Ihrer Meinung nach die Begründung dafür?

Es ist in der Tat so, dass sich in den letzten 100 Jahren der thematische Schwerpunkt von der Komposition auf die Interpretation verlegt hat. Ein Problem liegt dabei auch in der Spaltung in E- und U-Musik, wodurch die E-Musik nicht mehr den Unterhaltungswert hat, den sie früher hatte. Dadurch ging die moderne Musik in eine Richtung, mit der das Publikum wenig anfangen kann. Deshalb ist man eher versucht, zu konservieren und zu reinterpretieren, als neu zu schöpfen. Das andere Problem bei der modernen Musik besteht darin, dass heute alles möglich ist. Es gibt keine Grenzen mehr, keine Regeln und keinen Standard. Nicht nur in der Musik, sondern auch in der Literatur, in der Mode, im Film. Wenn alles möglich ist, stellt sich die Frage, wo man sich überhaupt noch festhält, wo man Leute greifen kann. Das ist ein Riesenproblem in der zeitgenössischen Musik.

Es gibt immer mehr sehr gute Orchester und immer weniger herausragende Dirigenten. Woran liegt das?
Obwohl ich nicht ganz dieser Meinung bin, liegt ein Teil der Wahrheit dieser Aussage darin, dass ein Teil der Orchestermusiker immer besser wird. Dirigenten haben heute immer weniger Möglichkeiten, den soliden Kapellmeisterweg zu gehen. Auch gibt es immer mehr Seiteneinsteiger, was die Schere noch weiter öffnet.

Welche gesellschaftliche Aufgabe hat die Musik in der heutigen Zeit?
Menschen zu bewegen, sie zum Nachdenken anzuregen, sie in eine andere Welt zu bringen und sie letztendlich näher zu sich selbst zu führen, was heute durch unsere Schnelllebigkeit, das Überangebot und die Vielfalt schwieriger geworden ist. Zudem ist sie zur Steigerung der emotionalen Intelligenz unabdingbar.

Wären Sie kein Dirigent geworden, welchen Beruf hätten Sie ergriffen?
Architekt.

Welcher Dirigent ist Ihr Vorbild und warum?
Um Karajan, Kleiber und Bernstein kommt man nicht herum, weil sie so viel in diesen Beruf eingebracht haben. In diesem Zusammenhang darf man auch Nikolaus Harnoncourt nicht vergessen. Für mich persönlich waren Carlo Maria Giulini und Dimitri Mitropoulos ihrer Ehrlichkeit und Authentizität wegen unglaublich spannende Dirigenten.

Was war Ihr bewegendstes Musikerlebnis?
Meine allererste *Zauberflöte* mit acht Jahren, die sehr viel in mir ausgelöst hat.

Was hören Sie in Ihrer Freizeit?
Hauptsächlich Kammermusik und Jazz.

Womit verbringen Sie am liebsten Ihre Freizeit?
Mit Freunden, gutem Essen, in der Natur und mit Meditation und Yoga.

Sind Interpretationsschemata dem Zeitgeist unterworfen?
Nein. Ich glaube die Interpretation unterliegt einer ständigen Entwicklung.

Welche Art von wissenschaftlicher Forschung würden Sie unterstützen?
Unterstützen würde ich die Medizin, aber eigentlich fasziniert mich die Astronomie.

Würden Sie noch einmal geboren, was würden Sie anders machen?
Da ich an die Reinkarnation glaube, hoffe ich, dass ich nicht wiedergeboren werde. Jetzt wird es aber ganz buddhistisch. Ich möchte nicht ewig in dem Rad der Wiedergeburt bleiben.

Welche drei Dinge würden Sie auf eine einsame Insel mitnehmen?
Das tibetische Buch vom Leben und Sterben, Notenpapier und Schreibzeug sowie eine Aufnahme von Beethovens Streichquartetten.

Welches Motto steht über Ihrem Leben?
Sei du selbst.

DER ZURÜCKHALTENDE
FABIO LUISI

*17. Jänner 1959, Genua

Es gibt sie also doch noch – die „altmodischen" Karrieren.
Beginnend mit den Lehrjahren in der Provinz, erfüllt vom Bestreben, sich an kleineren Häusern ein möglichst weitgefächertes Repertoire anzueignen. Nach geraumer Zeit dann die behutsame Weiterentwicklung über Staatstheater und gute, doch nicht erstklassige Orchester, um schließlich im Idealfall in der Leitung eines Spitzenklangkörpers ihren Höhepunkt zu erreichen. Fast alle großen Dirigentenkarrieren des letzten Jahrhunderts haben sich nach diesem klassischen Muster entwickelt und genauso verlief auch der Berufsweg Fabio Luisis. Das Einzige, was in seinem Fall erstaunt, ist der gänzlich unspektakuläre Hergang seiner Karriere. Was daran liegen mag, dass ihm jeglicher oberflächlicher Glamour fremd ist, schließlich ist es die Demut, die seiner Meinung nach die Grundvoraussetzung für einen aufstrebenden Dirigenten ist.
Diese Einstellung mag daraus resultieren, dass Luisi aus relativ einfachen Verhältnissen stammt. Dass er überhaupt zur Musik gefunden hat, lag an einer gesundheitlichen Indisposition, denn als Kind war er schwer asthmakrank gewesen. Da seine Eltern, die beide nichts mit Musik zu tun hatten, eine Möglichkeit zur Ablenkung für ihr krankes Kind suchten und an eine Bewegungssportart nicht zu denken war, verfielen sie auf die Idee, ihren gerade vierjährigen Sohn am Klavier ausbilden zu lassen, da sich in ihrem Bekanntenkreis zufälligerweise eine Musiklehrerin befand. Und der elterliche Plan ging auf. Bereits als Knabe gewann Luisi einen Klavierwettbewerb für Kinder. Denn Fabio liebte sein Instrument und machte darauf solche Fortschritte, dass er schon kurz nach seinem Abitur im Jahre 1978 seine Klavierdiplomprüfung am Conservatorio Niccolò Paganini in Genua ablegen konnte. Zur Vervollkommnung seiner pianistischen Fertigkeiten nahm er daraufhin Unterricht bei dem großen Pianisten Aldo Ciccolini in Paris.
Sein musikalisches Potenzial erkannte auch die bedeutende Sängerin Leyla Gencer, die ihn zu ihrem Begleiter erkor, wodurch Luisi erstmals

mit der Oper in Berührung kam – und damit mit der Idee, eines Tages Dirigent werden zu wollen. Der Gedanke nahm Gestalt an, als er von Rodolfo Celletti als Korrepetitor zum Festival della Valle d'Itria eingeladen wurde. Nachdem er für zwei Jahre als Lehrer für Musiktheorie und Kammermusik am Konservatorium in La Spezia tätig gewesen war, beschloss Luisi, 1980 selbst noch einmal in die Lehre zu gehen, um sich seinen sich immer mehr verfestigenden Berufstraum verwirklichen zu können. Also ging er nach Graz, um bei Milan Horvat ein Kapellmeisterstudium zu absolvieren, wobei er sich seine Ausbildung als Klaviersolist, Liedbegleiter und Kammermusikpartner selbst finanzierte. Unmittelbar nach seinem Diplom trat er 1983 sein erstes Engagement als Korrepetitor mit Dirigierverpflichtung an der Oper seines Studienorts an. Schon ein Jahr später feierte Luisi sein Debüt als Dirigent. In Graz und seinem Geburtsort Genua leitete er Opern von Gaetano Donizetti und Gioachino Rossini. Bis 1987 sollte er im Opernhaus der steirischen Hauptstadt bleiben, wo er sich als Kapellmeister ein breites Repertoire von Operetten, Opern und Balletten aneignen konnte.

Nach seinen Gastverpflichtungen am Staatstheater Stuttgart und am Nationaltheater Mannheim gewann seine Karriere beachtlich an Fahrt. 1988 dirigierte er bereits an der Deutschen Oper in Berlin, beim Radio-Sinfonieorchester Frankfurt und an der Opéra National de Bordeaux. Im Jahr darauf debütierte der gerade 30-Jährige bereits an den Staatsopern in München, Berlin und Wien. Mit so großem Erfolg, dass er an allen drei Häusern als ständiger Gastdirigent tätig war, wo er umjubelte Premieren und Repertoirevorstellungen leitete.

Im Jahre 1990 kehrte Luisi nochmals in die Steiermark zurück, wo er die Leitung des neu gegründeten Grazer Symphonischen Orchesters übernahm. Somit war er erstmals als Chefdirigent tätig, mit all den Pflichten, die mit diesem Amt verbunden sind. Schließlich ist es ihm „wichtig, eine Entwicklung mitgestalten zu können, die Menschen wirklich kennenzulernen und mit ihnen etwas gemeinsam auf den Weg zu bringen", so Luisi in einem Interview mit Joachim Reiber. Nach fünf Jahren in der Steiermark zog Luisi nach Wien um, wo er die Leitung des Niederösterreichischen Tonkünstlerorchesters übernahm, die er bis ins Jahr 2000 innehatte, was keine leichte Aufgabe darstellte. Schließlich musste er in Wien gegen eine schier übermächtige Konkurrenz bestehen. Er verlieh dem Orchester durch akkurate Probenarbeit und außergewöhnliche Programmgestaltung ein eigenständiges Profil, womit er sich gegen die Wiener Philharmoniker und Symphoniker behaupten konnte.

Zusätzlich übernahm Luisi 1996 zusammen mit Marcello Viotti und Manfred Honeck die Leitung des MDR-Sinfonieorchesters in Leipzig, dessen alleinige künstlerische Leitung er 1999 für die folgenden acht Jahre zugesprochen bekam. Dort war ihm die Möglichkeit gegeben, neben zahlreichen zeitgenössischen Werken auch Musik aufzuführen, die „andere nicht spielen", zumal er den Bildungsauftrag durchaus wörtlich nahm, der mit der Leitung eines Rundfunkorchesters verbunden ist.

Darüber hinaus war er von 1997 bis 2002 Leiter und Musikdirektor beim traditionsreichen Orchestre de la Suisse Romande in Genf, was einen weiteren Karrieresprung nach sich zog. Denn auch jenseits des Atlantiks war Fabio Luisi bald kein Unbekannter mehr, nachdem er sein US-Debüt bei dem New York Philharmonic Orchestra im Jahr 2000 gefeiert hatte und wenige Monate später eine Neueinstudierung des *Rigoletto* an der Lyric Opera in Chicago leitete. Weltweites Aufsehen erregte Luisis Debüt bei den Salzburger Festspielen 2002, wo er die Strauss-Oper *Die Liebe der Danae* dirigierte, der im Jahr darauf eine konzertante *Ägyptische Helena* folgte. Bei diesen Aufführungen nahm die künstlerische Zusammenarbeit mit der Sächsischen Staatskapelle Dresden ihren verheißungsvollen Anfang, was ab 2007 eine Berufung zum Generalmusikdirektor der Sächsischen Staatsoper Dresden und zum Chefdirigent der Staatskapelle zur Folge hatte.

Zum Zeitpunkt dieses Angebots hatte er allerdings schon einen Vertrag mit den Wiener Symphonikern unterschrieben, wo er von 2005 bis 2013 als Chefdirigent amtierte. Ebenfalls im Jahr 2005 debütierte Luisi an der „Met" mit einer glanzvollen Neueinstudierung von Giuseppe Verdis *Don Carlos*, wofür er sensationelle Kritiken erhielt. Was weitreichende Folgen hatte, denn zwei Jahre später leitete Luisi gleich zwei Premieren (*Simon Boccanegra* von Verdi und *Die ägyptische Helena* von Strauss) an Amerikas Paradebühne und wurde 2010 zum Ersten Gastdirigenten und zwei Jahre später zum Principal Conductor ernannt, der die Aufgaben des damals schwer kranken James Levine übernahm und von Intendant Peter Gelb bereits zu dessen Nachfolger ausgerufen wurde. Was nicht weiter verwundert, hatte er doch für seine Einspielung von Wagners *Ring des Nibelungen* 2013 den „Grammy Award" für die beste Operneinspielung bekommen. Umso überraschender war es, dass er seinen Vertrag in New York nicht über 2017 hinaus verlängerte, denn Luisi hatte neue Pläne.

Nachdem er sich aus persönlichen Gründen bereits 2010 aus Dresden zurückgezogen hatte, hatte er 2012 die musikalische Leitung der Zürcher Oper übernommen und dort eine neue Heimat gefunden, denn 2016 verlängerte er seinen Vertrag vorzeitig bis 2022. In demselben Jahr unterschrieb er einen Dreijahresvertrag beim Dänischen Radio-Sinfonieorchester in Kopenhagen und einen Fünfjahresvertrag bei der Florentiner Oper und dem „Maggio Musicale Fiorentino", wo er sich als Italiener in der Pflicht sieht, die derzeit herrschende Krise im Kulturwesen zu lösen. Zukünftig will er seine rastlose Tätigkeit, die zum steten Aufbau seiner aufstrebenden Karriere vonnöten war, auf diese drei Orte konzentrieren. Schließlich ist er der Überzeugung, dass ein Chef in seinem Haus so lange als möglich anwesend sein müsse, da ansonsten die Arbeit keinen Sinn mache.

Dass er in relativ kurzer Zeit in die Reihen der weltweit bedeutendsten Dirigenten aufgestiegen ist, erfüllt ihn noch immer mit freudiger Überraschung – und mit Demut. Als er fast gleichzeitig in Wien und Dresden zum Chefdirigenten ernannt wurde, meinte er gegenüber dem Wiener Journalisten Joachim Reiber: „In beiden Fällen gab es für mich vorher keine erkennbaren Anzeichen. Dass einem das Gefühl vermittelt wird, gut gearbeitet zu haben, kann man noch lange nicht als Anzeichen für ein solches Angebot werten. Sicherlich ist es schön und ehrenvoll, als Dirigent gefragt zu sein. Aber etwas ganz anderes ist es, als Chef infrage zu kommen."

Betrachtet man seine großen Erfolge und seine daraus resultierende Karriere, die sich ganz im Stillen vollzogen hat, sollte man meinen, dass Fabio Luisi schließlich dort angekommen ist, wo er hingehört – in die oberste Liga.

FRAGEN AN FABIO LUISI

Wenn Sie die Möglichkeit hätten, mit irgendeinem Komponisten, ob tot oder lebendig, einen Abend zu verbringen, mit wem wollten Sie sich treffen und was würden Sie ihn fragen?

Ich hätte viele Fragen an viele Komponisten, jede Art von Fragen, auch musikalische. Aber wenn ich Mozart treffen könnte, würde ich ihn fragen: „Was ist für dich Glück, wo ist für dich der Himmel?" Ich glaube, er hätte spannende Antworten.

In welcher Zeit hätten Sie als Komponist am liebsten gelebt?

Ich hätte gerne als Hofkomponist von Königin Elisabeth I. in London gelebt.

Auf der Bühne entfernt man sich immer mehr vom Urtext, während man sich im Orchestergraben diesem immer mehr nähert. Wie beurteilen Sie diese Entwicklung?

Beide Entwicklungen sind, in der Art, wie sie heute tatsächlich stattfinden, schlecht. Das anzustrebende Ziel sind nicht die Buchstaben des Textes, wie es heute bei vielen Musikern der Fall ist, sondern der Sinn hinter diesen Buchstaben, wie es heute leider bei wenigen Regisseuren der Fall ist.

Seit dem 20. Jahrhundert besteht das Konzertprogramm zu 90 Prozent aus Musik schon längst verstorbener Komponisten. Worin liegt Ihrer Meinung nach die Begründung dafür?

Dass es mehr tote Komponisten gibt als lebende. Und vor allem, dass sie bessere Musik geschrieben haben als die meisten lebenden.

Es gibt immer mehr sehr gute Orchester und immer weniger herausragende Dirigenten. Woran liegt das?

Das ist nicht wahr. Es gibt immer mehr gute Orchester, das stimmt, aber immer weniger sehr gute. Selbst viele Orchester, die einmal sehr gut waren, sind heute nur gut. Und was die Dirigenten betrifft, gab es immer schon viele Clowns, damals wie heute. Früher sind auch schlechte Dirigenten derartig beworben worden, dass alle geglaubt haben, sie sind gut. Wenn ich aber darüber nachdenke, ist das auch heute der Fall …

Welche gesellschaftliche Aufgabe hat die Musik in der heutigen Zeit?

Die gleiche, die sie immer schon gehabt hat: Trost und ein wenig Glück für die Menschen.

Wären Sie kein Dirigent geworden, welchen Beruf hätten Sie ergriffen?
Ich hätte vielleicht etwas wirklich Wichtiges gemacht, wahrscheinlich
wäre ich Arzt geworden.

Welcher Dirigent ist Ihr Vorbild und warum?
Man wird mich als reaktionär einstufen – was mir auch egal ist –, aber
Herbert von Karajan war der Beste. Er konnte alles und vor allem konnte
er Tiefe und Wahrheit spüren und vermitteln.

Was war Ihr bewegendstes Musikerlebnis?
Ein Klavierabend von Swjatoslaw Richter mit den Präludien und Fugen
von Dimitri Schostakowitsch, das muss Mitte der Siebzigerjahre gewesen
sein. Es war einfach grandios.

Was hören Sie in Ihrer Freizeit?
Zugegeben: relativ wenig klassische Musik, eher Jazz und Chansons.

Sind Interpretationsschemata dem Zeitgeist unterworfen?
Leider ja. Aber die Aufgabe des reproduzierenden Musikers (ich mag
das Wort „Interpret" nicht) liegt woanders: einen allgemeingültigen
Wahrheitsgehalt, der unabhängig von Mode und Zeitgeschmack ist, zu
suchen – und ihn mit Fleiß und Empfindsamkeit, Mut und Glück auch
zu finden.

Welche Art von wissenschaftlicher Forschung würden Sie unterstützen?
Genetische Forschung, dort liegen die Chancen (zugegebenermaßen auch
die Risiken) der Menschheit.

Womit verbringen Sie am liebsten Ihre Freizeit?
Mit meiner Frau und meinen Kindern.

Würden Sie noch einmal geboren, was würden Sie anders machen?
Nicht vieles.

Welche drei Dinge würden Sie auf eine einsame Insel mitnehmen?
Eine Partitur der *Matthäus-Passion*, meine Lesebrille und eine Leselampe.

Welches Motto steht über Ihrem Leben?
Kein Motto, aber ein Grundsatz: Toleranz.

Fabio Luisi

DER MENSCHENFÄNGER

ZUBIN MEHTA

*29. April 1936, Mumbai

Es gibt wohl kaum einen anderen Dirigenten, der sich in solch einem Maß darauf versteht, die breite Masse für die klassische Musik zu begeistern. Ob die „Drei Tenöre" in den römischen Caracalla-Thermen, Puccinis *Turandot* in Pekings „Verbotener Stadt" oder die Wiener Philharmoniker in einem WM-Fußballstadion in Südkorea – Zubin Mehta gelingt es jedes Mal mühelos, solche Vorstellungen mit der nötigen Professionalität in Szene zu setzen, die durch ihre schiere Größe eher einem Event gleichen denn einem klassischen Konzert. Gerade durch diese Massenwirksamkeit, die auch in seinem unprätentiösen Auftreten ihre Ursache hat, geriet Mehta immer wieder in Gefahr, mit dem Etikett eines „Showdirigenten" bedacht zu werden. Schließlich hatte Mehta schon sehr früh die heute etwas verzopft anmutende Trennlinie zwischen E- und U-Musik überschritten. Bereits in den 1970er-Jahren trat er in der Hollywood Bowl mit der Underground-Ikone Frank Zappa auf oder dirigierte die Musik zum Filmepos *Krieg der Sterne*. Der mit einem glänzenden Gedächtnis gesegnete Dirigent lässt sich eben auf keine Musikrichtung festlegen, auch wenn er sich am liebsten mit den Werken aus der Zeit zwischen der Wiener Klassik und der Zweiten Wiener Schule befasst.

Dabei mag es dem unvoreingenommenen Beobachter rätselhaft erscheinen, wie ausgerechnet ein Inder, der trotz aller Reiseschwierigkeiten bis heute an seiner Staatsbürgerschaft festhält, die klassische europäische Musik zu seiner Domäne erklärt. Zumal es in seiner Kindheit auf dem Subkontinent nur ein einziges ernst zu nehmendes Symphonieorchester gab, dem der kleine Zubin allerdings oft genug lauschen konnte. Denn das Bombay Symphony Orchestra war 1935 von Mehtas Vater Mehli gegründet worden. So war ihm die abendländische Musik von Kindesbeinen an vertraut. Schon als Junge lernte er Klavier und Violine, am meisten interessierte er sich aber für den Beruf seines Vaters. Folgerichtig feierte er sein Dirigentendebüt bereits als 16-Jähriger, als er zusammen mit dem Orchester seines Vaters und dem Geiger Yehudi Menuhin einige

Wohltätigkeitskonzerte für die Opfer einer großen Hungersnot in Indien aufführte.

Obwohl sich dabei schon sein großes Talent offenbarte, bestand die Familie darauf, dass der junge Mann zuerst einmal Medizin studieren sollte. Doch Mehta hatte bereits von dem süßen Gift des Dirigierens genascht. Nach zwei Jahren gaben die Eltern schließlich ihren Widerstand auf und schickten ihren außerordentlich begabten Sohn nach Wien, wo er vorerst die Fächer Klavier, Komposition und Kontrabass belegte. (Von all diesen Disziplinen hielt er übrigens seinem Streichinstrument am längsten die Treue, mit dem er 1969, schon längst war er ein berühmter Dirigent, das *Forellenquintett* mit seinen Freunden Itzhak Perlman, Pinchas Zukerman, Jacqueline du Pré und Daniel Barenboim einspielte.)

In der Donaumetropole bot sich ihm auch zum ersten Mal die Gelegenheit, die Wiener Philharmoniker live im Musikvereinssaal zu erleben. Karl Böhm dirigierte damals die *Erste* von Johannes Brahms, was einen überwältigenden Eindruck bei dem jungen Musiker hinterließ: „Können Sie sich vorstellen, was mit meinen Ohren geschah? Ich mache seither eigentlich nichts anderes, als zu versuchen, dieses Klangerlebnis ständig wiederherzustellen", erzählte er in einem Interview für die „Musikfreunde".

Von diesem Moment an war ihm klar, dass es nur noch ein Berufsziel für ihn geben konnte. Übrigens war es auch Karl Böhm gewesen, der ihn später zu seinem Nachfolger als Träger des „Nikisch-Rings" auserkor. Folgerichtig bewarb sich Mehta 1955 um die Aufnahme in die Klasse des bedeutenden Dirigierpädagogen Hans Swarowsky, der sogleich vom überragenden Talent des temperamentvollen Inders überzeugt war. Schon kurz darauf gründete Mehta ein Kammerorchester, mit dem er während der Ungarn-Krise im Jahre 1956 verschiedene Konzerte in einem Flüchtlingslager gab, womit er bereits damals seine bis heute immer wieder demonstrierte Solidarität mit notleidenden Völkern an den Tag legte.

Nach nur drei Jahren schloss Mehta sein Studium mit einem glänzenden Examen ab. Im selben Jahr, 1958, nahm er am Internationalen Dirigierwettbewerb in Liverpool teil, wo er nicht nur den ersten Preis gewann, sondern auch die Stelle des Assistant Conductors des Liverpool Philharmonic Orchestra. Bei seinem nächsten Dirigierwettbewerb in Tanglewood errang er zwar nur den zweiten Platz – den Sieg trug sein Studienkollege Claudio Abbado davon –, trotzdem war dieser Erfolg für sein weiteres Fortkommen ausschlaggebend, da der Bostoner Chefdirigent Charles Munch auf ihn aufmerksam wurde und sich fortan für ihn einsetzte.

Nach seinen ersten internationalen Erfolgen in New York und Philadelphia übernahm der 24-Jährige 1960 die Leitung des Montreal Symphony Orchestra, die er bis 1967 innehaben sollte. Doch damit nicht genug. Als ihm 1962 die Assistentenstelle beim Los Angeles Philharmonic Orchestra angeboten wurde, griff er sofort zu, zumal der neue Chefdirigent kein Geringerer als der berühmte Georg Solti werden sollte. Dieser zeigte sich mit der Wahl seines Assistenten jedoch nicht einverstanden, nachdem man sich bei der Suche nach einem Ersatz für den erkrankten Fritz Reiner kurzerhand für den jungen Mehta anstelle von Solti entschieden hatte. Der temperamentvolle Ungar trat daraufhin empört von seinem Amt zurück, sodass Zubin Mehta unversehens der jüngste Chefdirigent in der Geschichte Nordamerikas wurde, der gleich zwei Chefpositionen innehatte – und das, obwohl er noch über ein viel zu kleines Repertoire verfügte und jedes Programm neu erarbeiten musste.

Doch dies tat seinen Erfolgen keinen Abbruch, die nicht auf diesen einen Kontinent beschränkt blieben. Schon 1961 leitete er sowohl die Berliner wie auch die Wiener Philharmoniker mit großer Resonanz. Dennoch blieb sein Hauptaugenmerk beim Los Angeles Philharmonic Orchestra, das unter seiner Leitung zu einem Spitzenensemble heranwuchs. 17 Jahre sollte er dort bleiben. 1978 wechselte er schließlich als Chefdirigent des New York Philharmonic Orchestra an die Ostküste. Auch hier blieb Mehta 13 Jahre, länger als jeder andere Dirigent vor ihm. 1985 trat er als musikalischer Leiter des „Maggio Musicale" in Florenz seine erste feste Position in Europa an, die er rekordverdächtige 32 Jahre innehaben sollte. 1998 übernahm er darüber hinaus für die nächsten acht Jahre die musikalische Leitung der Bayerischen Staatsoper in München. Dabei ist es durchaus bemerkenswert, dass Mehta in seinem langen Künstlerleben eigentlich nur relativ wenige Stationen als Chefdirigent durchmaß und offensichtlich keines der ihm anvertrauten Orchester als Sprungbrett für seine Karriere benutzte.

Ohnehin ist die Treue eines seiner herausragenden Charaktermerkmale, was besonders an seiner jahrzehntelangen Verbundenheit mit dem Israel Philharmonic Orchestra erkennbar ist. Im Jahre 1961, der Maestro war gerade 25 Jahre alt, war er dort für den erkrankten Eugene Ormandy eingesprungen. Von da an war er, der indische Parse, dem Orchester mit einer stets wachsenden Sympathie verbunden gewesen, die ihren ersten Höhepunkt darin fand, als er während des Sechstagekriegs im Jahre 1967 umgehend nach Israel reiste, um in dieser schweren Zeit bei seinen Musikern zu sein. Diese Geste bedingungsloser Solidarität, die er 1973 während des

Jom-Kippur-Krieges und des Zweiten Golfkriegs im Jahre 1991 wiederholen sollte, begründete ein so enges Verhältnis mit den Orchestermitgliedern, dass sie ihn – seit 1977 war er ihr Chefdirigent – 1981 zum Musikdirektor auf Lebenszeit ernannten. Die Geschichte, wie es zu dieser Ehrung kam, ist im Übrigen für Mehta symptomatisch, der niemals gewillt war, seine Überzeugungen irgendwelchen Kompromissen zu opfern.

Denn der Inder hatte es tatsächlich als Erster gewagt, ein Werk des verfemten Richard Wagner in Israel aufzuführen. Daraufhin forderte ihn ein Knesset-Abgeordneter umgehend auf, das Land zu verlassen, woraufhin sich sogleich das gesamte Orchester hinter ihn stellte und „lebenslänglich" über ihn verhängte. Was durchaus ein politisches Signal war, zumal sich Mehta immer wieder öffentlich gegen die Palästinenserpolitik der israelischen Regierung geäußert und für inhaftierte Freunde demonstriert hatte.

Auch die enge Verbundenheit mit den Wiener Philharmonikern sei stellvertretend für seine oft jahrzehntelangen Beziehungen zu seinen Orchestern genannt; schließlich behauptet er von sich, „musikalisch immer ein Wiener geblieben zu sein", wie er dem Journalisten Karlheinz Roschitz sagte. Immerhin wurde Mehta für seine Treue mit fünf Neujahrskonzerten belohnt. Selbst für die Leitung eines Jubiläumskonzerts des Akademischen Orchestervereins Wien, einem Liebhaberorchester, in dem er einst als Student seine ersten Gehversuche als Dirigent unternommen hatte, war er sich nicht zu schade. Auch aus diesem Grunde ist es völlig fehl am Platz, Mehta oberflächlich mit dem Etikett eines Showdirigenten zu versehen.

Außerdem – ist nicht auch seine geradezu hypnotisch zu nennende Wirksamkeit auf die Massen ein Talent, das unabdingbar zu einem großen Dirigenten gehört?

Fragen an Zubin Mehta

Wenn Sie die Möglichkeit hätten, mit irgendeinem Komponisten, ob tot oder lebendig, einen Abend zu verbringen, mit wem wollten Sie sich treffen und was würden Sie ihn fragen?
Eindeutig mit Mozart. Er war er ein völliges Genie und gleichzeitig ein ganz einfacher Mensch. Er war Manager, hat Konzerte arrangiert, hat seine Frau betrogen – ein ganz gewöhnlicher Mensch, der genauso im 21. Jahrhundert gelebt haben könnte. Zudem ist interessant, dass er sich beim Komponieren nicht von den Umständen beeinflussen ließ. Wenn er ganz traurig war, beim Tod seiner Mutter etwa, hat er ganz fröhliche Musik geschrieben. Ebenso umgekehrt. Ich bewundere ihn als Schöpfer und als Mensch. Deshalb hätte ich mit ihm viel zu reden.

In welcher Zeit hätten Sie als Komponist am liebsten gelebt?
In der Gegenwart. Heute gibt es so viele Möglichkeiten und Musikströmungen.

Auf der Bühne entfernt man sich immer mehr vom Urtext, während man sich im Orchestergraben diesem immer mehr nähert. Wie beurteilen Sie diese Entwicklung?
Das trifft besonders im deutschen Raum zu. In Amerika gibt es kaum Regietheater. Im deutschen Raum dagegen gibt es etwa 50 Bühnen und jede will ihre eigene Meinung über dieselben Stücke dartun. Bei Barockopern und Uraufführungen kann der Regisseur ohnehin machen, was er will – es wird immer akzeptiert. Da buht niemand. Wenn allerdings ein *Rigoletto* auf dem Kopf steht … Das Problem liegt im System. Was die Regisseure dem Dirigenten als Konzept zeigen, hat mit dem Endergebnis fast nichts mehr zu tun. Wir sehen die Regiedetails zum ersten Mal bei der Klavierhauptprobe. Und da kann man sie nicht mehr ändern.

Seit dem 20. Jahrhundert besteht das Konzertprogramm zu 90 Prozent aus Musik schon längst verstorbener Komponisten. Worin liegt Ihrer Meinung nach die Begründung dafür?
Ich glaube nicht, dass es heute weniger gute Komponisten gibt als früher. Allerdings waren die Tonschöpfer früher viel produktiver als heute.

Es gibt immer mehr sehr gute Orchester und immer weniger herausragende Dirigenten. Woran liegt das?
Das ist richtig. Die Musiker sind viel besser geworden. Vor allem aus Asien kommen sehr gute Instrumentalisten. Dass es weniger gute Dirigenten gibt, liegt daran, dass es ein „mystischer" Beruf ist. Dass es früher viel mehr gute Orchesterleiter gab, lag auch an der guten „Schule".

Welche gesellschaftliche Aufgabe hat die Musik in der heutigen Zeit?
Weniger eine gesellschaftliche als eine politische. In dem Sinne, dass Musik eine friedensstiftende Rolle hat. Das habe ich selbst so oft erfahren: verfeindete Menschen, die durch die Musik zusammengekommen sind. Gerade in Israel habe ich das oft erlebt. Jedes Jahr spielen wir dort mit einem arabischen Solisten. 50 Prozent des Publikums sind arabisch, die andere Hälfte israelisch. Und alle zusammen hören das Konzert und applaudieren gemeinsam. Das könnte man doch überall tun. Vor einigen Jahren habe ich in der UNESCO ein Konzert mit Leuten gemacht, die untereinander verfeindet waren. Wenn man miteinander musizieren kann, kann man auch miteinander leben.

Wären Sie kein Dirigent geworden, welchen Beruf hätten Sie ergriffen?
Ich habe mir oft darüber Gedanken gemacht, aber ich glaube, ich wäre auf jeden Fall Musiker geworden.

Welcher Dirigent ist Ihr Vorbild und warum?
Wilhelm Furtwängler und Arturo Toscanini. Ich bin mit den Platten von beiden aufgewachsen. Zwar konnte man bei den alten Platten keine Klangvorstellungen gewinnen, aber die Tempi waren richtig. Furtwängler schaute, was zwischen den Noten steht, während Toscanini sich als Erster sklavisch nach den Noten gerichtet hat. Und diese beiden Sichtweisen haben mich beeinflusst: Zwar bin ich sehr werktreu, ich will allerdings auch dem tieferen Gehalt des Werks nachspüren.

Was war Ihr bewegendstes Musikerlebnis?
Da muss man trennen: zwischen musikalischem und politischem Bereich. Das erste Mal mit Israel Philharmonic in Berlin, mit Mahlers *Kindertotenliedern*. Mit Fischer-Dieskau. Nach dem Wiegenlied haben wir alle geweint. Nach dem Konzert haben wir dann die israelische Hymne gespielt – da hat das ganze Publikum geweint. Das war unvergesslich. Dann gibt es viertaktige Phrasen, die man nie vergisst. Ich dirigiere doch nur die

besten Orchester mit großartigen Musikern. Manchmal vergisst man nie, wie ein Oboist das Thema des langsamen Satzes im Brahms-Violinkonzert gespielt hat.

Womit verbringen Sie am liebsten Ihre Freizeit?
Mit meinen Enkeln, die ich leider viel zu selten sehe. Oder in ganz exotischen Ferienzielen, wohin mich mein Beruf nicht führt: Antarktis, Ruanda oder am Amazonas.

Was hören Sie in Ihrer Freizeit?
Meistens Kammermusik, mit der ich zu Hause aufgewachsen bin.

Sind Interpretationsschemata dem Zeitgeist unterworfen?
Manchmal. Nehmen Sie etwa das Vibrato. Niemand weiß genau, wann die Musiker damit angefangen haben. Sänger singen schließlich immer mit Vibrato und die Instrumentalmusik kommt doch vom Gesang. Bei Mozart kann ich das nicht verstehen. Bei Cavalli, den man mit alten Instrumenten spielt, ist es ein ganz eigener Klang ohne Vibrato. Das akzeptiere ich.

Welche Art von wissenschaftlicher Forschung würden Sie unterstützen?
Eigentlich jede. Vor allem die medizinische Forschung mit Ausnahme des Klonens. Doch man kann Forscher nicht halten.

Würden Sie noch einmal geboren, was würden Sie anders machen?
Vieles. Wenn man als junger Mensch so viel Erfolg hat, macht man viele Fehler in persönlichen Dingen. Ich würde beispielsweise niemals mehr mit 20 Jahren heiraten.

Welche drei Dinge würden Sie auf eine einsame Insel mitnehmen?
Die *h-Moll-Messe* von Bach, weil ich sie endlich genau studieren möchte. Meine Eltern, die leider schon gestorben sind. Und meine Familie.

Welches Motto steht über Ihrem Leben?
Das Motto meiner Religion: gute Worte, gute Gedanken und gute Taten.

DER ÜBERZEUGUNGSTÄTER
INGO METZMACHER

*10. November 1957, Hannover

„Ich weigere mich einfach zu glauben, dass es kein großes Publikum für die Neue Musik geben kann!"
Wer so apodiktisch daherkommt, hat ohne Zweifel etwas vor. Doch kann man die Hörgewohnheiten des Publikums tatsächlich so einfach ändern? Mit dem nötigen Sendungsbewusstsein scheint dies möglich zu sein, immerhin hat Ingo Metzmacher anlässlich des Millenniumwechsels 1999/2000 in Hamburg eine Parallelveranstaltung zum legendären Neujahrskonzert der Wiener Philharmoniker auf die Beine gestellt. Natürlich nicht in dieser Größenordnung, doch dafür mit Musik, die ausschließlich aus dem 20. Jahrhundert stammt. Er hatte damit sämtliche Skeptiker eines Besseren belehrt, als die Konzerte unter dem sinnigen Titel „Who is afraid of 20th Century Music?" einen so überwältigenden Erfolg zeitigten, dass die Aufnahmen davon auf eine begeisterte und zahlreiche Käuferschaft stießen. Denn Metzmacher sieht sich in der Pflicht, die Musik des 20. Jahrhunderts immer wieder zu spielen, um den Zuhörern die Gelegenheit zu geben, sie zu hören.
Folgerichtig führte er an der Hamburgischen Staatsoper, seiner ersten Position als Generalmusikdirektor, zahlreiche Opern des 20. Jahrhunderts auf. Doch weil man sich als Leiter eines Staatsorchesters nicht nur mit zeitgenössischer Musik befassen darf, unterzog er die meisten der älteren Bühnenwerke einer neuen Sicht, die er vorzugsweise mit dem Regierevolutionär Peter Konwitschny realisierte, was zwar für eine höchst kontroversielle Akzeptanz, jedoch auch für ein reges internationales Presseecho sorgte. Neben der pädagogischen Note hatte dies also einen willkommenen Nebeneffekt, denn ein „Skandal lockt auch an".
Dabei war Metzmachers Kindheit von melodiösen Klängen geprägt worden, schließlich war sein Vater Rudolf ein namhafter Cellovirtuose und Pädagoge, der seinen Sohn schon früh in seine klassische Musikwelt mit einbezog. So sehr, dass Ingo nach seinem Abitur Klavier, Musiktheorie und Dirigieren in Hannover, Salzburg und Köln studierte. Doch irgend-

wann beschlich ihn das Gefühl, dass die längst vergangene Musik mit dem heutigen Leben eigentlich nichts mehr gemein hat. Nach einer kurzen Auszeit kehrte er verwandelt zur Musik zurück. Anstelle der hehren Klassiker studierte er nun Schönberg, was zuerst auf allgemeines Unverständnis seiner Umgebung stieß. Dennoch hatte er mit dieser Richtungsänderung die Grundlage zu seiner späteren Karriere gelegt: Nach einem Konzert mit Schönbergs *Drei Klavierstücken* wurde er 1981 als Pianist beim neu gegründeten Frankfurter Ensemble Modern engagiert. Hier lernte er im Lauf der Jahre viele bedeutende Komponisten kennen, von György Ligeti über Hans Werner Henze bis hin zu John Cage, der einen großen Einfluss auf den jungen Musiker ausübte.

1985 stieg Metzmacher zum musikalischen Leiter des unterdessen namhaften Ensembles auf und wurde im selben Jahr von Michael Gielen an die Frankfurter Oper als Solorepetitor berufen, zwei Jahre später wurde er in Gelsenkirchen als Kapellmeister verpflichtet. Einen bedeutenden Karrieresprung machte er 1988 in Brüssel, als er als Einspringer Franz Schrekers Oper *Der Ferne Klang* zu einer viel beachteten Premiere führte. Weitere Neueinstudierungen an den Opernhäusern in Dresden, Hamburg, Stuttgart, Paris und Los Angeles folgten. Bei den Salzburger Festspielen führte er 1993 zusammen mit seinem Ensemble Modern Luigi Nonos visionären *Prometeo* auf, dessen Aufnahme prompt den „Jahrespreis der Deutschen Schallplattenkritik" erhielt.

Seit 1995 Erster Gastdirigent bei den Bamberger Symphonikern, wurde Metzmacher 1997 überraschend als Generalmusikdirektor an die Hamburgische Staatsoper berufen, obwohl sich die Musiker einstimmig gegen ihn ausgesprochen hatten, weil sie ihm zu wenig Erfahrung im Umgang mit der Oper attestierten. Dennoch trat er die Position an, denn Widerstände hatten ihn noch nie entmutigt. Unvermittelt wurde die Hansestadt zu einem Brennpunkt des progressiven Musiktheaters. In den nächsten Jahren sollte Metzmacher jede Opernsaison mit einem Werk beginnen, das nicht älter war als 25 Jahre. Als der Kultursenat nicht mehr bereit war, ihm die notwendige finanzielle Unterstützung zu gewähren, verließ der Dirigent die Staatsoper nach acht Jahren, weil er zu viele halbherzige Kompromisse hätte eingehen müssen.

Sein Weggang wurde allgemein betrauert, denn er hatte in der Hansestadt viel bewegt. Metzmacher hatte mit seinem Philharmonischen Staatsorchester das selig entschlummerte Hamburger Musikfest wieder zu neuem Leben erweckt, das er zu einem Festival für die Musik des 20. Jahrhunderts umgestaltete. Als weitere Neuerung behandelte er in seinen Abonnementkonzerten jede Saison einen anderen thematischen Schwerpunkt, von *Strawinsky* bis zur *Deutschen Musikgeschichte aus zwei Jahrhunderten*. Denn die Zusammenstellung der Programme, nach seinem Verständnis allzu oft völlig gedankenlos behandelt, spielt für ihn eine eminent wichtige Rolle. Ihre Gestaltung sieht er als eine der Hauptaufgaben eines Dirigenten, schließlich ist er der Überzeugung, dass es möglich ist, durch eine sorgfältige Zusammenstellung den Zuhörern die Angst vor der Neuen Musik zu nehmen. Folgerichtig hatte er es sich in Hamburg zur Gewohnheit gemacht, am Flügel sitzend launige Einführungsvorträge zu seinen Konzerten zu halten, die ein immer größeres Publikum anlockten.

Von 2005 bis 2008 war Metzmacher als Chefdirigent der damaligen De Nederlandse Opera in Amsterdam tätig, wo er einigen Bühnenwerken des 20. Jahrhunderts zur Aufführung verhalf. Daneben gastierte er bei renommierten europäischen und US-Orchestern in Philadelphia, Boston, Chicago, New York und San Francisco.

Im Jahre 2007 übernahm er als Nachfolger von Kent Nagano die Leitung des Deutschen Symphonie-Orchesters Berlin. Auch hier behielt er seinen thematischen Schwerpunkt bei der Programmgestaltung bei. Was sofort für Irritationen sorgte, denn während seiner ersten Saison, die den beziehungsreichen Titel der *Deutschen Seele in der Musik* trug, führte er doch ausgerechnet am „Tag der Deutschen Einheit" Hans Pfitzners romantische Kantate *Von deutscher Seele* auf – was der allgemein herrschenden Political Correctness zuwiderlief und sogar den Zentralrat der Juden in Deutschland zu heftigen Protesten bewog. Widersprüche solcher Art lagen allerdings durchaus in der Absicht des Dirigenten, betrachtet der einer solchen Denkungsart völlig Unverdächtige eine solche Programmatik doch eher als Denkanstoß denn als politisches Bekenntnis.

Aufgrund des rigiden Sparkurses des Berliner Senats und der damit verbundenen Personalkürzungen beschloss er 2009, seinen Vertrag nicht zu verlängern und sich seiner Freiheit zu erfreuen, die er gut zu nutzen weiß. So ist er bei den Salzburger Festspielen ein gern gesehener Gast, ebenso wie am Royal Opera House in London, an der Zürcher Oper, an der Wiener Staatsoper, an der Mailänder Scala und der Berliner Staatsoper, wo er sich in erster Linie als Spezialist für Opern aus dem 20. Jahrhundert profiliert hat.

Das verwundert nicht, schließlich wurde er bereits 1992 für seine Einspielung der Werke von Charles Ives mit dem Ensemble Modern zum ersten Mal für den „Grammy Award" nominiert. Seine Gesamtersteinspielung der Symphonien des von ihm verehrten Karl Amadeus Hartmann mit den Bamberger Symphonikern erntete 1996 den Preis der Deutschen Schallplattenkritik und den Edison Award. 1998 wurde er von der Zeitschrift *Opernwelt* zum „Operndirigent des Jahres" gewählt sowie mit dem ECHO als „Dirigent des Jahres" ausgezeichnet. Schließlich wurde 2001 noch der Livemitschnitt seines Hamburger *Wozzeck* für den „Grammy" nominiert. Im Jahre 2005 wurde die Hamburgische Staatsoper zum „Opernhaus des Jahres" gekürt.

Zum besseren Verständnis seiner vielschichtigen Sicht der Musik, ihrer Entwicklung und ihren zahlreichen Bezügen zur Gesellschaft, in der sie entstand und entsteht, hat Ingo Metzmacher auch zwei Bücher geschrieben: In „Keine Angst vor neuen Tönen" (2005) schildert er seine Begegnung mit dem Schaffen der prägenden Komponisten des 20. Jahrhunderts, reflektiert über musikalische Parameter wie Zeit, Farbe, Geräusch oder Stille und gibt Einblick in seine eigene musikalische Entwicklung. 2009 erschien sein nächstes Buch mit dem Titel „Vorhang auf!", in dem er mit der sehr persönlichen Beschreibung von 15 Opern versucht, auch die Menschen zu erreichen, die sich bislang nicht für diese Kunstform begeistern konnten.

Neben zahlreichen Gastdirigaten bei den führenden Orchestern und Opernhäusern hat Metzmacher 2016 die Intendanz der KunstFestSpiele Herrenhausen übernommen, dessen Programm verschiedene künstlerische Genres wie Installationen, Theater/Performances und Musiktheater in zumeist ungewöhnlichen Formaten beinhaltet.

Es scheint, dass Metzmachers Mission noch lange nicht beendet ist.

Fragen an Ingo Metzmacher

Wenn Sie die Möglichkeit hätten, mit irgendeinem Komponisten, ob tot oder lebendig, einen Abend zu verbringen, mit wem wollten Sie sich treffen und was würden Sie ihn fragen?
Ich würde gern Ludwig van Beethoven treffen, ein Metronom in der Tasche und einen guten Tropfen im Glas. Ich hätte viele Fragen über Tempo, über Strenge, über Unnachgiebigkeit. Dann würde ich ihm Musik von heute vorspielen und ihn fragen, wie er sie findet.

In welcher Zeit hätten Sie als Komponist am liebsten gelebt?
Ganz bestimmt zu Zeiten von Arnold Schönberg, Feruccio Busoni und Alexander Mossolow. Als für einen kurzen Augenblick der Musikgeschichte alles möglich schien und die Freiheit grenzenlos war.

Auf der Bühne entfernt man sich immer mehr vom Urtext, während man sich im Orchestergraben diesem immer mehr nähert. Wie beurteilen Sie diese Entwicklung?
Ich glaube, wir Musiker sind ein bisschen zu feige, wir wollen alles „richtig" machen und bisweilen geht gerade das am Stück vorbei. Ohne Risiko findet man die Geheimnisse nicht, die die großen Komponisten in ihren Stücken verborgen haben.

Seit dem 20. Jahrhundert besteht das Konzertprogramm zu 90 Prozent aus Musik schon längst verstorbener Komponisten. Worin liegt Ihrer Meinung nach die Begründung dafür?
Weil sich die, die von der Musik längst verstorbener Komponisten leben, zu wichtig nehmen und damit den Anschluss an ihre eigene Zeit verpassen.

Es gibt immer mehr sehr gute Orchester und immer weniger herausragende Dirigenten. Woran liegt das?
Große Dirigenten müssen wachsen können. Dazu brauchen sie Zeit, Vertrauen, Kontinuität. Und ein Orchester, das sich darauf einlässt, etwas Besonderes entstehen zu lassen. Außerdem hat sich das Verhältnis zwischen Orchester und Dirigent gegenüber der Vergangenheit stark gewandelt. Letzterer ist per se nicht mehr so „herausragend" wie früher und will es auch nicht sein. Innere Stärke ist gefragt.

Welche gesellschaftliche Aufgabe hat die Musik in der heutigen Zeit?
In meinen Augen eine gewaltige. Sie ist die Stimme derer, die sich nicht mit Worten begnügen können. Ihre Schöpfer sollten sich dessen bewusster sein. Musik kann die Welt verändern.

Wären Sie kein Dirigent geworden, welchen Beruf hätten Sie ergriffen?
Vielleicht Dichter, vielleicht Fußballtrainer oder beides gleichzeitig.

Welcher Dirigent ist Ihr Vorbild und warum?
Otto Klemperer. Er hat sich nicht verbogen. Er hat Stellung bezogen. Er hat bisweilen bitter dafür bezahlt. Und am Ende kam etwas Unverwechselbares dabei heraus.

Was war Ihr bewegendstes Musikerlebnis?
Als in Chile 1983 die Menschen auf der Straße plötzlich anfingen zu singen von Freiheit und Zukunft mit einer Inbrunst, wie ich sie weder vorher noch nachher jemals gehört habe.

Womit verbringen Sie am liebsten Ihre Freizeit?
Mit Menschen, spielend, zuhörend, redend oder auch allein beim Spazierengehen.

Was hören Sie in Ihrer Freizeit?
Am liebsten Jazz, Chet Baker, Modern Jazz Quartett, Billie Holiday, Ella Fitzgerald, George Gershwin selbst am Klavier, ach ja und dann und wann auch Supertramp.

Sind Interpretationsschemata dem Zeitgeist unterworfen?
Mit Schemata komme ich nicht sehr weit, weder im Umgang mit Musik noch im Leben selbst. Wenn wir es nicht schaffen, uns immer wieder zu öffnen für unbekannte Erfahrungen, uns jetzt, hier und heute jeder Art von Musik neu zu stellen, dann wird am Ende nichts Bedeutendes dabei herauskommen und die Musik bleibt besser ungespielt. So einfach ist das und gleichzeitig so schwer.

Welche Art von wissenschaftlicher Forschung würden Sie unterstützen?
Ich würde gerne wissen, wie das Hören von Musik wirklich funktioniert. Es bleibt ein Wunder, dass wir Klänge, die wir nacheinander wahrnehmen, tatsächlich als etwas Zusammenhängendes begreifen können.

Würden Sie noch einmal geboren, was würden Sie anders machen?
Ich würde meine Mutter bitten, mich einfach spielen zu lassen, sei es Fußball oder Klavier, denn nur so lernt man früh, was man fürs Leben behält.

Welche drei Dinge würden Sie auf eine einsame Insel mitnehmen?
Così fan tutte, Don Giovanni, Le nozze di Figaro.

Welches Motto steht über Ihrem Leben?
„Caminantes, no hay caminos, hay que caminar", das wünschte ich mir.
(„Wanderer, es gibt keine Wege, es gibt nur das Gehen.")

IL MAESTRO
RICCARDO MUTI

*28. Juli 1941, Neapel

Wenn ein junger Dirigent das internationale Podium betritt, werden schnell Vergleiche angestellt.

Nicht anders verhielt es sich bei Riccardo Muti, der schon sehr bald an seinem Landsmann Arturo Toscanini gemessen wurde. Und das aus gutem Grund: Als Muti sein mit Spannung erwartetes Debüt an der Mailänder Scala geben sollte, verließ der gerade einmal 29-Jährige die Generalprobe, weil seinen musikalischen Forderungen nicht stattgegeben wurde. Mit der Folge, dass sein erster Auftritt im Allerheiligsten fürs Erste ausfiel. Trotzdem übernahm er auf ausdrücklichen Wunsch des künstlerischen Personals 1986 die Leitung des traditionsreichen Hauses in Mailand und sollte sie immerhin 19 Jahre lang innehaben, was allerdings nicht immer konfliktfrei verlief. Als etwa das Orchester 1995 in einen unangekündigten Streik trat und eine Vorstellung von Verdis *La Traviata* boykottierte, zögerte Muti nicht lange und ließ einen Flügel auf die Bühne bringen, mit dem er selbst die Sänger begleitete.

Eine solche Kompromisslosigkeit erfordert nicht nur außergewöhnlichen Mut, sondern auch die unumstößliche Gewissheit über die Richtigkeit seines künstlerischen Tuns. Dies ist nur den ganz großen Maestri gegeben. Ähnlich wie Toscanini duldet Muti bis heute keinerlei Abweichung von der Partitur, selbst die beifallsheischenden Spitzentöne bei populären Opernarien, durch lange Tradition schon längst ein lieb gewordener Brauch, werden von ihm, ungeachtet des Publikumsprotests, ersatzlos gestrichen. Wie einst sein großer Vorgänger verteidigt er die notengetreue Wiedergabe des Textes in einem Interview mit der Zeitschrift „Bühne" mit flammender Rede: „Niemand kennt die Wahrheit einer Komposition. Die Wahrheit der Musik liegt hinter den Noten, und hinter den Noten ist die Unendlichkeit. Und die Unendlichkeit gehört uns nicht!"

Doch ganz im Gegensatz zu seinem prominenten Landsmann Toscanini verspürt Muti auch eine ganz besondere Affinität zur Musik von Wolfgang Amadeus Mozart, der eine Sonderstellung in seinem musikalischen

Kosmos hat. So blieb es auch nicht aus, dass Muti als künstlerischer Nachkomme des gänzlich anders gearteten Karl Böhm gefeiert wurde, weil wohl kein anderer Dirigent die Werke des Salzburger Meisters mit so einer Dramatik und solchem Klangsinn erfüllen kann wie der Süditaliener. Und schließlich ist Muti einer der wenigen verbliebenen Dirigenten, die einen besonderen Wert auf den Orchesterklang legen – und damit könnte man ihn eigentlich auch als Nachfolger Herbert von Karajans bezeichnen, der ihn 1971 nach Salzburg geholt hatte, wo er mit Gaetano Donizettis *Don Pasquale* debütierte und dort seitdem nahezu alljährlich zu Gast ist. Da war Muti gerade einmal 30 Jahre alt.

Nach dem Sieg beim Guido-Cantelli-Wettbewerb 1967, den er als erster Italiener errang, debütierte er 1968 beim „Maggio Musicale Fiorentino". Mit der Folge, dass er dort sofort zum Ständigen Dirigenten und nach fünf Jahren zum musikalischen Direktor ernannt wurde. Im selben Jahr wurde er nur sechs Tage nach seinem Debüt als Nachfolger des greisen Otto Klemperer Chefdirigent des New Philharmonia Orchestra London, von dem er bei seinem allgemein bedauerten Abschied 1982 mit dem Titel eines Ehrendirigenten bedacht wurde. Durchaus zu Recht, schließlich hatte er den kränkelnden Klangkörper innerhalb von neun Jahren wieder zu einem der führenden Orchester Londons gemacht.

1980 wurde er als Nachfolger von Eugene Ormandy, der unglaubliche 44 Jahre lang das Orchester geleitet hatte, von den Musikern des Philadelphia Orchestra zum Chefdirigenten ernannt. Bis zu seinem Weggang im Jahr 1992 erzog er das künstlerisch etwas abgewirtschaftete Ensemble zu einem der besten Klangkörper des Landes. So verwundert es nicht, dass er bei seinem Abschied auch hier mit dem Titel des *Conductor Laureate* geehrt wurde, den er deshalb genommen hatte, um sich auf seine Position als Musikdirektor an der Mailänder Scala und der intensiveren Zusammenarbeit mit einigen europäischen Orchestern zu konzentrieren.

Dabei kam Muti eigentlich nur durch einen glücklichen Zufall zum Dirigieren. Der Arztsohn war in sehr ländlicher Umgebung im apulischen Molfetta aufgewachsen, wo er als Gymnasiast Violin- und Klavierunterricht erhielt. Nach dem Umzug nach Neapel wurde Riccardo 1958 in die Klavierklasse des dortigen Konservatoriums aufgenommen. Beim alljährlichen Abschlusskonzert dieses Instituts ergab sich jedoch ein größeres Problem. Da die Dirigierklasse lediglich aus einem Priester, einem Mönch und einer Frau bestand, hatte das Konservatoriumsorchester keinen geeigneten Leiter. So fiel die Wahl notgedrungen auf den überraschten Muti, dem an einem Nachmittag die Dirigierbewegungen beigebracht wurden.

Am nächsten Tag hielt der 17-Jährige seine erste Probe ab – in diesem Moment, da waren sich alle Beteiligten einig, war ein Dirigent geboren. Nach dem Abitur studierte Muti neben Philosophie folgerichtig Komposition bei Nino Rota und Dirigieren bei Jacopo Napoli. Nachdem er sein Philosophiestudium mit Auszeichnung abgeschlossen hatte, ging er nach Mailand, wo ihn Antonino Votto, der ehemalige Mitarbeiter Toscaninis, im Dirigieren unterwies.

Am Anfang seiner fulminanten Karriere überzeugten in erster Linie seine Deutungen der Werke des Belcanto und der italienischen Frühklassik. Doch es dauerte nicht lange, bis er für seine Interpretationen der Opern Giuseppe Verdis über alle Maßen gerühmt wurde. Bereits seine erste Plattenaufnahme der *Aida* aus dem Jahre 1974 errang Kultstatus. Trotzdem widerstand Muti der Versuchung, sich auf die allseits beliebten Gassenhauer zu verlegen. Viel lieber betätigte er sich als Schatzgräber und förderte dabei tatsächlich einiges zutage, was heute wieder fest im allgemeinen Opernrepertoire verankert ist, wie etwas Bellinis *Puritani*, Boitos *Mefistofele*, Rossinis *Guglielmo Tell* (in der ungekürzten sechsstündigen Fassung) oder Verdis *Attila*. Auch um Werke von Donizetti, Rossini, Cherubini, Spontini und Gluck hat er sich im Laufe seiner Karriere verdient gemacht. Allerdings ist er nicht nur in musikalischer Hinsicht der Werktreue verpflichtet. Der Diktatur des Regietheaters beugt er sich nur, wenn sie „die Musik nicht stört". So sagte er 1992 wenige Tage vor der Premiere einen Salzburger *Titus* ab, weil ihm das Inszenierungskonzept „gegen die poetische Welt der Musik von Mozart gerichtet" schien, wie er in einer offiziellen Stellungnahme betonte.

Doch man würde Muti nicht gerecht, beschränkte man ihn alleine auf das Opernrepertoire. Zahlreiche Aufnahmen und Konzerte mit dem Philadelphia Orchestra, dem Symphonieorchester des Bayerischen Rundfunks, dem New York Philharmonic Orchestra, dem Orchestre National de France und den Wiener Philharmonikern legen beredtes Zeugnis davon ab. Wobei er interessanterweise in den Vereinigten Staaten einen Schwerpunkt auf zeitgenössische Werke legt, während er in Europa eher das klassisch-romantische Repertoire bevorzugt. Auch hier betätigt sich Muti gerne als Entdecker unterschätzter oder unbekannter Werke, etwa von Komponisten wie Aleksander Skrijabin, Nino Rota oder Giuseppe Martucci. Im Jahre 2007 übernahm er für vier Jahre die Leitung der Salzburger Pfingstfestspiele, wo er mit dem von ihm gegründeten Orchester Cherubini, das sich ausschließlich aus jungen Musikern zusammensetzt, unbekannte Werke italienischer Komponisten aus der Zeit des

Barock und der Klassik aufführte. Auch als außerordentlicher Dirigent der Wiener Musik ist er mehrfach hervorgetreten, wovon seine vier Neujahrskonzerte mit den Wiener Philharmonikern zeugen, mit denen er eine ganz besonders enge Verbundenheit pflegt.

Nachdem Riccardo Muti die Scala im Jahre 2005 verlassen hatte, war er wohl der gefragteste Dirigent der Welt. Doch Muti, der während der Krise an der Scala sogar erwog, sich vollständig von der Bühne zurückzuziehen, wollte lange Zeit „nichts mehr mit Bürokratie zu tun haben" und „nur noch Musik machen", was den vielen Klangkörpern, die sich schon lange um ein Konzert mit dem großen Dirigenten bemüht hatten, nur recht war. Doch nach einigen erfolgreichen Auftritten mit dem Chicago Symphony Orchestra traten seine Bedenken in den Hintergrund – seit 2010 ist Riccardo Muti dort als Chefdirigent tätig.

Und nicht nur das: Nachdem ihn Roms Bürgermeister inständig gebeten hatte, als Retter der von der Schließung bedrohten römischen Oper aufzutreten, wurde Muti sich seiner Bürgerpflicht als Italiener bewusst und übernahm 2010 die Leitung des maroden Hauses, was ihm allerdings nicht gedankt wurde. Der „Ehrendirektor auf Lebenszeit" erklärte aufgrund der massiven Subventionskürzungen nach vier Jahren seinen Rücktritt.

Die nun frei gewordenen Kapazitäten nutzte er dazu, sich einen lang gehegten Traum zu erfüllen und in seiner Wahlheimat Ravenna die „Riccardo Muti Italian Opera Academy" zu gründen, die sich um die Ausbildung von jungen Dirigenten, Korrepetitoren und Sängern bemüht und ihnen die große Verantwortung vermittelt, die sie mit ihrem Berufswunsch übernommen haben.

Fragen an Riccardo Muti

Wenn Sie die Möglichkeit hätten, mit irgendeinem Komponisten, ob tot oder lebendig, einen Abend zu verbringen, mit wem wollten Sie sich treffen und was würden Sie ihn fragen?
Zweifellos Mozart, weil er uns in seinen Opern zeigt, wer wir sind, mit all unseren Schwächen. Allerdings niemals mit erhobenem Zeigefinger, wie es etwa ein Beethoven tut, denn er war ganz genauso wie wir. Wie er etwa in *Così fan tutte* die Verirrungen der Darsteller mit einem Lächeln zeigt, vermag das dem Zuschauer einen gewissen Trost zu spenden. Wie war es ihm möglich, die höchst fragilen Verhältnisse, die zwischen Mann und Frau bestehen, mit der Musik zu beschreiben, die direkt von Gott kommt? Dies ist ein absoluter Widerspruch, wie Mozart selbst auch ein Widerspruch war. Als Mensch zuweilen vulgär, liebte er es, der „böse Junge" zu sein, bis hin zu dem Moment, als er begann, sich mit seiner Musik zu befassen, die direkt von einer anderen Welt stammt. Über diese Unvereinbarkeit würde ich ihn gerne befragen. Sicherlich würde ich ihn nicht fragen, ob ihm meine Interpretation seiner Musik gefällt. Denn wenn er sagen würde, dass ich alles falsch mache, würde ich ein zweites Mal sterben, schließlich kann ich ihn nur in einer anderen Welt treffen.

In welcher Zeit hätten Sie als Komponist am liebsten gelebt?
Sicherlich nicht heute, weil die heutigen Komponisten ein großes Problem damit zu haben scheinen, mit dem Publikum zu kommunizieren. Es hat den Eindruck, als würden viele Komponisten von heute nur für sich selbst schreiben … Als Neapolitaner hätte ich am liebsten im 18. Jahrhundert zur Zeit der Neapolitanischen Schule gelebt, als Scarlatti, Pergolesi, Cimarosa und Paisiello dort gewirkt haben.

Auf der Bühne entfernt man sich immer mehr vom Urtext, während man sich im Orchestergraben diesem immer mehr nähert. Wie beurteilen Sie diese Entwicklung?
Zweifellos haben auch die Dirigenten, die nicht der Originalklangbewegung anhängen, viel von dieser profitiert, weil sie die Aufführungen mit neuer Vitalität erfüllen. Es war sehr wichtig, in der Musik zum Urtext zurückzukehren. Die Regisseure hingegen versuchen, den Urtext in sich selbst zu finden. Zuweilen ist diese Suche ehrlich gemeint, allerdings mit unterschiedlichen Ergebnissen. Wenn nicht, dann gehen sie oft zu weit,

weil sie dabei die Musik – und den Text völlig außer Acht lassen. Daher ist es für Regisseure unabdingbar, zurück zur Musik zu finden. Dabei will ich nicht zu altmodischen Inszenierungen zurückkehren, sondern zu einer einfacheren Annäherung an den Text und die Musik, damit die Einheit zwischen Musik und Szene wieder natürlicher und nachvollziehbarer wird.

Seit dem 20. Jahrhundert besteht das Konzertprogramm zu 90 Prozent aus Musik schon längst verstorbener Komponisten. Worin liegt Ihrer Meinung nach die Begründung dafür?
Robert Schumann sagte einmal, dass die Komponisten zu Zeiten Mozarts wie Schuhmacher waren. Sie stellten Schuhe für jedermann her. Heutzutage können die Komponisten ihre Schuhe nur mehr selbst tragen. Sie versuchen, neue Klänge, rhythmische Schwierigkeiten oder irgendwelche Atmosphären zu erfinden. Dem Publikum erscheint dies oft genug als Krach, Unsinn oder nur schöner Klang. Nichts davon kann es mit nach Hause nehmen. Es gibt keine Melodie mehr, das tonale System, das nach meinem Dafürhalten eng mit der menschlichen Physis verbunden ist und Jahrhunderte für seine endgültige Ausbildung gebraucht hat, wird negiert. Schauen Sie sich die bedeutenden Bühnenwerke des 20. Jahrhunderts an: Bergs *Wozzeck*, Poulencs *Dialogues des carmélites*, Brittens *Peter Grimes* und Messiaens *Saint François d'Assise*. Das ist zu wenig für ein Jahrhundert. So warten wir noch immer auf das Genie der Gegenwart … Das andere Problem liegt in der leichten Musik, deren Melodien so einfach und eingängig sind, dass man sie einfach mit nach Hause nehmen kann. Damit befinden sie sich im krassen Gegensatz zur ernsten Musik. Früher, etwa zu Francesco Tostis Zeiten, waren diese beiden Richtungen viel enger miteinander verbunden.

Es gibt immer mehr sehr gute Orchester und immer weniger herausragende Dirigenten. Woran liegt das?
Als ich mit 26 Jahren zum Leiter des Maggio Musicale gewählt wurde, hatte ich Violine, Klavier und zehn Jahre Kompositionsstudium hinter mir. Wenn heute ein junger Dirigent das Podium betritt, hat er vielleicht ein wenig Schlagzeug, Trompete, Klavier oder Violine studiert. Keiner der jungen Dirigenten hat Komposition studiert, viele können überhaupt kein Klavier spielen. Obwohl sie niemals ein technisch anspruchsvolles Instrument gelernt haben, was viele Opfer erfordert und das Verständnis für die Musiker schärft, nehmen sie den Taktstock und stellen sich vor ein

Orchester, denn handwerklich ist das Dirigieren nicht schwer. Wenn sie dabei nur ein wenig Talent haben, können sie in unserer rasenden Zeit ganz schnell Karriere machen.

Welche gesellschaftliche Aufgabe hat die Musik in der heutigen Zeit?
Die Musik wird immer wichtiger. Seit vielen Jahren veranstalte ich jährlich ein Konzert in einem Krisengebiet, denn ein Orchester kann ein ideales Abbild der Gesellschaft sein. Verschiedene Völker und Temperamente spielen unterschiedliche Instrumente und doch haben alle ein gemeinsames Ziel. Um dies zu erreichen, sollte sich jedermann frei fühlen, in dem Sinne nämlich, dass die Freiheit des einen nicht die des anderen zerstört. In diesem Sinne lebt ein Orchester vor, was auch in der Gesellschaft erstrebenswert ist. Das ist ein gutes Beispiel für die Völker, wie man zusammen leben kann. Eine Gesellschaft ohne Musik ist sehr gefährlich, weil erst die Musik die Menschen zu Menschen macht. Im Übrigen glaube ich, dass unsere Musik eine Fortsetzung der Musik ist, die im Universum klingt. Ich träume immer davon, dass sich die Planeten nach einer überirdischen Musik bewegen. Und aus diesen himmlischen Harmonien kommt unsere Musik, sie ist ein Teil von uns, niemand erfand sie, wir fanden sie. Und es ist ein Verbrechen, diesen Teil unseres Planeten zu zerstören.

Wären Sie kein Dirigent geworden, welchen Beruf hätten Sie ergriffen?
Bevor ich mich entschloss, Musik zu machen, hatte ich viele Träume: entweder Astronaut, Höchstrichter oder Kardinal. Auf jeden Fall wollte ich etwas Großes werden, aus dem Grund, weil ich genau das Gegenteil davon war, denn eigentlich bin ich ein ganz einfacher Mensch. Als ich mit sieben Jahren meine erste Violine bekam, dachte ich noch nicht daran, Berufsmusiker zu werden. Doch allmählich fand mich die Musik. Meine vier Brüder und ich, wir alle studierten Musik, weil mein Vater befand, dass Musik eine wichtige Rolle in unserer Gesellschaft spielt. Trotzdem bin ich als Einziger Musiker geworden. Zum Glück, denn jeder andere Beruf wäre wohl ein Desaster geworden.

Welcher Dirigent ist Ihr Vorbild und warum?
Wilhelm Furtwängler, Arturo Toscanini und Herbert von Karajan. Furtwängler, weil er den Zuhörern den Eindruck vermittelte, durch seine freie Gestaltung an einem Schöpfungsakt teilzuhaben. Toscanini wegen seiner rhythmischen Präzision und seinem großen Respekt vor den Komponis-

ten, der den Interpreten unter den Komponisten stellte. Karajan wegen seiner Phrasierungen und seinem Streben nach Klangschönheit.

Was war Ihr bewegendstes Musikerlebnis?
Als Zuhörer Bruckners *Achter* unter Herbert von Karajan. Auf einer Aufnahme der erste Akt von Verdis *Otello* unter Toscanini. Als Operndirigent die Premiere der ersten Gesamtaufführung von Rossinis *Wilhelm Tell*. Als Konzertdirigent Haydns *Sieben letzte Worte des Erlösers am Kreuz* mit den Wiener Philharmonikern.

Womit verbringen Sie am liebsten Ihre Freizeit?
Als echter Neapolitaner – mit Nichtstun.

Was hören Sie in Ihrer Freizeit?
Nichts.

Sind Interpretationsschemata dem Zeitgeist unterworfen?
Auf jeden Fall. Heute gehen wir viel vorsichtiger mit den Anweisungen der Komponisten um. Mit der Gefahr, dass wir, anders als die oben genannten Dirigenten, nicht mutig genug sind, unsere eigene Fantasie einzusetzen und damit zu klinisch und zu kalt werden. Möglicherweise erinnern die Interpretationen dann an die Produkte eines Supermarkts, die sich alle ähneln, genauso wie der Klang der Orchester, die einen „idealen Sound" entwickeln, der direkt von der CD zu kommen scheint.

Welche Art von wissenschaftlicher Forschung würden Sie unterstützen?
Jede Wissenschaft, die es den Menschen ermöglicht, besser zu leben.

Würden Sie noch einmal geboren, was würden Sie anders machen?
Nichts.

Welche drei Dinge würden Sie auf eine einsame Insel mitnehmen?
Dantes *Göttliche Komödie*, Mozarts *Così fan tutte* und einen Bildband über die Maler der italienischen Renaissance.

Welches Motto steht über Ihrem Leben?
Jedermann trägt ein kleines Stück Wahrheit in sich. Dieses Wahre gilt es zu behüten, damit man seine Arbeit noch besser machen kann.

DER PHILOSOPH
KENT NAGANO

* 22. November 1951, Morro Bay

Tritt Kent Nagano ans Pult, kann man sich auf Unerhörtes gefasst machen. Ob Poulencs *Dialogues des carmélites,* mit dem er 1994 sein Debüt an der Metropolitan Opera in New York feierte, Busonis *Doctor Faustus,* Messiaens *Saint François d'Assise,* Zemlinskys *König Kandaules* oder Schrekers *Die Gezeichneten* bei den Salzburger Festspielen – der Maestro liebt offensichtlich das Ungewöhnliche. Nur allzu leicht könnte man bei dieser Aufzählung auf den Gedanken verfallen, dass er sich ausschließlich auf Kompositionen des 20. Jahrhunderts spezialisiert hätte. Doch diese Annahme stimmt nur bedingt. Betrachtet man seine beachtliche Diskografie, stößt man sogar auf Werke von Bruckner, Offenbach oder Beethoven. Dennoch liegt sein künstlerischer Schwerpunkt eindeutig auf der Musik des letzten Jahrhunderts.

Und dafür führt er in einem Gespräch mit Dieter David Scholz gute Gründe an: „Denken Sie zum Beispiel an Werke, die noch vor 25 Jahren schwer verständlich waren, wie *Le sacre du printemps* oder Schostakowitschs Symphonien … Mit den Jahren, in der diese Musik aufgeführt wurde, hatten die Menschen Gelegenheit, sich damit vertraut zu machen …, was zur Folge hatte, dass sie heute zum Repertoire gehört." Das er durchaus auszuweiten gedenkt. Als echtem Amerikaner ist ihm schließlich die strikte Trennung zwischen E- und U-Musik unbekannt, sodass es schon einmal passieren kann, dass er das erwartungsvolle Publikum mit Musik der Underground-Ikone Frank Zappa überrascht. Der noch immer erstaunlich jugendlich wirkende Nagano, der über eine Diskografie von über 100 Werken verfügt, ist mit drei „Grammy Awards" sowie zwei „Grand Prix du Disque" und einem „Gramophone Award" ein vielfach ausgezeichneter Dirigent. Darüber hinaus verlieh ihm Musical *American Directory* 2001 den Titel „Dirigent des Jahres", überdies war er schon 1992 von den größten französischen Zeitungen zur „Persönlichkeit des Jahres" gewählt worden.

Dabei war ihm sein späterer Berufsweg keineswegs vorgezeichnet, verbrachte der Enkel japanischer Immigranten doch seine Jugend in der tiefsten kalifornischen Provinz. Naganos Heimatort, ein Küstendorf mit damals 2000 Einwohnern, liegt sowohl von San Francisco als auch von Los Angeles fünf Stunden entfernt – eigentlich im kulturellen Niemandsland. Mit Ausnahme der Aufführungen des örtlichen Highschool-Orchesters oder eines der vereinzelt gastierenden Ensembles bot sich für ihn weit und breit keine Gelegenheit zum Besuch klassischer Konzerte. Doch seine Eltern sorgten dafür, dass dieses Manko ausgeglichen wurde. Sein Vater, ein Architekt und Ingenieur, vermittelte ihm die Fähigkeit zum strukturellen Denken, während er von seiner Mutter, einer Mikrobiologin und Pianistin, den Zugang zur Literatur und Musik bekam, wozu natürlich auch der obligate Klavierunterricht gehörte. Was in Kents Falle reiche Früchte trug, leitete er doch schon als Achtjähriger den örtlichen Kirchen-Kinderchor.

Seine erste reguläre musikalische Ausbildung erhielt er allerdings erst als Teenager, als sein ambitionierter Lehrer im Ort ein Konservatorium gründete und die Heranwachsenden nicht nur im Gebrauch der Instrumente, sondern auch in Komposition und Theorie unterwies. Nach seinem Schulabschluss setzte Kent Nagano seine Studien an der University of California in Santa Cruz fort, wo er in Musik und Soziologie seine Examina ablegte. Dass er sich letztendlich doch für den Musikerberuf entschied, hatte er seinen Professoren zu verdanken, die dem wissbegierigen Studenten die Reize der Kompositionstechnik und der Musikanalyse zu vermitteln wussten. Zur weiteren Vertiefung seiner Kenntnisse besuchte Nagano anschließend die San Francisco State University, wo er neben Klavier, Viola, Gesang und Musikwissenschaften auch das Dirigieren studierte.

Der Gedanke an seinen künftigen Beruf wurde konkreter, als dem Mittzwanziger überraschenderweise die Leitung eines kleinen kalifornischen Orchesters angeboten wurde, in dessen Folge er Assistenzstellen beim Oakland Symphony Orchestra und an der Boston Opera Company antrat. Das musikalische Urerlebnis, das den erwählten Beruf endlich zur Berufung werden ließ, war jedoch die Begegnung mit dem großen Olivier Messiaen in Boston, dessen Werke bis heute einen Fixpunkt in der Programmgestaltung Naganos bilden, die er allesamt auf Tonträger eingespielt hat. Nach seinem erfolgreichen Debüt an der Boston Opera im Jahre 1977 wurde er ein Jahr später zum Musikdirektor beim Berkeley Symphony Orchestra ernannt, wo er das gesamte Werk Messiaens zur Aufführung brachte. Erst nach 29 Jahren, im Jahr 2006, legte er dort sein Amt nieder, um diesem Orchester fortan als Ehrendirigent zur Verfügung zu stehen. Der endgültige Durchbruch für ihn kam jedoch 1984, als Nagano ohne Probe und ohne jemals das Werk zuvor dirigiert zu haben, Mahlers *9. Symphonie* mit dem Boston Symphony Orchestra aufführte.

Nach der regelmäßigen Zusammenarbeit mit dem Ensemble Contemporain, die 1986 ihren Anfang genommen hatte, übernahm er drei Jahre später das Amt des Musikdirektors an der Opéra National de Lyon. An diesem damals noch fast unbekannten Haus wurde ihm mit einem Schlag die Möglichkeit geboten, seine Idealvorstellung von einem Musiktheater zu realisieren. Seine durchaus selbstbewusste Zielsetzung lag darin, nicht einfach eine kleine „Pariser Oper" machen zu wollen, sondern eine große „Lyonnaiser Oper". Das gelang. Innerhalb weniger Jahre wurde das einstmals unbekannte Theater zum Begriff – und mit ihm sein Dirigent. Bis 1998 sollte er dort bleiben, wenn auch nicht mehr ausschließlich, hatte er doch von 1990 bis 1998 das Amt der Ersten Gastdirigenten beim London Symphony Orchestra inne. 1991 übernahm er auch die Position des Musikdirektors des Hallé-Orchestra in Manchester. Nachdem er diesen Klangkörper wieder zu fast vergessenen Höhen entwickelt hatte, suchte er nach neuen Herausforderungen.

Diese fanden sich im ebenfalls traditionsreichen Deutschen Symphonie-Orchester Berlin, dessen künstlerischer Leiter er im Jahr 2000 wurde. Immerhin herrschten in der deutschen Hauptstadt mit Claudio Abbado, Christian Thielemann und Daniel Barenboim drei Platzhirsche von beachtlichem Format. Doch das konnte Nagano nicht schrecken, ist er doch der Meinung, dass ein ausübender Künstler unbedingt der Konkurrenz bedarf, um sich weiterzuentwickeln. Allzu leicht wird man ansonsten Opfer der Routine, die schließlich der größte Feind der Kreativität ist.

Da Nagano Oper und Symphonik gleichermaßen liebt, wurde er 2001 in der Los Angeles Opera Principal Conductor und zwei Jahre später deren erster Music Director. Bis 2006 wenigstens, denn in diesem Jahr wurde er Chefdirigent des Orchestre symphonique de Montréal und gleichzeitig – als Nachfolger Zubin Mehtas – Bayerischer Generalmusikdirektor an der Staatsoper München. Die ersten zwei Jahre übernahm Nagano interimistisch auch die Gesamtleitung dieses bedeutenden Hauses. Kaum im Amt, gründete der rührige Dirigent auch gleich ein neues Festival, das *Oktobermusikfest*, wo er vor allem die Werke der Komponisten aufführte, die in München gewirkt hatten. Auch die traditionellen Opernfestspiele schlossen bereits im ersten Jahr seiner Ägide mit einem Rekordergebnis, trotz zweier Uraufführungen. Bis 2013 sollte er an der Isar bleiben, um 2015 als Generalmusikdirektor an die Hamburger Staatsoper zu wechseln, wo er, ungewöhnlich genug, sich in den fünfeinhalb Monaten seiner Anwesenheit zu vier Premieren, 35 Opernvorstellungen und 13 Konzerten verpflichtete, neben seinem Engagement in Montréal, wo er sich bis 2020 gebunden hat.

Naganos Meinung zufolge birgt jede neue Position neue Herausforderungen, ist er doch ein Verfechter der These, dass jeder Klangkörper seine „Persönlichkeit" hat. „Wenn ein Orchester genauso klingt wie ein anderes, dann ist irgendetwas total schiefgelaufen … Unsere Aufgabe ist, einem Orchester dabei zu helfen, … zu klingen, wie es wirklich klingt. Ein Dirigent muss … einem Orchester dabei helfen, sich selbst auszudrücken … Der Dirigent muss dem Orchester genügend Raum geben, damit sich die Musiker persönlich einbringen können", wie er in seinem Gespräch mit Dieter David Scholz betonte.

Als äußeres Zeichen seines Respekts vor jedem einzelnen Mitglied hat er bei all seinen Klangkörpern ein Ritual entwickelt, bevor er zum ersten Mal als deren Chefdirigent auftritt: Zuerst studiert er dessen Geschichte, dann lernt er dessen Sprache und schließlich memoriert er die Namen sämtlicher Musiker.

Darüber hinaus hat er ein Buch geschrieben, in dem er die Befürchtung hegt, dass die klassische Musik aus unserem Umfeld verschwinden wird, und betont, wie wichtig sie für die Erziehung unserer Kinder ist.

Trotz all seiner Erfolge ist Kent Nagano ein Idealist geblieben: „Sie müssen … jeden Tag einen neuen Traum haben, der noch größer und breiter ist als der davor. Denn wenn Sie einmal Ihre Träume erreicht haben, bedeutet das, dass Sie starr und tot sind, dass Sie aufhören, sich zu entwickeln."

Fragen an Kent Nagano

Wenn Sie die Möglichkeit hätten, mit irgendeinem Komponisten, ob tot oder lebendig, einen Abend zu verbringen, mit wem wollten Sie sich treffen und was würden Sie ihn fragen?
Ich würde sehr gerne mit Johannes Ockeghem einen Abend verbringen. Er lebte im 15. Jahrhundert, ist einerseits den Grundlagen der mittelalterlichen Mehrstimmigkeit verhaftet und hat andererseits etwas zum Beispiel in der Art seiner Melodieführungen, was das streng Regulative, durch das sich vor allem die Kirchenmusik damals auszeichnete, weit hinter sich lässt. In Ockeghem kündigt sich ein freier Geist an; der Künstler als Individuum, das sich selbst in seiner Rolle und Stellung in der Zeit zu reflektieren beginnt und die Welt aus neuer Perspektive sieht. Auch mit Johann Sebastian Bach würde ich gerne mindestens einen Abend verbringen. Seine Musik stellt für mich eine kosmische Größe dar, die in ihrer unerschöpflichen Fülle an die Fragen nach unserer Welt, unserem Leben heranführt. Solche Erfahrungen in der Auseinandersetzung mit seiner Musik sind für mich zutiefst bewegend.

In welcher Zeit hätten Sie als Komponist am liebsten gelebt?
In vielen Zeiten würde ich gerne leben und als Komponist arbeiten, vor allem in solchen, wo vieles oder gar alles, was vormals war, seine Gültigkeit verlor, ungenügend wurde und Neues gefordert war. Das genau scheint auch für heute zuzutreffen.

Auf der Bühne entfernt man sich immer mehr vom Urtext, während man sich im Orchestergraben diesem immer mehr nähert. Wie beurteilen Sie diese Entwicklung?
Ich denke, da muss man sehr scharf differenzieren. Ich habe Probleme mit Inszenierungen, die aus einer modischen Laune oder aus subjektiver Überheblichkeit und Anmaßung heraus einem Werk der Vergangenheit eine vermeintliche Aktualität verpassen wollen, aber dabei rücksichtslos über viele inhaltliche Aspekte einfach hinweggehen.
Andererseits sprechen Sie von einer Annäherung an den musikalischen Urtext. Was ist dieser Urtext? Worin ist er für uns heute überhaupt „wirklich" greifbar? Zu einem Text von vor 300 oder 200 oder 100 Jahren gehört auch ein Bewusstsein von vor ebenso vielen Jahren. Sind wir diesbezüglich nicht inzwischen ganz woanders? Das Lesen von Texten, die über

die Zeiten hinweg interessieren und beschäftigen, hat seine Geschichte. Und das ist tatsächlich ernst zu nehmen. Man kann vor diesem Hintergrund auch fragen, ob nicht in der Praxis des sogenannten authentischen Musizierens vieles, was zu einem Kunstwerk dazugehört, nämlich seine geschichtliche Wirkung und Rezeption, beiseitegeschoben wird. Das ist ja durchaus von erheblicher Bedeutung, allein, was die dadurch gewonnene Farbigkeit unseres Musiklebens betrifft und die vielen Wiederentdeckungen „Alter" Musik. Aber man sollte vorsichtig sein, daraus ein Programm zu machen, das alleinige Gültigkeit beansprucht. Daraus kann sehr schnell eine Ideologie hervorgehen.

Seit dem 20. Jahrhundert besteht das Konzertprogramm zu 90 Prozent aus Musik schon längst verstorbener Komponisten. Worin liegt Ihrer Meinung nach die Begründung dafür?
Spätestens mit der Musik der sogenannten „Klassik" verbinden wir die Vorstellung, dass „große" Musik etwas Zeiten Überdauerndes hat, das heißt, sie behält auch vor dem Hintergrund veränderter gesellschaftlicher und lebenspraktischer Verhältnisse und Bedingungen ihren grundsätzlichen Wert für die Menschen und eben damit auch ihre Aktualität, die freilich immer wieder, und dies eben in Aufführungen, unter Beweis gestellt werden muss. Es hat sich ein kanonartiges Repertoire herausgebildet, gestützt durch fundamentale institutionelle Einrichtungen wie Oper, Konzert, Symphonieorchester und vieles andere mehr, aber auch durch ein daran gebundenes Starwesen.
Gleichzeitig aber ist die Entwicklung der Musik seit dem 18. Jahrhundert sehr stark von der Idee des Fortschritts durchdrungen. Mit Beginn des 20. Jahrhunderts findet da ein Sprung statt. Die Neue Musik seit Arnold Schönberg und dann nach dem Zweiten Weltkrieg seit Stockhausen, Boulez, Cage und vielen anderen ist nicht mehr so ohne Weiteres in die Vorstellung und in die Praxis des bürgerlichen Musiklebens integrierbar. Es gibt natürlich Schnittstellenbereiche und die Möglichkeiten zu Berührungen ändern sich auch immer wieder, denken wir an jüngere Komponisten, zum Beispiel an Wolfgang Rihm oder George Benjamin, Thomas Adès und viele Komponisten von heute. Viele schreiben heute so, dass sie damit ihren Ort im traditionellen Konzertleben finden. Konzerte aber bestehen nicht nur aus Werken, sondern bilden hoffentlich spezifische Werkzusammenstellungen. Ich denke, da bewegt sich derzeit einiges. Vor allem im Zusammenhang mit Festivals können wir inzwischen erhebliche Auflösungen vormaliger Konzertprogrammstandards feststellen. Und das ist gut so.

Es gibt immer mehr sehr gute Orchester und immer weniger herausragende Dirigenten. Woran liegt das?

Ja, es gibt heute vielleicht mehr als früher gute und sogar sehr gute Orchester, obgleich man hier auch untersuchen müsste, was diese Qualität begründet und ob es nicht auch Defizite gegenüber früher gibt, zum Beispiel was die besonderen Stilelemente und -formate angeht. Was Dirigenten betrifft, so denke ich, dass es sehr viele durchaus gute und sogar sehr gute Dirigenten gibt. Was allerdings nachdenklich macht: Wo sind die „großen" Dirigenten- und Künstlerpersönlichkeiten, solche, die das musikalische Kunstwerk in einer Eindringlichkeit „sprechen" lassen, dass wir als Hörer und als Anteilnehmende davon existenziell berührt und getroffen werden?

Welche gesellschaftliche Aufgabe hat die Musik in der heutigen Zeit?

Musik ist eine Kunst, die dem Menschen als Individuum und in seiner Sozialität eine besondere Form des Erlebens schenkt. Jeder Mensch stellt eigene Ansprüche an ein solches Erleben und deshalb auch an die Musik. Entscheidend ist und wird sein, ob es uns Musikern gelingt, Musik so zum Ereignis zu machen, dass wir den Menschen damit etwas geben, was ihnen für ihr Leben, für ihre Empfindungen und auch ihre Probleme etwas Unverzichtbares und deshalb auch besonders Wertvolles (in ihrem eigenen Interesse) vermittelt.

Wären Sie kein Dirigent geworden, welchen Beruf hätten Sie ergriffen?

Vielleicht Architekt, vielleicht Jurist.

Welcher Dirigent ist Ihr Vorbild und warum?

Leonard Bernstein, Günter Wand, Pierre Boulez. Für sie charakteristisch ist eine intensive, ja obsessive Auseinandersetzung mit den Partituren. Das ist für mich „Maß gebend".

Was war Ihr bewegendstes Musikerlebnis?

Es klingt vielleicht etwas merkwürdig, wenn ich sage, dass mir dieses bewegendste Musikerlebnis meine Tochter Karin bereitet hat, als sie im Alter von sieben Monaten plötzlich ein Chanson nachgesungen hat. Die singende Stimme des Babys, das wirkte wie ein Schock angesichts dessen, was sich da Bahn brach und offenbar wurde. Das war einfach großartig.

Womit verbringen Sie am liebsten Ihre Freizeit?
Ich verbringe meine Freizeit am liebsten mit der Familie.

Was hören Sie in Ihrer Freizeit?
Ich höre da keine Musik. Ich brauche da Ruhe, Natur, das Meer …

Sind Interpretationsschemata dem Zeitgeist unterworfen?
Was sind Interpretationsschemata? Und was ist Zeitgeist? Für mich bedeutet Interpretation eine sehr konzentrierte und gleichzeitig umfängliche Auseinandersetzung mit der Werkpartitur. Dieses „umfänglich" bezieht sich auf Entstehungszusammenhänge, aber eben auch auf die Geschichte, auf die Wirkungsgeschichte der Kompositionen. Natürlich lebe ich heute und folglich auch interessieren und beschäftigen mich die vielen Probleme in dieser Welt. Ich bin sicher, dass sich diese inneren Erfahrungen mit unserer Zeit und unseren Verhältnissen hineindrängen in die Werkauseinandersetzung, und natürlich in so grundlegende Überlegungen, was programmatisch primär wichtig ist. Aber ich bin auch ganz sicher, dass für mich eine plakative Form der Besetzung mit Aktualität kein Thema ist, welches meine Interpretationen bestimmen würde.

Welche Art von wissenschaftlicher Forschung würden Sie unterstützen?
Ich würde sehr gerne sozial engagierte Forschungsprojekte unterstützen.

Würden Sie noch einmal geboren, was würden Sie anders machen?
Ich würde mich intensiver mit Architektur beschäftigen, denn diese hat viel mit Musik zu tun. Das zweite Thema, das mich beschäftigt, ist Sozialpsychologie. Ich möchte mehr noch vom Menschen und von den Menschen in ihrem Zusammenleben wissen.

Welche drei Dinge würden Sie auf eine einsame Insel mitnehmen?
Ich brauche nicht drei Dinge. Ich würde meine Familie mitnehmen und ein Boot, um wieder zurückzukönnen.

Welches Motto steht über Ihrem Leben?
In Ableitung von Johann Sebastian Bach: „Zur Unterhaltung und zur Erkenntnis."
Und ein zweites Motto: „Gut genug ist nicht gut genug!"

DAS MONUMENT

MSTISLAV ROSTROPOVITCH

* 27. März 1927, Baku
† 27. April 2007, Moskau

Über ein halbes Jahrhundert hatte Mstislav Rostropovitch in der klassischen Musikwelt eine überragende Rolle inne.

Er war, wie es der große Geiger Maxim Vengerov ausdrückte, „lebende Musikgeschichte". Denn er war nicht nur der größte Cellist aller Zeiten, der das Spiel auf seinem Instrument ähnlich revolutioniert hat wie einst Liszt auf dem Klavier oder Paganini auf der Violine, und ein bedeutender Dirigent; er war auch ein ungemein wichtiger Zeitzeuge für die Entwicklung der klassischen Musik in der zweiten Hälfte des 20. Jahrhunderts – und damit deren authentischer Interpret.

Schließlich gab es wahrscheinlich keinen anderen Künstler unserer Zeit, der so viele bedeutende Komponisten zu neuen Werken inspirierte: Angefangen von Sergei Prokofjew, der dem blutjungen Virtuosen eine Sonate, ein Symphonisches Konzert und ein Concertino gewidmet hat, bis hin zu Krzystof Penderecki, dessen *Largo* für Violoncello und Orchester er als seine letzte Uraufführung im Jahre 2005 in Wien zu Gehör brachte. Die Liste der Komponisten, die sich durch ihn inspirieren ließen, liest sich wie der „Gotha der Tonschöpfer" des zweiten Teils des 20. Jahrhunderts: Nikolai Mjaskowski, Aram Chatschaturjan, Dmitri Kabalewski, Dimitri Schostakowitsch, Witold Lutosławski, Benjamin Britten, Henri Dutilleux, Leonard Bernstein, Pierre Boulez, Alfred Schnittke und Sofia Gubaidulina. Insgesamt führte er als Cellist 100 Werke und als Dirigent 65 Werke erstmals auf.

Dabei waren es gerade die Komponisten, die ihn daran gehindert haben, selbst einer der Ihren zu werden, gleichwohl er ihnen bei ihren Werken für sein Instrument manchmal zur Hand gegangen ist (eine sehr virtuose Passage für das Solocello in Prokofjews *Symphonia Concertante* etwa stammte aus seiner Feder). Zu groß war der Respekt vor seinen Freunden Prokofjew und Schostakowitsch. Obwohl Letzterer, bei ihm studierte er in Moskau Instrumentation, eigentlich darauf bestanden hatte, dass „Slava", wie ihn seine vielen Freunde zärtlich nannten, Komponist werden müsse, zumal er als Einziger seiner Kompositionsklasse das Tschaikowsky-Stipendium errungen hatte. Schließlich hatte er schon als Vierjähriger seine ersten Kompositionen verfertigt.

Seine Kindheit war von Beginn an von Musik erfüllt, zumal ihn seine Eltern, seine Mutter war Pianistin und sein Vater Cellist, beide schon sehr frühzeitig unterrichteten. Da die Familie viel zu arm war, um sich einen Urlaub leisten zu können, dirigierte sein Vater, der bei Pablo Casals studiert hatte, jeden Sommer in einem sowjetischen Erholungsort ein kleines Kurorchester. Zu den Proben nahm er stets seinen höchst interessierten Sohn mit und postierte ihn inmitten der Musikerschar, was den Knaben dermaßen beeindruckte, dass in ihm das Verlangen erwuchs, selbst einmal Dirigent zu werden. Bis zu seinem 13. Lebensjahr wurde er von beiden Elternteilen am Klavier und Cello gleichermaßen unterrichtet, bis er den Wünschen seines Vaters nachkam und sich ganz auf sein Cellospiel konzentrierte, nachdem er bei seinem ersten öffentlichen Auftritt unter der Leitung seines Vaters das Konzert von Camille Saint-Saëns gespielt hatte. Noch als Schüler besuchte er von 1939 bis 1941 das Moskauer Konservatorium. Als sein Vater 1942 einem Herzinfarkt erlegen war, wurde Rostropovitch zusammen mit Mutter und Schwester nach Orenburg in Sibirien umgesiedelt. 1943 kehrte er zusammen mit seiner Familie nach Moskau zurück, wo er neben dem Cello, Klavier, Komposition und Instrumentation bei seinem späteren Freund Dimitri Schostakowitsch studierte. Seinen ersten großen Erfolg feierte er 1945, als er den All-Unionswettbewerb der Musikinterpreten in Moskau gewann. Trotz seiner nun absehbaren Karriere als Instrumentalist ließ ihn der Traum vom Dirigieren nicht los. Regelmäßig nahm er Privatunterricht bei dem berühmten Leo Ginzburg, dem damaligen Mentor einer ganzen Dirigentengeneration. Neben seiner nun einsetzenden regen Konzerttätigkeit wurde der außerordentliche Musiker 1953 zuerst Dozent und später Professor für Cello und Kontrabass am Moskauer Konservatorium. Im Jahre 1966 wurde der nun schon weltberühmte Cellist zum „Volkskünstler der UdSSR" ernannt, was seine internationale Reisetätigkeit erheblich erleichterte.

Doch nicht nur auf seinem Instrument machte er Karriere. Nachdem Rostropovitch 1961 sein Dirigierdebüt in Nischni Nowgorod gefeiert hatte, leitete er in Folge, von seinem Freund Dimitri Schostakowitsch gefördert, diverse Konzerte, bis er 1968 am Moskauer Bolschoi-Theater mit einer aufsehenerregenden musikalischen Neueinstudierung von Tschaikowskys *Eugen Onegin* debütierte, die sich weitgehend von der bis dahin gepflogenen „traditionellen" Aufführungspraxis unterschied, weil sie sich viel näher am originalen Text Tschaikowskys orientierte. Ursprünglich hatte Rostropovitch ungebührliche zehn Proben für diese Repertoireoper verlangt, zugestanden wurden ihm von der Direktion jedoch nur acht. Im Endeffekt wurden daraus dann 22 und zwar aus dem bemerkenswerten Grund, weil die Musiker so sehr von seiner ungewöhnlichen Sichtweise begeistert waren, dass sie von sich aus mehr Proben verlangten.

Seine Karriere zeigte unaufhaltsam nach oben, bis Rostropovitch im Oktober 1970 seiner Empörung über die Behandlung des Schriftstellers Alexander Solschenizyn in einem offenen Brief Luft gemacht hatte. Diesen hatte er ein Jahr zuvor kennengelernt und war von dessen ärmlicher Unterbringung so schockiert gewesen, dass er ihm seine eigene Datscha zur Verfügung gestellt hatte. Zwar wurde das Schreiben in seiner Heimat unterdrückt, jedoch nicht in der internationalen Presse, wo es so hohe Wellen schlug, dass der große Künstler in seiner Heimat sogleich zur „Unperson" ernannt wurde. Forthin wurden ihm Auslandsreisen sowie öffentliche Auftritte in den musikalischen Zentren der Sowjetunion untersagt. Zudem, und das war für ihn „das Schlimmste", verlor er fast all seine Freunde. Erst durch die Intervention des US-Senators Edward Kennedy, der vor seinem Staatsbesuch von Leonard Bernstein über die verzweifelte Lage Rostropovitchs unterrichtet worden war, wurde ihm 1974 von höchster Stelle ein „zweijähriger Auslandsaufenthalt" zugestanden, der noch einmal bis 1978 verlängert wurde.

Doch diese Großzügigkeit war reine Fassade: Aus dem Fernsehen musste der große Künstler 1978 erfahren, dass er seiner sowjetischen Staatsbürgerschaft und all seiner Ehrungen verlustig gegangen war. Notgedrungen beschlossen er und seine Frau, die Sopranistin Galina Wischnewskaja, die er bei Liederabenden gelegentlich am Klavier begleitete, im Westen zu bleiben und die Schweizer Staatsbürgerschaft anzunehmen. Zu diesem Zeitpunkt war er bereits der Leiter des Aldeburgh-Festival und musikalischer Direktor des National Symphony Orchestra in Washington, der er bis 1994 blieb. Ungestört von politischen Sanktionen entwickelte sich nunmehr seine weitere Karriere. Dennoch beobachtete er aufmerksam die weiteren Entwicklungen in seinem Heimatland – und kommentierte sie auf seine Weise. 1980 etwa gab er in Paris ein Gastspiel für den Dissidenten Andrej Sacharow, drei Jahre später spielte er zugunsten von Künstlern und Bürgerrechtlern in Osteuropa.

Bis er seine geliebte Heimat wieder besuchen konnte, musste er allerdings bis 1989 warten. Spontan und ohne Visum flog er nach Moskau, um seinen Landsleuten in jenen Tagen der tiefgreifenden Veränderungen beizustehen, wo er begeistert gefeiert wurde. 1990 wurde Rostropovitch durch den damaligen Präsidenten Michail Gorbatschow zur Gänze rehabilitiert. Dieser bot ihm sogar an, einen russischen Pass zu beantragen, was der Musiker jedoch dankend ablehnte. Berühmt ist auch das Bild von ihm, wie er einen Tag nach dem Fall der Mauer nach Berlin gereist war und am 11. November 1989 am „Checkpoint Charlie" für die wiedervereinigten Berliner Bach spielte.

Bis zu seinem Tod war Rostropovitch als Cellist und Orchesterleiter gleichermaßen erfolgreich. Regelmäßig dirigierte er die größten Orchester der Welt und leitete Aufführungen an den bedeutendsten Opernhäusern, wobei er nicht nur die Musik seiner Heimat, sondern vor allem die Werke der Komponisten aufführte, mit denen er freundschaftlich verbunden war. Neben all seinen anderen Projekten erfüllte er sich noch im Jahre 2006 einen Herzenswunsch, als er am Bolschoi-Theater Prokofjews Mammutoper *Krieg und Frieden* neu einstudierte. Mit ihm starb nicht nur der größte Cellist aller Zeiten, sondern ein lebender Beweis dafür, dass man, wenn man nur über genügend Zivilcourage verfügt, auch mit der Kunst in der Politik vieles erreichen kann.

Am 29. April 2007 wurde er unweit des wenige Tage zuvor verstorbenen Ex-Präsidenten Boris Jelzin beerdigt. Mit ihm hatte er 1991 das Weiße Haus in Moskau gegen einen Putsch der Altkommunisten verteidigt, drei Tage, die er später als „die schönsten seines Lebens" bezeichnete.

Fragen an Mstislav Rostropovitch

Wenn Sie die Möglichkeit hätten, mit irgendeinem Komponisten, ob tot oder lebendig, einen Abend zu verbringen, mit wem wollten Sie sich treffen und was würden Sie ihn fragen?

Mit vielen, mit Chopin, Schubert, Schumann … Mein größter Wunsch jedoch wäre Bach. Ich würde ihn fragen, ob es ihm recht wäre, dass viele heutige Musiker seine Werke auf Originalinstrumenten spielen. Schließlich ist es ein Kennzeichen des musikalischen Genies, dass er eine Musik für die Zukunft schreibt, die die Menschen erst viel später verstehen. Bach war einfach dazu gezwungen, für diese Instrumente zu schreiben, weil es keine anderen gab. Man kann heutzutage seine Werke für Violoncello nicht auf der Viola da gamba spielen, weil die musikalischen Ideen so kompliziert und so vielschichtig sind, dass man sie, wenn überhaupt, nur auf dem Cello oder vielleicht sogar noch besser auf einem Instrument der Zukunft spielen kann, das noch gar nicht entwickelt ist. Ebenso abwegig ist es, eine Beethoven-Sonate auf dem Hammerklavier zu spielen, da Beethoven für Tausende Zuhörer komponiert hat und das Hammerklavier nur im kleinen Kreis hörbar ist. Es gab eben damals keine andere Möglichkeit für ihn.

Es ist für mich sehr schwer zu sagen, mit wem ich mich konkret treffen wollte. Wenn ich mich mit allen Komponisten treffen wollte, die ich vergöttere, dann wäre es ein ganzes Parlament, mit dem ich Diskussionen führen müsste. Von den zeitgenössischen Komponisten sind für mich die wichtigsten Prokofjew, Schostakowitsch, Britten, Schnittke und Penderecki, mit denen ich auch persönlich befreundet war. Deshalb war meine letzte Uraufführung auch ein Werk von Penderecki.

Prinzipiell spiele ich nur Werke von Komponisten, die ich liebe. Mein Repertoire, zu dem auch Werke unbekannter Meister gehören, ist mein Kapital, etwa von Boris Tschaikowsky, mit dem zusammen ich bei Schostakowitsch von 1943 bis 1945 studiert habe. Nach einer Aufführung eines seiner Cellokonzerte, das ich gespielt habe, nahm Schostakowitsch die Partitur mit nach Hause, um die „übermenschliche Schönheit" dieses Konzertes genau studieren zu können. Und dieser Komponist, der zu diesem Parlament gehört und nicht mehr lebt, ist völlig vergessen. Auch er ist so genial, dass er vielleicht erst viel, viel später entdeckt wird. Die Antwort ist deshalb so ausführlich, weil es so viele Komponisten gibt, die ich liebe, und die mir das musikalische Leben geschenkt haben.

In welcher Zeit hätten Sie als Komponist am liebsten gelebt?
Ob als Komponist oder nicht, ich bin in meiner Zeit sehr glücklich. Alles andere ist unvorstellbar, schließlich muss man dankbar sein, dass man auf die Welt gekommen ist.

Auf der Bühne entfernt man sich immer mehr vom Urtext, während man sich im Orchestergraben diesem immer mehr nähert. Wie beurteilen Sie diese Entwicklung?
Ich habe durch meine Freundschaft mit vielen Komponisten ein ganz besonderes Verhältnis zum Urtext. Es ist einfach unglaublich, wie weit sich mancher Regisseur von diesem entfernt. Wenn ein Komponist eine Oper schreibt, sucht er sich ein Sujet, weil er von diesem innerlich bewegt ist. Dieses versucht er dann in bestimmte musikalische Bilder umzusetzen. Man kann nicht einfach das ursprüngliche Bild, das hinter diesem Werk steht, verzerren. Es ist unerträglich, dass sich die Regisseure von heute so sehr in den Vordergrund spielen und auf die grundsätzlichen Ideen spucken. Das ist ein Haufen Scheiße!
Ich nenne Ihnen ein Beispiel: Die Handlung der *Aida*, die kürzlich in Moskau aufgeführt wurde, spielt in Tschetschenien. Verdi hatte doch ganz andere Bilder vor Augen! Das ist ganz einfach eine Unverschämtheit gegenüber diesem großen Komponisten! Deshalb empöre ich mich zusammen mit meinen Musikern darüber, welchen Unfug die Regisseure bei den Opern anrichten. Die Regisseure betrachten sich heutzutage als Autoren, obwohl sie nicht mehr sind als ganz normale Interpreten.

Seit dem 20. Jahrhundert besteht das Konzertprogramm zu 90 Prozent aus Musik schon längst verstorbener Komponisten. Worin liegt Ihrer Meinung nach die Begründung dafür?
Dass heutzutage vor allem ältere Musik gespielt wird, liegt daran, dass die Zeit dafür erst jetzt reif geworden ist. Die wichtigsten Komponisten der heutigen Zeit versteht man einfach noch nicht. Die Zeit wird kommen, in der Schostakowitsch genauso beliebt sein wird, wie es heute Tschaikowsky ist.

Es gibt immer mehr sehr gute Orchester und immer weniger herausragende Dirigenten. Woran liegt das?
Heute ist die Ausbildung der Musiker einfach viel besser geworden. Das sehe ich in der Stiftung, die ich zur Förderung von begabten Studenten gegründet habe, die Stipendien an die besten jungen Musiker vergibt. Vor

Kurzem hörte ich einen Siebenjährigen, dessen Beine beim Sitzen noch nicht einmal den Boden berühren, der bereits den gesamten Chopin spielt und Werke von einer solchen Qualität komponiert, dass ich sie selbst gerne spielen würde. Solche Talente werden heute so gut ausgebildet, dass es immer mehr davon geben wird. Sachen, die ich mit 13 gespielt habe, spielen heute Siebenjährige! Und manche dieser Musiker – schließlich kann nicht jeder ein Solist werden – kommen heutzutage ins Orchester oder gründen zusammen mit Gleichgesinnten gar selbst eines. Vor fünf Jahren (2001) gab es in Moskau 17 Orchester, heute gibt es 35. Wo findet man so viele erstklassige Dirigenten? Natürlich gibt es hervorragende Dirigenten aus der älteren Generation, wie etwa Mariss Jansons, aber das sind Persönlichkeiten, die über allem stehen. Für so viele hervorragende Musiker kann man keine gleichwertigen Dirigenten finden.

Welche gesellschaftliche Aufgabe hat die Musik in der heutigen Zeit?
Besonders heute hat die Musik eine gesellschaftliche Bedeutung wie niemals zuvor. Wenn ich auf der Bühne spiele, bin ich ein Überbringer eines Briefes aus der Vergangenheit, den der Komponist geschrieben hat. Allerdings in der universalen Sprache der Musik. Egal, wo ich spiele, ob in Afrika vor einem Stamm oder vor hochgebildeten Leuten in Europa – die Emotionen, die ich ausdrücke, sind überall dieselben. In der heutigen Zeit, in der die Welt so zersplittert ist, ist die Musik das Medium, das alle vereinen kann.

Wären Sie kein Dirigent geworden, welchen Beruf hätten Sie ergriffen?
Diese Frage will ich nicht beantworten, denn es gibt keinen anderen Beruf für mich.

Welcher Dirigent ist Ihr Vorbild und warum?
Für jede Stilrichtung jemand anderen. Als Operndirigenten Samasut, in der symphonischen Musik Swetlanow, Temirkanow, Jansons, von den Franzosen Munch, von den Deutschen Furtwängler, Karajan und von den Italienern Giulini.

Was war Ihr bewegendstes Musikerlebnis?
Eigentlich mein ganzes Leben.

Womit verbringen Sie am liebsten Ihre Freizeit?
Eigentlich habe ich keine Freizeit. Wenn ich nicht spiele oder dirigiere, treffe ich mich am liebsten mit meinen Freunden. Aber hauptsächlich be-

schäftige ich mich mit meinen vier Stiftungen: in Washington für kranke Kinder in Russland, mit deren Hilfe zwei Millionen Kinder gegen Hepatitis geimpft werden konnten. In Moskau für besonders begabte Musiker aus ganz Russland, die 40 Stipendien vergibt. In Vilnius für besonders intelligente Kinder aus allen wissenschaftlichen Bereichen und für ein Transplantationszentrum. Weiters eine Stiftung, die gute Instrumente ankauft und sie begabten Musikern zur Verfügung stellt und auch Stipendien verteilt.

Was hören Sie in Ihrer Freizeit?
Wenn ich Musik höre, dann ist es keine freie Zeit.

Sind Interpretationsschemata dem Zeitgeist unterworfen?
Wenn ich etwas spiele, interpretiere ich etwas. Und da ich damit Erfolg habe, entsprechen meine Interpretationen offensichtlich dem Zeitgeist. Meine Hauptaufgabe besteht darin, dass meine Interpretation dem Geist des Komponisten entsprechen muss. Und das ist das einzig Wichtige für mich. In meiner Jugend habe ich einmal ein Werk eines lebenden Komponisten gespielt. Und da hat er mich gebeten, an einer Stelle etwas langsamer und an einer anderen Stelle etwas schneller zu spielen. Danach habe ich die ganze Nacht nicht geschlafen, weil es mich beunruhigt hat, dass ich offenbar nicht erkennen konnte, was er in seiner Komposition gemeint hat. Meine Aufgabe besteht schließlich darin, zu erkennen, was der Komponist im Endeffekt ausdrücken wollte.
Von den sogenannten Traditionen in der Aufführungspraxis halte ich überhaupt nichts. Für mich gibt es nur den Text der Komposition. Meine Aufgabe besteht darin, zu erkennen, was der Komponist gemeint hat. Einer meiner schönsten Momente war die Bitte Schostakowitschs an mich, ihm meine Noten seines Konzerts zu geben, weil er meine persönlichen Akzente in seine Partitur übertragen wollte. Ich bin der Diener des Komponisten.

Welche Art von wissenschaftlicher Forschung würden Sie unterstützen?
Jede Forschung, die von Nutzen ist.

Würden Sie noch einmal geboren, was würden Sie anders machen?
Eigentlich bin ich mit meinem Leben sehr zufrieden, obwohl es darin auch Phasen gab, in denen ich kurz vor dem Selbstmord stand. Etwa, als ich aus der Sowjetunion verbannt wurde, ohne Geld und Zukunftsaus-

sichten. Nach vier Monaten im Westen wurde ich nach Rom zu einem Konzert eingeladen, wo ich bei Freunden wohnen konnte, was eine große Hilfe bedeutete, da ich kein Geld hatte. Eines Tages kam ein Bote zu mir und übergab mir einen Briefumschlag, der eine Einladung zum Papst Paul VI. enthielt. Wie sich zeigte, war der Papst genauestens über mein Leben und das meiner Frau Galina unterrichtet. Galina hat er ein Kreuz geschenkt und zu mir hat er gesagt: „Sie, mein Lieber, haben nur ein Problem. Sie dürfen nicht vergessen, dass es zwischen Himmel und Erde eine Treppe gibt. Sie stehen derzeit irgendwo in der Mitte. Sie dürfen nicht nach unten gehen, nur weiter nach oben." Dieser Satz war ein Wegweiser für mein Leben. Jedes Mal, wenn ich einen Fehler begehe und dadurch eine oder zwei Stufen nach unten gerate, versuche ich gleich darauf, wieder fünf oder sechs Stufen nach oben zu kommen.

Natürlich gab es in meinem Leben sehr schwierige Zeiten. Mit 14 Jahren habe ich meinen Vater verloren. Da wurde meine Familie nach Sibirien evakuiert. Obwohl ich dort an einer Musikschule unterrichten und in einem Orchester spielen konnte, hatte ich nicht genug Geld. Das waren ganz schreckliche Umstände. In einem Winter herrschten so tiefe Temperaturen, dass eines Tages die Rohre unserer Zentralheizung platzten. Daraufhin war es in unserer Wohnung so kalt, dass meine Mutter, meine Schwester und ich uns mit allen Decken, die wir hatten, im Bett einwickelten und nur mehr den Gedanken an den Tod hatten. In dieser hoffnungslosen Situation klopfte es an die Tür. Es war ein einfacher Mann mit einer Pelzmütze, der uns Holz brachte. Das nützte uns nicht viel, denn wir hatten doch Zentralheizung. Da organisierte uns dieser unbekannte Mann einen kleinen Kanonenofen, baute ihn auf und rettete uns dadurch das Leben. Dieser alte Mann, für den wir ja nur einfache Menschen waren, hat mein gesamtes Leben verändert. Manchmal, wenn ich etwas Gutes tue, sage ich zu dem alten Mann, der natürlich schon längst tot ist: „Na, du Alter, siehst du? Es geht weiter."

Später, als ich dann nach Moskau kam, um zu studieren, musste ich, als einziger Mann in der Familie, Geld verdienen, weil die Stipendien dazu nicht ausreichten. Da habe ich kleine chemische Glaskolben gesammelt, sie abgeschnitten, Petroleumlampen daraus gebastelt und sie auf dem Markt verkauft. Das Geld reichte trotzdem nicht. Meine Kommilitonen haben mir daraufhin vorgeschlagen, ich solle doch in einem Restaurant spielen. Das wollte ich aber nicht, denn ich wollte die Musik nicht verkaufen. Da habe ich lieber für den Architektenverband Rahmen gesägt und zusammengebaut, um meine Familie zu ernähren. Meine Schätze sind die Freunde, von denen ich sehr viel habe, nicht nur aus der musikalischen Welt. Auch Chagall, Picasso und Dalí, der ein Porträt von mir gemacht hat, sind meine Freunde gewesen. Deshalb will ich in meinem Leben nichts ändern. Ich bin Gott dafür dankbar und ich will so sterben, wie ich gelebt habe.

Welche drei Dinge würden Sie auf eine einsame Insel mitnehmen?
Meinen Rasierer, Seife und Handtuch. Das kann man ja wohl als hygienische Mittel zusammenfassen. Dann das Cello, das ich beim Sterben umarmen werde. Und dann natürlich noch meine Familie. Ohne Noten geht es ja noch, davon habe ich genug im Kopf. Was aber mache ich ohne Stuhl?

Welches Motto steht über Ihrem Leben?
Ich lebe, wie Gott mir das vorgibt.

Anmerkung des Autors: *Mein ganz besonderer Dank gebührt an dieser Stelle Frau Marina Koreneva, die dieses sehr persönliche und deshalb fast ungekürzt wiedergegebene Interview mit Mstislav Rostropovitch auf Russisch geführt und es für mich übersetzt hat.*

DER LINKSAUSLEGER

DONALD RUNNICLES

* 16. November 1954, Edinburgh

Obgleich einschlägigen Forschungen zufolge Linkshänder besser Tonhöhen unterscheiden können und häufiger Musiker werden als ihre rechtshändigen Mitmenschen, trifft man in der klassischen Musikszene nur vereinzelt auf Instrumentalisten, die ihre Arbeit „mit links" erledigen.
Was bei Orchestermusikern naheliegt – schließlich hätten die Streicher immer den entgegengesetzten Strich ihrer Kollegen und würden so mit ihren Bögen eine heillose Verwirrung stiften –, sollte bei Dirigenten völlig gleichgültig sein, macht es doch für den ausübenden Musiker wenig Unterschied, ob der Kapellmeister mit links oder mit rechts den Takt angibt. Dennoch ist Donald Runnicles der einzige berühmte Dirigent, der seitenverkehrt schlägt. Was, wie wir sehen, seiner Karriere keinen Abbruch tat.
Runnicles dirigierte schon mit 16 Jahren ein kleines Kammerorchester. Das war nicht weiter verwunderlich, konnte er doch schon als Knabe seinem Vater, der als Organist und Kapellmeister in Edinburgh tätig war, bei der Arbeit zusehen. Obwohl sein Hauptinteresse dem Klavier galt, wurde ihm nach dem Besuch von Richard Wagners *Rheingold* klar, dass er solche Klänge mit nur einem Instrument niemals würde erzeugen können. Im Bewusstsein, dass nur ein guter Pianist ein guter Dirigent ist, setzte er seine Studien trotzdem fort. Nachdem Runnicles in seiner Heimatstadt sein Klavierstudium mit Auszeichnung absolviert hatte, ging er ans St. John's College in Cambridge und an das London Opera Centre. Zusätzlich zu seinem angestammten Instrument studierte er dort noch Horn und Dirigieren.
Sein erstes Engagement führte den noch nicht einmal 24-Jährigen als Korrepetitor an das Nationaltheater Mannheim, was ihm die Möglichkeit bot, zahlreiche Opern von Grund auf kennenzulernen. Nachdem er zwei Jahre lang mit den Sängern deren Partien einstudiert hatte, feierte er dort 1980 sein Dirigierdebüt mit *Hoffmanns Erzählungen* von Jacques Offenbach. Nach weiteren vier Jahren wurde Runnicles zum Ersten

Kapellmeister am Nationaltheater ernannt. In dieser Position blieb er noch drei Jahre in der kurpfälzischen Metropole, wo ihm nunmehr die Aufgabe zufiel, über 40 verschiedene Opern zu leiten, zumeist ohne Proben. Wenn auch viele seiner Kollegen diese Auswirkung des Repertoirebetriebs als Missstand beklagen, er selbst betrachtet diese Arbeitsweise als durchaus nützlich, zumal dadurch die für einen Dirigenten notwendigen Reflexe und Instinkte geschult werden. Nachdem er 1987 für zwei Jahre als stellvertretender Generalmusikdirektor des Staatstheaters Hannover tätig gewesen war, kehrte er 1989 als Generalmusikdirektor der Städtischen Bühnen Freiburg nach Süddeutschland zurück, wo er bis 1993 bleiben sollte.

Doch das bloße Arbeitsverhältnis bei den deutschen Stadttheatern genügte ihm schon sehr früh nicht mehr. Bereits 1982 hatte der strebsame junge Mann begonnen, seine Sommer in Bayreuth zu verbringen, wo er im Laufe der Jahre James Levine, Sir Georg Solti, Horst Stein und Peter Schneider assistieren konnte, bis er 1992 mit einem *Tannhäuser* für die nächsten drei Jahre selbst vor das Festspielorchester trat. Da war er bereits an der Position angelangt, an der er die nächsten 17 Jahre festhalten sollte. Nachdem Runnicles im Sommer 1990 zweimal den gesamten *Ring des Nibelungen* an der San Francisco Opera dirigiert hatte, war ihm aufgrund seines überragenden Erfolgs die Stelle des Music Director übertragen worden, die er 1992 übernahm und bis 2009 behielt. Zu dieser Zeit war er in den Vereinigten Staaten längst kein Unbekannter mehr, hatte er doch mit seinem nordamerikanischen Debüt im Jahr 1988 für großes Aufsehen gesorgt: Als James Levines Assistent an der Metropolitan Opera sprang er innerhalb von fünf Stunden bei einer Vorstellung der dreiaktigen Fassung von Alban Bergs *Lulu* spektakulär ein und empfahl sich damit für größere Aufgaben, die in der Leitung der Neuproduktionen von *Salome*, *Werther* und dem *Rosenkavalier* an der nordamerikanischen Paradebühne gipfelten.

Dennoch behielt Runnicles noch ein Standbein in Europa. Seit 1991, als er mit der Neueinstudierung von Schostakowitschs *Lady Macbeth von Mzensk* einen aufsehenerregenden Erfolg an der Wiener Volksoper gefeiert hatte, war er als viel beschäftigter Gastdirigent an der Wiener Staatsoper tätig, wo er neben zahlreichen Auftritten im Repertoire 2001 die Neuproduktion von Brittens *Billy Budd* und drei Jahre später von Wagners *Parsifal* leitete. In Zusammenarbeit mit diesem Orchester hatte er 1996 auch sein Debüt bei den Salzburger Festspielen mit *Don Giovanni* gefeiert sowie die Premiere der Oper *Die tote Stadt* von Korngold im Jahre

2004, die als Koproduktion an die Wiener Staatsoper übernommen wurde. Überhaupt ist er regelmäßiger Gast an den größten Opernhäusern, wo er vor allem mit Neuproduktionen von Strauss-Opern glänzt, etwa an der Bayerischen Staatsoper München mit *Elektra*, an der Staatsoper Berlin mit *Der Rosenkavalier* und in Paris mit der *Salome*.

Doch man würde Runnicles nicht gerecht, begrenzte man sein Wirkungsfeld auf die deutsche Romantik, denn neben seinem Hauptrepertoire, das sich auf die Opern von Mozart, Wagner und Strauss stützt, hegt er auch eine leidenschaftliche Beziehung zur zeitgenössischen Musik. So wurden ihm in San Francisco mehrere Ur- und Erstaufführungen anvertraut, etwa die nordamerikanische Erstaufführung von Messiaens *Saint François d'Assise*, die Uraufführungen von Conrad Susas *The Dangerous Liaisons* und im Herbst 2005 von John Adams' Oper *Doctor Atomic*, die ihn zu der begeisterten Aussage veranlassten, dass „die Oper immer noch lebendig und bei prächtiger Gesundheit ist". Denn der schottische Dirigent ist der festen Überzeugung, dass sein Beruf auch die Verantwortung beinhalte, sich ausführlich mit der Neuen Musik auseinanderzusetzen, wo er unter den Komponisten einige „große Vertreter" ausmacht. Darüber hinaus ist er der Meinung, „dass immer mehr Zuhörer von neuen Werken herausgefordert werden wollen". Was an seiner langjährigen Arbeitsstätte durchaus auf Gegenliebe stieß, verfügte die Oper von San Francisco doch über eine lange Tradition in der Aufführung zeitgenössischer Musik. Zusammen mit der Intendantin Pamela Rosenberg, die 2005 zu den Berliner Philharmonikern wechselte, war es ihm gelungen, auch moderne Werke so fest im Repertoire zu verankern, dass er nicht mehr darauf angewiesen war, ständig populäre Opern zu programmieren, um die finanzielle Grundlage für sein Opernhaus zu sichern, schließlich war die Messiaen-Oper *Saint François d'Assise* die erfolgreichste Produktion der Saison 2004 gewesen.

Regelmäßig dirigiert der von der Queen 2004 mit dem „Order of the British Empire" ausgezeichnete Runnicles auch bei den Festspielen in Glyndebourne, wo er 1991 mit der Jubiläumsaufführung von Mozarts *Don Giovanni* debütierte, sowie seit 1992 – quasi als Lokalmatador – beim Edinburgh Festival. Um auch seinen symphonischen Interessen Genüge zu tun, war er überdies Principal Guest Conductor beim Atlanta Symphony Orchestra, mit dem er die meisten seiner erfolgreichen Plattenprojekte realisierte. So waren seine Einspielungen mit Glucks *Orpheus und Eurydice* und eine Arienplatte mit dem Tenor Ben Heppner für einen „Grammy Award" nominiert. Daneben ist der Schotte musikalischer

Leiter des Grand Teton Music Festivals in Wyoming, zudem regelmäßiger Gast beim Chicago Symphony Orchestra, dem San Francisco Symphony Orchestra und dem New World Symphony Orchestra. Darüber hinaus war er von 2001 bis 2006 Chefdirigent des New Yorker Orchestra of St. Luke's.

Doch auch bei den großen Orchestern in Europa hatte sich langsam herumgesprochen, dass es sich bei dem sympathischen Dirigenten um einen bedeutenden Vertreter seiner Zunft handelt. Seine Debüts bei den Berliner und Wiener Philharmonikern feierte er in der Saison 2003/2004, wobei er vor allem in Berlin enthusiastische Kritiken mit seiner Deutung von Benjamin Brittens *War Requiem* erntete. Beim deutschen Paradeorchester ist er seitdem immer wieder zu Gast. Schon bald, nachdem er an der Deutschen Oper in Berlin mit großem Erfolg Wagners *Ring* dirigiert hatte, wurde er zur allgemeinen Erleichterung und unter großer allgemeiner Zustimmung im Jahre 2009 als Generalmusikdirektor für das damals kriselnde Opernhaus gewonnen. Allerdings blieb er als Leiter des renommierten BBC Scottish Symphony Orchestra, das er in demselben Jahr übernahm, auch dem symphonischen Repertoire treu. Diese Stelle legte er jedoch im Jahre 2016 zurück, weil er sich nun doch ganz auf seine Arbeit an der Deutschen Oper konzentrieren will, die unter seiner Leitung eine großartige künstlerische Entwicklung genommen hat.

Runnicles, der sich ein klar definiertes Mitspracherecht in allen künstlerischen Fragen ausbedungen hat, stellt damit unter Beweis, dass er die ihm anvertraute Verantwortung durchaus ernst nimmt und so lange an einem Ort bleibt, wie er dort etwas bewegen kann.

Fragen an Donald Runnicles

Wenn Sie die Möglichkeit hätten, mit irgendeinem Komponisten, ob tot oder lebendig, einen Abend zu verbringen, mit wem wollten Sie sich treffen und was würden Sie ihn fragen?
Mit Johann Sebastian Bach. Ich würde ihn fragen, ob er, der seine Werke voll der Frömmigkeit und des Glaubens an Gott komponiert hat, dies mit dem heutigen Wissen über die Untaten, die im Namen Gottes begangen wurden, noch genauso schreiben würde.

In welcher Zeit hätten Sie als Komponist am liebsten gelebt?
Im Paris oder gar Wien um die Jahrhundertwende. Als Künstler aller Richtungen in den Kaffeehäusern zusammenkamen und sich in ihren Gesprächen gegenseitig befruchteten.

Auf der Bühne entfernt man sich immer mehr vom Urtext, während man sich im Orchestergraben diesem immer mehr nähert. Wie beurteilen Sie diese Entwicklung?
Das liegt eindeutig daran, dass die Sprache der Musik viel exakter ist als die Handlung auf der Bühne, die der Gegenwart angepasst werden kann, ohne ihren Sinn zu verlieren.

Seit dem 20. Jahrhundert besteht das Konzertprogramm zu 90 Prozent aus Musik schon längst verstorbener Komponisten. Worin liegt Ihrer Meinung nach die Begründung dafür?
Die Menschen, die nach ihrem anstrengenden Berufsalltag ins Konzert gehen, suchen dort eine heile Welt und beruhigende Antworten auf das hektische Leben, welche sie nur in der Tonalität finden können. Als Ergebnis davon wird die Beziehung zwischen dem Komponisten und dem Zuhörer umso schwieriger, je atonaler die Musik wird. Andererseits sehen sich die Tonschöpfer in der ruhelosen heutigen Zeit nicht mehr dazu imstande, sich tonal auszudrücken, was die Kluft zwischen Produzenten und Konsumenten noch vertieft.

Es gibt immer mehr sehr gute Orchester und immer weniger herausragende Dirigenten. Woran liegt das?
Die Verantwortung für den Mangel an jungen, guten Dirigenten liegt in erster Linie bei der Musikindustrie, den Managern und der Presse, die

alle ihre Sensation haben wollen. Den jungen Leuten wird einfach keine Chance mehr gegeben, wichtige Erfahrungen zu sammeln und auch einmal einen Fehler zu machen. Dabei vergisst man allzu gerne, dass einem jungen Kapellmeister, im Gegensatz zu den Instrumentalisten, erst ab einem gewissen Zeitpunkt die Möglichkeit gegeben wird, mit seinem Instrument, also dem Orchester, zu arbeiten.

Welche gesellschaftliche Aufgabe hat die Musik in der heutigen Zeit?
Bei den Politikern und den Medien besteht noch immer das Vorurteil, dass klassische Musik elitär ist. Dabei haben wir durch die Musik einen Zugang zu einer höheren Ebene des Bewusstseins. Sie benötigt keine Worte und sie ist eine internationale Sprache, mit der man die ganze Menschheit erreichen kann. Wie Simon Rattle in seinem Film „Rhythm Is It!" gezeigt hat, steckt in uns allen das Bedürfnis, uns auszudrücken und das ist am besten durch die Musik machbar. Deshalb sollten wir an möglichst viele Menschen herantreten, wobei allerdings bei der Präsentation noch einiges zu ändern wäre, da heutzutage eine viel zu tiefe Kluft zwischen den Musikern und dem Publikum besteht.

Wären Sie kein Dirigent geworden, welchen Beruf hätten Sie ergriffen?
Pilot.

Welcher Dirigent ist Ihr Vorbild und warum?
Carlos Kleiber. Bei ihm hat man das Gefühl, man hört das Stück zum ersten Mal. Er verkörpert für mich das Ideale, wonach ein Dirigent streben soll: unglaubliche Autorität verbunden mit einer unglaublichen Demut, der Musik und den Musikern gegenüber. Idealer geht es nicht. Niemand von uns wird an ihn herankommen.

Was war Ihr bewegendstes Musikerlebnis?
Ein Besuch in der Scottish Opera in Glasgow im Jahre 1971. Wir hatten am Gymnasium einen wundervollen Musiklehrer, der uns in Wagners *Rheingold* führte. Diese unglaublichen Klänge faszinierten mich so, dass es mir vorkam, als käme wie in Steven Spielbergs „Poltergeist" plötzlich eine riesige Hand, die mich in diese unglaubliche Welt hineinzieht. Nach dieser Vorstellung, die ich wie in Trance erlebte, war mir klar, dass ich mein ganzes Leben der Musik widmen würde.

Womit verbringen Sie am liebsten Ihre Freizeit?
Mit meinen Töchtern auf einer Skipiste.

Was hören Sie in Ihrer Freizeit?
(lacht) Zuerst einmal all das, was ich gerade schlecht gemacht habe …
Etwas später dann Orgelmusik und sehr frühe Musik. Besonders liebe ich
Werke, die von anonymen Meistern komponiert wurden, weil sie ausschließlich aus der Liebe zu Gott oder zur Musik geschrieben wurden, was
mich ziemlich bewegt. Außerdem noch Jazz und Bluegrass.

Sind Interpretationsschemata dem Zeitgeist unterworfen?
Ja. Seit Nikolaus Harnoncourt etwa hat die Aufführung der Musik vom
Barock bis zur Spätklassik ein Gewissen bekommen. Man kann dazu
stehen, wie man will, aber wir sollten dafür dankbar sein, dass es solche
Gelehrte gibt, weil sie unsere musikalische Welt viel reicher gemacht
haben.

Welche Art von wissenschaftlicher Forschung würden Sie unterstützen?
Stammzellenforschung, da sie uns allen die Möglichkeiten gibt, gesünder
geboren zu werden und zu leben.

Würden Sie noch einmal geboren, was würden Sie anders machen?
Andere Fehler.

Welche drei Dinge würden Sie auf eine einsame Insel mitnehmen?
Die Frau meines Herzens, Streichhölzer und das Gesamtwerk von T. S.
Eliot.

Welches Motto steht über Ihrem Leben?
Du beginnst dein Leben, gehst weiter und endest genau dort, wo du
angefangen hast, ohne dich ans erste Mal zu erinnern.

DER GRANDSEIGNEUR

WOLFGANG SAWALLISCH

*26. August 1923, München
†22. Februar 2013, Grassau

Es gibt eine große Tradition in der deutschen Dirigentengeschichte.
Als Begründer dieses Erbes sind Hans Richter und Hermann Levi anzusehen. Bewahrt wurde es von Lichtgestalten wie Leo Blech, Clemens
Krauss, Hans Knappertsbusch und schließlich Wolfgang Sawallisch, die
allesamt die Kriterien eines „deutschen Kapellmeisters" erfüllen. Nach
einer gründlichen Ausbildung an kleineren Häusern konzentriert dieser
seine künstlerischen Schwerpunkte üblicherweise auf wenige Orte und ist
bestrebt, höchste Qualität durch kontinuierliche Arbeit zu erreichen. Ein
weiteres Charakteristikum dieses Dirigententyps liegt in seiner unaufgeregten Lebensführung, ist er doch mehr daran interessiert, im Feuilleton
der großen Tageszeitungen aufzuscheinen als auf den Gesellschaftsseiten
der Hochglanzmagazine. Schließlich versteht er sich in erster Linie als
Botschafter des Komponisten, voll der Demut gegenüber dem Geschaffenen, die es erst erlaubt, die Kunstwerke ihrem Wert gemäß wiederzugeben. Wohl als der letzte Kapellmeister dieser Art erfüllte Wolfgang
Sawallisch alle diese Voraussetzungen in überreichem Maß.
Seinen ersten Klavierunterricht erhielt der Sohn gutbürgerlicher Eltern
bereits als Fünfjähriger. Nach einem weihnachtlichen Opernbesuch, wo
Engelbert Humperdincks *Hänsel und Gretel* aufgeführt wurde, erwuchs
in dem Knaben sofort der Wunsch, eines Tages selbst einmal Dirigent
zu werden. Der Weg dorthin führte über das Klavier, an dem er es schon
während seiner Schulzeit zu großer Meisterschaft gebracht hatte. Nach
dem Abitur im Jahr 1942 musste er sich allerdings zuerst den Unwägbarkeiten der Zeit beugen und in den Krieg ziehen, wo er schließlich
in Italien in britische Kriegsgefangenschaft geriet. Diese dauerte glücklicherweise nicht allzu lange, sodass er schon bald das Examen an der
Musikhochschule seiner Heimatstadt machen konnte. Dies allerdings

ohne vorheriges Studium, da seine außerordentlichen Kenntnisse ihn sofort zur Abschlussprüfung berechtigten.

Seine Dirigentenkarriere begann 1947 an den Städtischen Bühnen Augsburg, wo der hervorragende Pianist als Solorepetitor angestellt worden war. Binnen kurzer Zeit dirigierte er dort seine ersten Operetten, und als es gegen Weihnachten ging, debütierte er dort ausgerechnet mit der Oper, die in ihm die Liebe zum Theater geweckt hatte: Humperdincks *Hänsel und Gretel*. Seine ersten internationalen Erfolge verbuchte der junge Sawallisch jedoch am Klavier. Im Jahr 1949 gewann er zusammen mit dem Geiger Gerhard Seitz den „Concours International d'exécution musicale de Genève" in der Sparte Kammermusik. Nachdem er während seiner insgesamt sechs Jahre in Augsburg genügend Repertoirekenntnis gesammelt hatte, begann seine bis dahin eher beschaulich verlaufene Dirigentenkarriere förmlich zu explodieren. Neben seinem Engagement als Generalmusikdirektor in Aachen, wo immerhin einst Fritz Busch und Herbert von Karajan tätig gewesen waren, debütierte er 1953 auf Einladung von Wilhelm Furtwängler bei den Berliner Philharmonikern und wurde als Assistent von Igor Markevitch zum Leiter einer Dirigentenklasse bei den Salzburger Festspielen berufen.

Schon ein Jahr später entsann sich auch München seines talentierten Sohnes. Sawallisch dirigierte seine erste Premiere an dem Haus, das später untrennbar mit seinem Namen verbunden sein sollte. Seine Deutung von Verdis *Simon Boccanegra* an der Bayerischen Staatsoper zeitigte solch einen Erfolg, dass der Intendant erwog, ihn als Generalmusikdirektor an sein Haus zu holen. Doch Sawallisch lehnte ab, mit seinen damals 31 Jahren fühlte er sich für solch eine Position noch zu unerfahren. So blieb er in Aachen, bevor er im Jahre 1958 an das Staatstheater in Wiesbaden wechselte. Auch dies war noch nicht der erwartete große Schritt des Vielumworbenen, schließlich hatte er schon 1957 sein Debüt in Bayreuth, beim Londoner Philharmonia Orchestra und an der Mailänder Scala gefeiert.

Erst 1960 befand er die Zeit des behutsamen Lernens für beendet. In diesem Jahr wurde er gleichzeitig Chefdirigent der Wiener Symphoniker und Generalmusikdirektor an den Städtischen Bühnen in Köln. Schon ein Jahr später wurde er darüber hinaus zum Hamburgischen Generalmusikdirektor ernannt. Doch mit seinem Arbeitsethos waren drei leitende Positionen nur schwer zu vereinbaren, sodass er 1964 seine Kölner Stellung wieder aufgab. In diesem Jahr gastierte Sawallisch erstmals beim NHK Symphony Orchestra in Tokio, das ihn schon vier Jahre später erst zu seinem Ehrendirigenten und dann 1994 zu seinem „Honorary Conductor Laureate" ernannte. Im Jahre 1968 wurde er nach dem überraschenden Tod von Joseph Keilberth zum Generalmusikdirektor an die Bayerische Staatsoper berufen. Um sich mit seiner ganzen Energie auf diese bedeutende Position konzentrieren zu können, beendete er vorher seine Verträge mit den Wiener Symphonikern und mit dem Philharmonischen Staatsorchester Hamburg. Beide Orchester dankten ihm seine Arbeit mit dem Titel des Ehrendirigenten.

1971 begann an der Bayerischen Staatsoper die Ära Sawallisch, die vor allem mit herausragenden Aufführungen der Opern von Wagner und Strauss international von sich reden machte. Denn der Dirigent, der auch als exzellenter Liedbegleiter große Berühmtheit erlangte, legte im Umgang mit der menschlichen Stimme eine besondere Kenntnis an den Tag, wobei er stets darauf achtete, dass die Sänger niemals über ihre physischen Grenzen hinaus belastet wurden. Um das Konzertrepertoire nicht ganz aus den Augen zu verlieren – schließlich galt er auch als herausragender Interpret der symphonischen Musik der deutschen Klassik und Romantik –, übernahm er 1973 zusätzlich die Leitung des Genfer Orchestre de la Suisse Romande, die er bis 1980 beibehielt.

1982 übernahm Sawallisch die Gesamtverantwortung für sein geliebtes Haus in München, indem er neben der musikalischen Leitung auch noch die Position des Operndirektors antrat, die er bis zu seinem Weggang im Jahre 1992 innehaben sollte. In dieser Zeit sollte er einige Rekorde aufstellen: 1983 brachte er alle 13 Bühnenwerke von Richard Wagner zur Aufführung, 1988 sämtliche 15 Opern von Richard Strauss, nachdem er 1987 den *Ring des Nibelungen* innerhalb weniger Tage aufgeführt hatte, was bis dahin noch kein Opernhaus gewagt hatte. Nach unglaublichen 1200 Vorstellungen in über 20 Jahren verwundert es nicht, dass Sawallisch nach seinem Ausscheiden zum Ehrenmitglied der Staatsoper ernannt wurde – und nunmehr die Leitung eines Symphonieorchesters übernahm.

Denn wer glaubte, dass sich der damals bald 70-Jährige jetzt auf Gastdirigate beschränken würde, hatte sich getäuscht. 1993 verlegte er erstmals seinen künstlerischen Schwerpunkt ins fernere Ausland und übernahm die musikalische Direktion des traditionsreichen Philadelphia Orchestra, mit dem er schon mehr als 25 Jahre als Gastdirigent verbunden war. Sein ursprünglich auf drei Jahre angelegter Vertrag wurde zweimal verlängert, sodass er die nächsten zehn Jahre bei dem Orchester bleiben sollte, „mit dem man das Blaue vom Himmel herunterholen kann", wie Sawallisch gegenüber dem „Spiegel" bemerkte. Und das war kein Wunder, denn auch dort engagierte sich Sawallisch in besonderem Maße und tat sich zuweilen als musikalischer Pionier hervor. Immerhin war er weltweit der erste Dirigent, der 1997 mit einem größeren Orchester ein im Internet übertragenes Konzert leitete. Zudem vergab er anlässlich des hundertjährigen Bestehens des Orchesters im Jahr 2000 zahlreiche Kompositionsaufträge, die er auch selbst zur Aufführung brachte. Das waren ganz neue Aspekte, schließlich war sein Interesse für die Neue Musik bislang eher gering gewesen.

Doch nicht nur auf musikalischem Gebiet betrat er Neuland. Jahrelang diskutierte er mit Architekten und Akustikern, bis das neue Konzertzentrum in Philadelphia endlich seinen Vorstellungen entsprach. Bei solch einem außergewöhnlichen Engagement verwundert es nicht, dass Sawallisch 2003 anlässlich seiner Amtsübergabe an Christoph Eschenbach zum Ehrendirigenten des Philadelphia Orchestra ernannt wurde.

Zahllose Auszeichnungen wurden ihm für sein langes und stets verantwortungsvolles künstlerisches Schaffen verliehen. Aus Dankbarkeit bedachten ihn fünf Orchester mit dem Titel eines Ehrendirigenten, eine wohl einzigartige Würdigung seiner stets integren Persönlichkeit. Hervorgehoben sei an dieser Stelle noch, dass er als einziger Nichtitaliener Inhaber des „Goldenen Taktstocks Toscanini" ist, den ihm die Mailänder Scala anlässlich seiner 35-jährigen Verbundenheit mit diesem Haus verliehen hatte.

Zum großen Bedauern seiner vielen Freunde gab er im Herbst 2006 aus gesundheitlichen Gründen seinen Rückzug vom Podium bekannt. Bis zu seinem Tod im Jahr 2013 nahm Sawallisch regen Anteil am Geschehen seiner geliebten Staatsoper in München, deren Mitglieder ihn immer wieder in seiner Villa in Grassau besuchten, um seinen fachmännischen Rat einzuholen.

Sein ehemaliges Wohnhaus dient unterdessen als Aufführungsort von jungen Musikern, die am Institut der 2003 gegründeten „Wolfgang-Sawallisch-Stiftung" unterrichtet werden, das möglichst vielen Kindern den Zugang zur klassischen Musik ermöglichen soll.

Fragen an Wolfgang Sawallisch

Wenn Sie die Möglichkeit hätten, mit irgendeinem Komponisten, ob tot oder lebendig, einen Abend zu verbringen, mit wem wollten Sie sich treffen und was würden Sie ihn fragen?
Mit Bach, Mozart und Beethoven, um ganz einfach zu erfahren, ob das, was wir heute mit ihrer Musik machen, ihren ursprünglichen Absichten entspricht.

In welcher Zeit hätten Sie als Komponist am liebsten gelebt?
An der Wende vom 19. ins 20. Jahrhundert. Als Richard Strauss gerade das Neuland mit seinen Opern betreten hat, als Wagner gerade gestorben war, als Brahms und Bruckner noch lebten und als sich die Stilarten der Romantik mit dem französischen Impressionismus vermischten, als Mahler seine revolutionären Ideen losgeworden ist, als Strawinsky begann und als man nicht mehr wusste, welcher genauen Richtung welcher Komponist zuzuordnen ist.

Auf der Bühne entfernt man sich immer mehr vom Urtext, während man sich im Orchestergraben diesem immer mehr nähert. Wie beurteilen Sie diese Entwicklung?
Als sehr gefährlich. Die Bühne nach vorne gehend, in ein Neuland, das mir persönlich nicht zusagt, während man im Orchestergraben Verdi mit Originalinstrumenten spielt – ich weiß eigentlich gar nicht, was das sein soll. Aller Komponisten Hauptidee war schließlich, die Musik, die sie in ihrem Kopf rein und schön empfunden haben, auch an die anderen heranzubringen, wobei jeder froh gewesen wäre, wenn ein Instrument gefunden worden wäre, was vom Klanglichen und Technischen den eigenen Vorstellungen näherkam.

Seit dem 20. Jahrhundert besteht das Konzertprogramm zu 90 Prozent aus Musik schon längst verstorbener Komponisten. Worin liegt Ihrer Meinung nach die Begründung dafür?
Der größte Teil des Publikums will mit einer Musik konfrontiert werden, die aufregend und expressiv sein kann, ohne die Tradition zu vernachlässigen. Die Weiterentwicklung der Musik kann sich nur aus der Tradition entwickeln und nie mit einem kompletten Bruch mit der Vergangenheit. Ein ganz normaler Musikliebhaber, der einen ganzen Tag gearbei-

tet hat, wird sich schwertun, dieselben Geräusche noch einmal zu hören, die er tagsüber schon an seinem Arbeitsplatz vernommen hat. Während früher bei einer angekündigten Uraufführung eines Brahms- oder Bruckner-Werks die Leute von überall herbeigeströmt sind, um das Neue mitzuerleben, ist es doch heute eher so, dass die Leute damit aus dem Saal hinausgetrieben werden.

Es gibt immer mehr sehr gute Orchester und immer weniger herausragende Dirigenten. Woran liegt das?
Für mich als Dirigent sind meine Kollegen nur schwer zu beurteilen. Die Qualität der Orchester ist durch die technische Verbreitung ohne Zweifel erheblich gestiegen. Allerdings wird heute nur mehr Wert auf technische Perfektion gelegt, während die musikalische Bildung vernachlässigt wird, sodass leider die Eigenheiten der Spitzenorchester nicht mehr zutage treten, sondern allenfalls noch empfunden werden.

Welche gesellschaftliche Aufgabe hat die Musik in der heutigen Zeit?
Für jede Stimmung, für jede Situation gibt es nur die Musik, die in der Lage ist, die notwendigen Ausdrucksformen des Lebens zu gestalten. Es würde kein Mensch auf die Idee kommen, bei einem Festakt ein Gedicht von Hölderlin vorzulesen, denn die Stimmung, die ein gesellschaftliches Ereignis fordert, ist nur mit Musik zu erzeugen, weil das unsere Herzen und unsere Sinne anspricht.

Wären Sie kein Dirigent geworden, welchen Beruf hätten Sie ergriffen?
Ganz sicherlich wäre ich Dirigent geworden.

Welcher Dirigent ist Ihr Vorbild und warum?
Meine ersten Vorbilder in München waren Hans Knappertsbusch für Wagner, Clemens Krauss für Strauss und Oswald Kabasta, der mir den Weg zum symphonischen Repertoire gezeigt hat. Meine tiefsten Eindrücke habe ich allerdings durch Wilhelm Furtwängler empfangen.

Was war Ihr bewegendstes Musikerlebnis?
Eine Aufführung der *Missa solemnis* im Petersdom anlässlich des 200. Geburtstags von Beethoven. Das war das erste musikalische Großereignis, das überhaupt in der Peterskirche gespielt werden durfte. Unter der Michelangelo-Kuppel und vor dem Bernini-Altar dieses Werk dirigieren zu dürfen, war der bewegendste musikalische Moment meines Lebens.

Womit verbringen Sie am liebsten Ihre Freizeit?
Mit dem Studieren von Partituren von Werken, die ich nicht dirigiere. Etwa die 104 Symphonien Haydns oder die letzten Streichquartette Beethovens. Die sind besser zu lesen, denn da klingen sie aufgrund ihrer technischen Schwierigkeiten immer sauberer, als sie gespielt werden können.

Was hören Sie in Ihrer Freizeit?
Nichts.

Sind Interpretationsschemata dem Zeitgeist unterworfen?
In jedem Falle. Dem Zeitgeist entsprechend ist die Musik heute rascher geworden, weil die ganze Zeit flüchtiger geworden ist.

Welche Art von wissenschaftlicher Forschung würden Sie unterstützen?
Jede Art vom Kampf gegen die bis jetzt unheilbaren Krankheiten.

Würden Sie noch einmal geboren, was würden Sie anders machen?
Wohl nichts. Ich würde wahrscheinlich dieselben Fehler machen, die ich gemacht habe, denn wenn man sie macht, weiß man ja noch nicht, dass es ein Fehler war.

Welche drei Dinge würden Sie auf eine einsame Insel mitnehmen?
Eine Partitur der *Ariadne auf Naxos*, von Bachs *h-Moll-Messe* und von Strawinskys *Le Sacre du printemps*.

Welches Motto steht über Ihrem Leben?
Das Leben mit der Musik schöner und bedeutender zu machen gegenüber den Momenten, in denen die Musik nicht da ist.

DER UNANGEPASSTE

CHRISTIAN
THIELEMANN

*1. April 1959, Berlin

Eigentlich sollte es doch als ganz selbstverständlich gelten, wenn ein junger Dirigent eine besondere Vorliebe für die Musik seiner Heimat hegt. Tatsächlich nimmt auch niemand Anstoß daran, wenn etwa Franz Welser-Möst ein österreichisches oder Daniel Harding ein englisches Programm dirigiert. Allerdings wurde es lange Zeit hindurch anders bewertet, wenn sich Christian Thielemann mit der deutschen Musik auseinandersetzte. Da wurden sehr schnell die Vorurteile laut, die sehr viel mit Politik, aber wenig mit Kunst zu tun hatten. Unversehens gerieten dann die antisemitischen Äußerungen eines Wagner, Strauss oder Pfitzner in den Vordergrund, mithin also ausgerechnet jener Komponisten, die zum Lieblingsrepertoire des deutschen Dirigenten gehören. Was ihn zusätzlich verdächtig machte. Und es wäre nicht Christian Thielemann gewesen, wenn er in einem Gespräch mit Georg-Friedrich Kühn nicht zusätzlich Öl ins Feuer gegossen hätte: „Und wenn Sie mir mit einer Huldigungskantate für Stalin kommen, und ich weiß das nicht, weil ich Russisch nicht verstehe, und mir gefällt das, dann werde ich auch davor nicht zurückschrecken!"
Doch die Zeiten, in denen dem Kapellmeister „Deutschtümelei" vorgeworfen wurde, sind gottlob vorbei. Zu groß ist unterdessen die Bedeutung des wohl profiliertesten Wagner-Dirigenten unserer Zeit. Dessen ungeachtet liebt es Christian Thielemann noch immer, zu polarisieren. Als Spross einer musikalisch begeisterten Familie erhielt er bereits mit fünf Jahren seinen ersten Klavierunterricht. Als Achtjähriger wurde der offensichtlich Hochbegabte zusätzlich an der Violine unterrichtet, von der er jedoch schon bald zur Viola wechselte, deren fachgerechte Handhabung ihm vom Philharmonischen Solo-Bratschisten Giusto Cappone nahegebracht wurde. Mit 14 Jahren wurde er als Privatstudent in die Musikhochschulklasse des Pianisten Helmut Roloff aufgenommen, der,

als Enkelschüler von Max Bruch, fest in der deutschen Musiktradition verwurzelt war. Was nicht ohne Auswirkungen auf die musikalischen Vorlieben seines Zöglings blieb.

Da Thielemann neben dem Instrumentalunterricht auch noch Kompositionsstunden beim Philharmonischen Solopauker Werner Thärichen erhielt, gab es der beruflichen Möglichkeiten also mehrere. Bis zu dem Tag, als der 14-Jährige in der Deutschen Oper Berlin Wagners *Tristan und Isolde* erlebte. Ab diesem Moment gab es nur noch ein Ziel für den Jugendlichen: Christian Thielemann wollte Dirigent werden. 1975 riet ihm Herbert von Karajan, mit dem er durch seine Lehrer bekannt geworden war, zu einem Vordirigieren beim Leiter des Städtischen Konservatoriums. Der allerdings befand, dass der ehrgeizige junge Musiker völlig unbegabt sei. Diese Meinung teilte Hans Hilsdorf, der Studienleiter an der Deutschen Oper, glücklicherweise nicht und stellte ihn unmittelbar nach seinem Abitur als Korrepetitor an. Der „völlig Unbegabte" sollte während der nächsten Jahre Herbert von Karajan in Berlin, Salzburg und Paris und Daniel Barenboim in Bayreuth und Paris assistieren.

Danach begann er die nach der Ansicht seines Mentors Karajan „unabdingbare Ochsentour": 1981 als Korrepetitor mit Dirigierverpflichtung am Stadttheater in Gelsenkirchen, 1982 am Badischen Staatstheater in Karlsruhe und 1984 am Niedersächsischen Staatstheater in Hannover. In diesem Jahr scheiterte Thielemann beim Internationalen Herbert-von-Karajan-Dirigentenwettbewerb auf eine für ihn typische Weise: In den 20 Minuten, die den Teilnehmern für die Wiedergabe des Vorspiels zu *Tristan* zur Verfügung standen, war er über die Eingangstakte nicht hinausgekommen, da er das Stück penibel probte, anstatt es in der vorgegebenen Zeit durchzuspielen.

Diese Niederlage hatte allerdings auch ihr Gutes, war doch Jurymitglied Peter Ruzicka, wie übrigens auch Herbert von Karajan, von der Arbeit des jungen Maestro so angetan, dass er ihn 1988 zur Übernahme des *Tristan* an die Hamburgische Staatsoper einlud. Da war aus dem jungen Dirigenten allerdings schon mehr als ein Geheimtipp geworden, schließlich war er zu diesem Zeitpunkt bereits Generalmusikdirektor am Nürnberger Opernhaus, nachdem er von 1985 bis 1987 als Erster Kapellmeister in Düsseldorf an der Deutschen Oper am Rhein tätig gewesen war. 1986 hatte er in Zürich eine Neuinszenierung von Leoš Janáčeks *Jenůfa* geleitet und sein Debüt an der Wiener Staatsoper gefeiert. Zudem hatte er sich in Italien, wo er regelmäßig in Venedig, Turin, Bologna und Rom gastierte, bereits einen Ruf als brillanter Kapellmeister erworben.

In seiner ersten leitenden Funktion in Nürnberg konnte er selbst das Programm bestimmen, was gleich zu ideologisch gefärbten Missverständnissen führte, als er mit Hans Pfitzners Oper *Palestrina* seine erste Premiere dirigierte – ausgerechnet in der Stadt der Reichsparteitage. Diese Unvorsichtigkeit, begonnen im „jugendlichen Überschwang", zog ein verheerendes Echo in der örtlichen Presse nach sich. Ungeachtet dessen honorierte das Nürnberger Publikum den offensichtlichen Anstieg des Niveaus, die Zahl der Abonnenten nahm rasant zu. Dennoch wurde der inzwischen auch international gefragte Dirigent 1992 vom Stadtrat wegen „mangelnder Präsenz" fristlos entlassen. Ganz davon abgesehen, dass die Kündigung später für rechtsungültig erklärt wurde: Thielemann war tatsächlich schon in aller Welt präsent, was zur Folge hatte, dass er bis 1997 ausschließlich als Gastdirigent unterwegs war. Und er wusste diese Zeit zu nutzen.

Sein Debüt an der New Yorker Metropolitan Opera gab er 1993 als Einspringer für Carlos Kleiber mit dem *Rosenkavalier*. Mit solchem Erfolg, dass ihm schon im nächsten Jahr die besondere Ehre zuteil wurde, die Saison mit der Strauss'schen *Arabella* zu eröffnen. Seine nächste leitende Position übernahm er 1997 als Generalmusikdirektor an der Deutschen Oper in seiner Heimatstadt Berlin. Dort hatte Thielemann bereits 1991 mit Wagners *Lohengrin* debütiert und 1996 eine Neueinstudierung von Pfitzners *Palestrina* geleitet. Überraschend kündigte er im November 1999 an, zusammen mit dem damaligen Intendanten Götz Friedrich das krisengeplagte Opernhaus zu verlassen, zumal der neue Intendant Udo Zimmermann ohne Rücksprache mit ihm ernannt worden war. Zwar wurde der Bruch wieder mühsam gekittet, sodass der Dirigent einen neuen Fünfjahresvertrag unterschrieb, doch Thielemann fühlte sich offensichtlich an diesem Haus nicht mehr wohl und leitete nur mehr zwei Premieren pro Saison, nachdem er unter Götz Friedrich jährlich sechs Monate anwesend gewesen war. Als der Berliner Senat seiner Forderung nach einer besseren Entlohnung der Musiker nicht nachkam, ließ er seinen Vertrag 2004 auslaufen.

Im selben Jahr wurde Thielemann als Nachfolger von James Levine zum Generalmusikdirektor der Münchner Philharmoniker ernannt. Er hatte aus der Berliner Misere gelernt: Sein Siebenjahresvertrag enthielt eine Sonderklausel, die ihm eine sofortige Kündigung ermöglichte, falls die Sollstärke des Orchesters von 120 Musikern unterschritten würde. Nach öffentlich ausgetragenen Meinungsverschiedenheiten mit dem Stadtrat, der einer Verlängerung seines Vertrags nur unter bestimmten Bedingungen zustimmen wollte, beschloss Thielemann, der eigentlich gerne in München geblieben wäre, das verlockende Angebot aus Dresden anzunehmen und 2012 als Generalmusikdirektor zur Sächsischen Staatskapelle Dresden zu wechseln, was er als „Glücksfall" bezeichnet, da dieses Orchester die Oper wie das Konzertrepertoire gleichermaßen beherrsche. Was es seit 2013 auch alljährlich bei den Salzburger Osterfestspielen unter Beweis stellen kann, dessen künstlerische Leitung er ebenfalls innehat.

Unterdessen gastierte Thielemann in aller Welt: unter anderem bei den Berliner und Wiener Philharmonikern, dem Concertgebouw-Orchester in Amsterdam und sämtlichen führenden Orchestern in den USA. Obwohl er in allen Musikzentren ein gern gesehener Gast ist, betrachtet er Bayreuth als seinen künstlerischen Mittelpunkt: Seit seiner fulminanten Aufführung der *Meistersinger von Nürnberg* im Jahre 2000 ist er der wichtigste Dirigent am Grünen Hügel, wo er 2006, nach *Parsifal* und *Tannhäuser*, den gesamten *Ring* und *Tristan* glanzvoll zur Aufführung brachte. Wohl dem, der in Bayreuth eine Karte für eine Oper unter seiner Leitung ergattern kann, denn mit Ausnahme von vereinzelten Konzerten bei den Philharmonikern in Wien und in Berlin sowie seinen Dresdner Verpflichtungen will er derzeit eigentlich keine weiteren Auftritte absolvieren. Denn der „Kapellmeister", so seine eigene Berufsbezeichnung, setzt sich bewusst vom Jetset-Dirigenten heutigen Zuschnitts ab, schließlich will der „langsame Arbeiter" und Qualitätsfanatiker „auch mal drei Wochen frei haben", wie er immer wieder betont.

Bei Thielemann läuft eben doch alles auf die beiden Richards hinaus – neben der Führung der Bayreuther Festspiele, die er als Musikdirektor zusammen mit der Wagner-Urenkelin Katharina innehat, leitet er mit der Dresdner Staatskapelle, die Wagner einst als „Zauberharfe" bezeichnet hatte, das Orchester, das immerhin neun Opern des Wagnerianers Richard Strauss uraufgeführt hatte.

Christian Thielemann ist bei all seiner Autorität einer der wenigen Dirigenten, die sich – in dieser Beziehung übrigens Herbert von Karajan ähnlich – durchaus auch von den Musikern inspirieren lassen. So hielt er in Wien einmal nach einem Solo der Oboe erstaunt inne und ermutigte den Musiker nach kurzem Nachdenken, diese für ihn offenbar nicht erwartete Interpretation beizubehalten.

Fragen an Christian Thielemann

Wenn Sie die Möglichkeit hätten, mit irgendeinem Komponisten, ob tot oder lebendig, einen Abend zu verbringen, mit wem wollten Sie sich treffen und was würden Sie ihn fragen?

Mit Richard Strauss. Er sagte, dass *Salome* und *Elektra* dirigiert werden sollten, als seien sie von Mendelssohn. Meine Frage an ihn wäre, aus welchem Grund er seine Vortragsbezeichnungen im Orchester so gesetzt hat, dass bei der genauen Befolgung dieser Dynamik jeder Sänger mühelos übertönt würde. Möglicherweise gibt es dafür einen Grund, den wir heute nicht mehr wissen. Dasselbe würde ich übrigens auch gerne Richard Wagner fragen, warum er in der ersten Szene der *Meistersinger* so oft „forte" und „fortissimo" vorschreibt.

In welcher Zeit hätten Sie als Komponist am liebsten gelebt?

Zur Zeit von Richard Strauss, obwohl ich kein Freund des Jugendstils bin. Strauss ist mir deshalb so sympathisch, weil er in dieser überhitzten Zeit so normal geblieben ist. Bei ihm hat man immer das Gefühl, dass er wohl einen Ausflug ins wilde Leben unternommen hat, um dann doch wieder ins Gesetzte zurückzukehren. Schließlich blieb er mit beiden Beinen auf der Erde, während manche seiner Kollegen viel extremer waren (zum Beispiel Mahler). Natürlich hat er seine Fantasien gehabt, sie aber nicht zu seinem Lebensprinzip erhoben.

Auf der Bühne entfernt man sich immer mehr vom Urtext, während man sich im Orchestergraben diesem immer mehr nähert. Wie beurteilen Sie diese Entwicklung?

Ich finde sie schauderhaft. Manche Dirigenten meinen ja, dass schon allein das Spielen aus der Urtext-Ausgabe eine gute Interpretation beinhaltet. Auf der Bühne dagegen sind die Regisseure eben der Meinung, dass alles, was bereits fotografisch festgehalten wurde, schon einmal da war. Also stehen sie unter einem ganz anderen Zwang. Es ist geradezu so, als würden wir im Orchester die Posaunen durch Saxofone ersetzen oder vielleicht auch die Geigen weglassen. Ich kann es nur sehr negativ beurteilen und keine Rechtfertigung dafür erkennen, auch wenn dies sehr pauschal klingt. Die Handlung auf der Bühne muss eben nicht in die heutige Zeit passen, nur weil die Leute glauben, dass die heutige Zeit der Weisheit letzter Schluss ist. Dies ist auch eine Respektlosigkeit gegenüber dem Alten.

Ganz anders verhält es sich mit der Originalklangbewegung. Wenn auch manch schöne Sachen gemacht werden: Wollen Sie vielleicht zum Zahnarzt gehen wie vor 200 Jahren? Warum wollen Sie die Musik unbedingt so hören, wie sie zu Mozarts Zeiten geklungen hat? Das mag vielleicht philologisch interessant sein, aber dies zur Doktrin zu machen, ist sicherlich der falsche Weg.

Seit dem 20. Jahrhundert besteht das Konzertprogramm zu 90 Prozent aus Musik schon längst verstorbener Komponisten. Worin liegt Ihrer Meinung nach die Begründung dafür?
Das menschliche Ohr ist eben an Tonalität gewöhnt. Es gibt viele Dinge in der Neuen Musik, die wahnsinnig gut klingen. Denken Sie etwa an Henze oder Matthus, die so schreiben, dass ein Orchester es auch klanglich sehr schnell realisieren kann. Diese Werke werden von der Kritik dann oft mit der Begründung befehdet, dass es zu schön klänge. Der Mensch ist auf Harmonie gepolt, nicht alles, was atonal klingt, ist auch unharmonisch oder unangenehm. Ich glaube, es ist auf jeden Fall interessant, sich mit beidem in bestimmten Abstufungen auseinanderzusetzen. Ich glaube auch, dass manchmal das Publikum aus politischen Gründen verschreckt wird. Es wird beschimpft, wenn es wegen einer Beethoven-Symphonie ins Konzert geht, aber belobigt, wenn es zu einem zeitgenössischen Werk kommt, auch wenn der Saal nur halb voll ist. Es ist auch da falsch, das Rad neu erfinden zu wollen, es ist immer gut, auf der Tradition zu fußen.

Es gibt immer mehr sehr gute Orchester und immer weniger herausragende Dirigenten. Woran liegt das?
Das liegt daran, dass das Berufsbild eines Korrepetitors oder eines Operettenkapellmeisters bei den jungen Leuten als zu altmodisch in Verruf geraten ist. Schließlich gibt es das Ideal des Quereinsteigers, das tatsächlich manchem gelungen ist. Allerdings lernt man dabei nicht die Flexibilität, wie sie für einen guten Dirigenten notwendig ist. Wenn man die Werke am Klavier einstudiert hat, kennt man die Opern besser. Man weiß, wie man mit den Sängern und dem Orchester atmet, das ergibt sich alles aus dieser Praxis. Das ist der Rat, den mir seinerzeit Herbert von Karajan gegeben hat – und dafür bin ich ihm bis zu meinem Lebensende dankbar.

Welche gesellschaftliche Aufgabe hat die Musik in der heutigen Zeit?
Die Musik hat gesellschaftlich die größte Wichtigkeit. Von frühester Jugend an gehören die Menschen zu ihr herangeführt, und zwar auf ganz

natürlichem Wege vom Elternhaus. Man muss konzentriert zuhören lernen: vor allem heutzutage, da alle Medien auf die schnellen Reize programmiert sind. Wenn heute ein junger Mensch eine ganze *Matthäus-Passion* durchsitzen muss, ist es schon eine Leistung. Allein die Konzentration auf eine Sache, ohne wegzappen zu können, muss dringend gefördert werden.

Wären Sie kein Dirigent geworden, welchen Beruf hätten Sie ergriffen?
Kunsthistoriker oder Architekt.

Welcher Dirigent ist Ihr Vorbild und warum?
Es gibt mehrere, am meisten fasziniert mich Wilhelm Furtwängler, weil er halt der Furtwängler war.

Was war Ihr bewegendstes Musikerlebnis?
Da gab es mehrere. Die *8.* und *9. Bruckner-Symphonie* mit Karajan während der Siebzigerjahre in Berlin, als er kurz vor seiner Operation stand und sich kaum mehr bewegen konnte. Ebenso die Liveaufnahme von Beethovens *Neunter* unter Furtwängler aus dem Jahre 1942.

Womit verbringen Sie am liebsten Ihre Freizeit?
Ich bin faul. Ich höre ganz wenig Musik und verbringe Zeit mit meinen Freunden. Darüber hinaus liebe ich alte Möbel, vor allem aus dem frühen Klassizismus und der Schinkel-Zeit. Dann reise ich sehr gerne, allerdings ohne Musik im Gepäck.

Was hören Sie in Ihrer Freizeit?
Im Auto höre ich überwiegend Popmusik, um mich auf dem Laufenden zu halten. Schließlich muss man wissen, was die Jugendlichen so begeistert. Ebenso schaue ich MTV oder VIVA, um mich zu informieren, was momentan angesagt ist. Hin und wieder ist die moderne Popmusik harmonisch sehr gut gemacht, zuweilen aber so katastrophal schlecht, dass man sich fragt, warum das so eine Begeisterung hervorruft. Aber manchmal gibt es tonale Wendungen dabei, die gar nicht übel sind.

Sind Interpretationsschemata dem Zeitgeist unterworfen?
Natürlich. Heutzutage wollen ja alle Leute „richtig" sein. Und jedes Ritardando, das nicht notiert ist, ist nicht richtig. Da bin ich total unmodern, zumal ich Zeitgeist ganz schrecklich finde. Ich bin der Meinung, dass die Avantgarde heutzutage darin besteht, gegen den Zeitgeist zu sein.

Welche Art von wissenschaftlicher Forschung würden Sie unterstützen?
Die Forschungen gegen die Geißeln der Menschheit: Krebs und AIDS.

Würden Sie noch einmal geboren, was würden Sie anders machen?
Vor einigen Jahren habe ich mir des Öfteren gedacht, dass ich den Beruf des Dirigenten nicht wieder ergreifen würde. Schon etwas mit Musik, aber was Ihnen als Dirigent auf dem Weg alles zustoßen kann, kann so furchtbar sein, dass Sie die Freude daran verlieren. Ich habe zwar viele Zweifel, ob der Weg der richtige war, wüsste allerdings auch keine Alternative dazu.

Welche drei Dinge würden Sie auf eine einsame Insel mitnehmen?
Sie erwarten jetzt den *Tristan*, aber da bräuchte ich auch ein „Gegengift". Ich würde vielleicht die *Matthäus-Passion* mitnehmen.

Welches Motto steht über Ihrem Leben?
„Nichts zu viel."
Das, was ich mache, mache ich 150-prozentig, aber ich schaffe das nicht oft. Sie müssen den Dirigentenberuf mit Fanatismus betreiben, sonst geht es nicht. In dem Augenblick, in dem Sie weniger geben, ist Schluss mit den wirklich großen Leistungen, aber dafür bezahlen Sie. Ich hasse den Beruf manchmal geradezu. Es ist, als ob Sie ständig mit hochexplosivem Material umgehen müssen.

DER ERNSTHAFTE

FRANZ WELSER-MÖST

* 16. August 1960, Linz

Ein junger Dirigent hat es nicht gerade leicht in Österreich. Zu schwer wiegt das Erbe seiner großen Landsleute Karl Böhm und Herbert von Karajan. Und das hat entweder patriotisch gefärbte Erwartungen oder unhaltbare Vergleiche zur Folge, denen man, zumal als junger Mann, nur schwer entsprechen kann. So war es nur folgerichtig, dass Franz Welser-Möst sein Heil zuerst in der Fremde suchte. Wenn dies auch eher aus Zufall geschah, der im Leben dieses Dirigenten ohnehin eine große Rolle gespielt hat, denn auch zum Dirigieren kam er erst durch eine seltsame Fügung.

Am Musikgymnasium seiner Heimatstadt Linz traf er auf den Komponisten Balduin Sulzer, der als Musiklehrer das Schulorchester leitete. In diesem spielte der als Franz Möst Geborene die zweite Geige. Eines Tages bat ihn der begeisterte Pädagoge, mit dem er bis heute eng verbunden ist, die nächste Probe zu leiten. Folgsam kaufte sich Franz eine Partitur sowie einen Dirigentenstab und stellte sich anderntags vor das Orchester, das zu seinem „größten Erstaunen" tatsächlich spielte. Trotz dieser einschneidenden Erfahrung hielt er vorerst an seiner ursprünglichen Lebensplanung fest und wollte Geiger werden. Doch brach er sich bei einem tragischen Autounfall als 18-Jähriger drei Rückenwirbel, was es ihm unmöglich machte, jemals wieder eine Violine halten zu können. Da er jedoch von der Musik nicht lassen wollte, gab es für ihn nur eine Alternative. Und die war das Dirigieren. Darin machte er glücklicherweise solche Fortschritte, dass ihm die ständige Leitung des Schulorchesters übertragen wurde, das forthin unter dem Namen Linzer Jeunesse-Orchester firmierte.

Ausgestattet mit dem Selbstbewusstsein, das untrennbar zu einem Spitzendirigenten gehört, fuhr Welser-Möst 1979 zum Herbert-von-Karajan-Wettbewerb nach Salzburg – und erreichte dort immerhin einen Achtungserfolg. Zwar bekam er keinen Preis, mit dem Hinweis, dass er „zu jung dafür" sei, aber dafür einen Tipp vom *Maestrissimo*. Der riet ihm nämlich, an die Hochschule nach München zu gehen, um dort ein

Dirigierstudium aufzunehmen. Dieses jedoch verlief „furchtbar", sodass Welser-Möst es vorzog, fernerhin auf die akademischen Würden zu verzichten und weiter nach seiner bisherigen Methode vorzugehen. Eines Tages fragte ihn ein schwedisches Orchestermitglied, ob er nicht einmal beim Sinfonieorchester Norköpping dirigieren wolle. Natürlich wollte der Mittzwanziger – mit dem Ergebnis, dass man ihm dort alsbald die Stelle des Chefdirigenten anbot, die er schließlich 1985 antrat. Zusammen mit einem Kammerorchester in Stockholm leitete er dieses fünf Jahre lang. Behutsam schien sich seine Karriere zu entwickeln.

Es passiert nicht eben häufig, dass man mit einem einzigen Konzert berühmt wird. Welser-Möst war erst 25 Jahre alt, als ihm dieses seltene Glück 1986 widerfuhr. Zwei Tage blieben ihm damals, um mit dem großen London Philharmonic Orchestra Mozarts *Requiem* einzustudieren, da der Dirigent Jesus López-Cóbos kurzfristig abgesagt hatte. Die Aufführung wurde bei Publikum und Orchester gleichermaßen ein großer Erfolg. Nach zahlreichen weiteren Einladungen wurde er 1990 zum Musikdirektor des South Bank Centre berufen. In krassem Gegensatz dazu stand indes sein nachdenklicher Kommentar auf die überraschende Wahl, den Norman Lebrecht in seinem Buch „Der Mythos vom Maestro" zitiert: „Nicht so sehr im Rampenlicht zu stehen würde es mir ermöglichen, an mir selbst zu arbeiten – und das ist noch immer dringend notwendig." Um ihm das Amt zu versüßen, wurden dem neuen Chefdirigenten bemerkenswerte Befugnisse eingeräumt: völlig freie Hand bei der Programmplanung sowie das uneingeschränkte Recht, Musiker zu entlassen und zu engagieren. Diese weitreichenden Kompetenzen waren allerdings ein Danaer-Geschenk, denn mit jeder seiner alleine getroffenen Entscheidungen machte er sich angreifbarer. Es war eine Zeit des Lernens für Welser-Möst, die nicht ohne schmerzliche Erfahrungen verlief, und schließlich nach sechs Jahren ein höchst unerquickliches Ende fand.

Nach der schwierigen Zeit an der Themse übernahm er 1995 eine neue Position, die ihm auch deshalb so verlockend erschien, weil er sich endlich seiner geliebten Oper zuwenden konnte: Er wurde Musikdirektor am Opernhaus Zürich, das unter seiner Ägide einen wahren Höhenflug erlebte. Die einstmals lediglich als Adresse für verschwiegene Bankgeschäfte bekannte Metropole wurde plötzlich zum Opernmekka. Mit Unterstützung des Intendanten Alexander Pereira leitete Welser-Möst dort jährlich bis zu sieben Premieren, von Wagners *Ring des Nibelungen* bis zu Schuberts *Fierrabras*. Doch nicht nur seine Auftritte bürgten für Qualität.

Schließlich bewies er die in seinen Kreisen nicht allzu verbreitete Größe, auch andere berühmte Kollegen an sein Opernhaus zu binden – stellvertretend für die vielen Sternstunden in seiner Ära seien hier Harnoncourts legendäre Mozart-Aufführungen genannt. Insgesamt brachte Welser-Möst im Laufe seiner Zusammenarbeit mit dem Opernhaus Zürich 30 Neuproduktionen heraus, von Mozarts *Zauberflöte* bis hin zu Udo Zimmermanns *Die Weiße Rose*.

Nach sechs höchst erfolgreichen Jahren trat er dort, vorläufig, von seiner leitenden Stellung zurück, erneuerte 2005 aber als Generalmusikdirektor seinen Vertrag bis 2011, obwohl sich nunmehr ein Weltklasseorchester seiner Dienste versicherte. Seit September 2002 ist er als Musikdirektor des traditionsreichen Cleveland Orchestra tätig und steht somit in der direkten Nachfolge von Dirigentengrößen wie George Szell, Lorin Maazel und Christoph von Dohnányi, der ihn dorthin empfohlen hatte. Nach neun Monaten, die er als „die schönste Zeit seines künstlerischen Lebens" bezeichnete, verlängerte die Direktion des Orchesters seinen ursprünglich auf fünf Jahre angelegten Vertrag frühzeitig auf zehn Jahre. Und das, obwohl Welser-Möst zu Beginn einige höchst unpopuläre Maßnahmen ergriff. Er versetzte einige Musiker in den Ruhestand, ermahnte andere, an ihrer Intonation zu arbeiten, engagierte erstmals eine Frau an eine leitende Position und führte etliche Neuerungen beim lieb gewordenen Repertoire ein. Neben zahlreichen Ur- oder Erstaufführungen legt er ein verstärktes Augenmerk auf die Werke der Wiener Klassik, „weil das immer noch die hohe Schule des Orchesterspiels darstellt". Doch die Musiker ließen sich bald von seinen Reformen überzeugen, als sie erkannten, wie ernst Welser-Möst sein Engagement nahm. Schließlich ist seine Präsenz in Cleveland mit 18 Wochen pro Jahr höher als bei jedem seiner Vorgänger.

Regelmäßige Gastauftritte bei den Wiener und Berliner Philharmonikern, beim Concertgebouw Orchester, dem Sinfonieorchester des Bayerischen Rundfunks und bei den großen Orchestern in den USA kamen dazu. Der 2003 von der Musikzeitschrift „Musical America" zum „Conductor of the Year" Ernannte glänzte auch mehrfach bei den Salzburger Festspielen – stellvertretend sei der grandiose *Rosenkavalier* aus dem Jahr 2014 erwähnt – und leitete zwei Neujahrskonzerte der Wiener Philharmoniker. Auch in London hat er sein ramponiertes Image längst wieder aufpoliert und genießt es, mit dem größten Orchester der Stadt, dem London Symphony Orchestra, umjubelte Konzerte zu geben.

So konnte es nicht ausbleiben, dass sich auch Österreich plötzlich seines berühmt gewordenen Sohnes erinnerte, der seit 1986 übrigens Staatsbürger von Liechtenstein ist. Welser-Möst zierte sich zwar anfangs und lehnte zuerst die Leitung der Salzburger Festspiele wie auch die musikalische Direktion der Wiener Staatsoper ab, doch als es um einen Nachfolger des Langzeit-Direktors Ioan Holender ging, sagte er erfreut zu, als man ihm abermals die musikalische Leitung der Staatsoper antrug, deren Geschicke er als Generalmusikdirektor ab der Saison 2010 zusammen mit Dominique Meyer übernehmen sollte. Als sein Meisterstück wurde ihm zuvor die Leitung der Neuinszenierung von Wagners *Ring des Nibelungen* übertragen, die er glanzvoll bewältigte. Schon vor seiner Ernennung in Wien hatte er den Entschluss gefasst, sich für diesen Zeitraum völlig auf sein Orchester in Cleveland, wo er bis 2022 vertraglich gebunden ist, und auf die Wiener Staatsoper, wo er 22 Wochen pro Jahr anwesend war, zu konzentrieren. Seine Position als Chefdirigent in Zürich, bei der er sich immerhin zu zwei Neuinszenierungen, 30 Repertoirevorstellungen und zwei Orchesterkonzerten pro Jahr verpflichtet hatte, ließ er folgerichtig im Jahre 2008 auslaufen. Allerdings kündigte Welser-Möst im Herbst 2014 den Vertrag mit der Wiener Staatsoper vorzeitig wegen „Auffassungsunterschieden in künstlerischen Belangen" mit Direktor Meyer, was möglicherweise auch mit der Auswahl der Regisseure durch den Staatsoperndirektor zu tun hatte.

Schon in seinem 2007 erschienenen Buch *Kadenzen* gab sich Welser-Möst als durchaus streitbarer Geist, der sich offen gegen das Regietheater aussprach, deren Vertreter „das Stück nur noch für die Bewältigung ihrer eigenen Neurosen" missbrauchten.

FRAGEN AN FRANZ WELSER-MÖST

Wenn Sie die Möglichkeit hätten, mit irgendeinem Komponisten, ob tot oder lebendig, einen Abend zu verbringen, mit wem wollten Sie sich treffen und was würden Sie ihn fragen?
Die Antwort fällt mir schwer, aber am ehesten mit Olivier Messiaen, mit dem ich mich gerne über den Vorgang unterhalten würde, mit dem er der Natur abgelauschte Klänge in die Formen westlicher Musik gesetzt hat, und außerdem würde ich mich mit ihm über Buddhismus und die katholische Kirche unterhalten.

In welcher Zeit hätten Sie als Komponist am liebsten gelebt?
In der ersten Hälfte des 20. Jahrhunderts.

Auf der Bühne entfernt man sich immer mehr vom Urtext, während man sich im Orchestergraben diesem immer mehr nähert. Wie beurteilen Sie diese Entwicklung?
Kunst kann immer nur heutig sein, das heißt, schon der Anspruch jeglicher Authentizität ist falsch, was aber nicht heißen soll, nicht den Versuch zu unternehmen, sich nach dem Willen und den Vorstellungen des Komponisten zu richten. Letztendlich das Wesentliche sind das Wesen und der Geist eines Kunstwerkes und wie ich das „über die Rampe bringe". Das gilt sowohl für die szenische als auch musikalische Umsetzung.

Seit dem 20. Jahrhundert besteht das Konzertprogramm zu 90 Prozent aus Musik schon längst verstorbener Komponisten. Worin liegt Ihrer Meinung nach die Begründung dafür?
Wir haben zum Teil versucht, die Verbindung zu den Wurzeln im musikalischen Nährboden abzuschneiden, der bis dorthin immer die Popularmusik war. Kunst hat auch mit der Befriedigung von Bedürfnissen zu tun, was auf keinen Fall als Anbiederung ans Publikum missverstanden werden darf. Diese Bedürfnisse sind vielfältig und dürfen nicht unterschätzt werden und ich glaube, dass das sowohl von vielen Komponisten als auch Interpreten in den letzten hundert Jahren nicht verstanden worden ist. Außerdem ist es wie in anderen Kunstbereichen: Shakespeares „Hamlet" ist auch ein zeitlos gültiges Stück, mit dem es sich einfach immer wieder lohnt, auseinanderzusetzen. Die Menschheit kreist nun einmal immer wieder um die gleichen Fragen.

Es gibt immer mehr sehr gute Orchester und immer weniger herausragende Dirigenten. Woran liegt das?

Die gesellschaftliche Entwicklung der letzten 50 Jahre hat es mit sich gebracht, dass in allen Bereichen, sei es Politik, Wirtschaft etc., weniger große Persönlichkeiten vorhanden sind. Solche entstehen ja auch meist nur, wenn sie gegen den Strom der Zeit schwimmen. Und das ist natürlich im Medienzeitalter schwieriger geworden.

Welche gesellschaftliche Aufgabe hat die Musik in der heutigen Zeit?

Wie vorhin schon angedeutet, hat nicht nur die Kunst, sondern auch die Religion und die Politik die Aufgabe, Bedürfnisse zu befriedigen und auf wesentliche Fragen der Menschen zumindest den Versuch zu unternehmen, Antworten zu finden. Ich glaube nicht, dass Musik, wie so oft behauptet, ein Religionsersatz ist, sondern dass sie in den philosophischen Bedürfnissen des Menschen einen wichtigen Platz einnimmt, da sie natürlich einen der Höhepunkte, wenn nicht sogar den Höhepunkt der abendländischen Kultur darstellt.

Wären Sie kein Dirigent geworden, welchen Beruf hätten Sie ergriffen?

Ich habe nie darüber nachgedacht, aber es wäre wahrscheinlich auch ein Beruf in einer Führungsposition geworden.

Welcher Dirigent ist Ihr Vorbild und warum?

Ich bewundere an Furtwängler den Sinn für Architektur, an Bernstein die Leidenschaft, an Celibidache den Klangsinn und an Karajan die Ökonomie (künstlerischer Natur).

Was war Ihr bewegendstes Musikerlebnis?

Ein Klavierabend mit Radu Lupu, ganz im Speziellen die *Waldstein-Sonate.*

Womit verbringen Sie am liebsten Ihre Freizeit?

Mit Lesen und Bergsteigen.

Was hören Sie in Ihrer Freizeit?

Nichts – auch meine Ohren brauchen eine Ruhepause.

Sind Interpretationsschemata dem Zeitgeist unterworfen?

Ganz sicher, da wir Interpreten uns oft zu schnell und zu leicht vom

Publikums- und Mediengeschmack abhängig machen und uns dadurch oft auf der Suche nach dem Wesentlichen beirren lassen.

Welche Art von wissenschaftlicher Forschung würden Sie unterstützen?
Medizinische Forschung (mit gewissen Einschränkungen, die ethisch begründet wären).

Würden Sie noch einmal geboren, was würden Sie anders machen?
Nichts, vor allem nicht die Fehler, denn die sind es, die einem am schnellsten und weitesten in der Entwicklung bringen.

Welche drei Dinge würden Sie auf eine einsame Insel mitnehmen?
Meine Frau, Goethes „Faust" und österreichischen Wein.

Welches Motto steht über Ihrem Leben?
Erleben, genießen und lieben.

DIE WEGBEREITERIN
SIMONE YOUNG

*2. März 1961, Sydney

Es ist auch heute noch außergewöhnlich, wenn man als junge musikbe-geisterte Frau den kühnen Plan fasst, Dirigentin zu werden.

In den Achtzigerjahren des letzten Jahrhunderts war ein solches Vorhaben geradezu undenkbar, zumal sich diese Zunft, ähnlich dem katholischen Priesterstand und dem russischen Präsidentenamt, als eine der letzten männlichen Bastionen verstand. Doch während diese letzten Rückzugs-gebiete männlichen Selbstverständnisses eine Krise nach der anderen durchleben, hat sich die Musikwelt mit dem Anblick einer Maestra über-raschend schnell angefreundet. Denn allmählich zieht es immer mehr Vertreterinnen des schönen Geschlechts ans Dirigentenpult – und dar-an ist Simone Young sicherlich nicht ganz unschuldig. Ihre beachtliche Karriere sowie ihre Präsenz an den bedeutendsten Bühnen und bei den größten Orchestern der Welt hat unterdessen selbst die notorischsten Chauvinisten unter den Musikern davon überzeugt, dass auch das ver-meintlich „schwächere Geschlecht" durchaus in der Lage ist, in exzellen-ter Art und Weise das Dirigierzepter zu führen.

Dabei hatte in ihrem Leben alles ganz normal begonnen. Schon wäh-rend ihrer Schulzeit hatte Young ein überaus breites Interessenspektrum entwickelt. Neben ihren musikalischen Leidenschaften – sie hatte von früher Kindheit an Klavier und Kompositionsunterricht genossen – be-schäftigte sich die Tochter von „völlig unmusikalischen Eltern" auch intensiv mit Literatur, Philosophie und Fremdsprachen. Als sich nach ihrem Schulabschluss die Frage der Studienwahl stellte, entschied sie sich, ihr geliebtes Hobby zur Profession zu machen, weil sie bemerkte, dass sie einen großen Anteil ihrer Zeit schon in geplante Musikprojekte investiert hatte.

Doch auch zu diesem Zeitpunkt dachte sie noch nicht im Entferntesten daran, dass sie dereinst einmal vor einem Orchester stehen würde. Neben einer Ballettausbildung, die sie nun in Angriff nahm, knüpfte sie zunächst an ihren früheren Unterricht an und studierte Komposition bei Don

Banks am Sydney Conservatory. Es sollte nur ein Jahr dauern, bis sie erkannte, dass auch dies nicht ihrem eigentlichen Berufswunsch entsprach – zu sehr vermisste sie dabei die öffentliche Anteilnahme an ihrem Schaffen. Dennoch war das Kompositionsstudium ein wesentlicher Schritt in die richtige Richtung, hatte es in der jungen Musikerin doch den Einblick in den Aufbau und die Orchestrierung der klassischen Werke geweckt – mithin Kenntnisse, die einem Dirigenten durchaus zuträglich sind. Trotzdem konzentrierte sie sich vorerst noch einmal auf das Klavierspiel. Da sie jedoch nicht bereit war, zugunsten eines Berufswegs auf ihre vielen Hobbys zu verzichten, und das wäre als Instrumentalvirtuosin zweifellos der Fall gewesen, verfiel sie endlich auf die einzige Möglichkeit, all ihre Leidenschaften mit der Musik weitestmöglich zu verquicken: Sie wollte Dirigentin werden.

Doch die wenigsten Orchesterleiter fallen vom Himmel und so beschloss sie, als Korrepetitorin an der Opera Australia in ihrer Heimatstadt zu beginnen, in der Hoffnung, dass sie dadurch der Realisierung ihres Traumberufs näher käme. Tatsächlich erhielt sie die vollste Unterstützung der dort engagierten Dirigenten, die schon bald auf ihr Talent aufmerksam wurden. In erster Linie war es der früh verstorbene Dirigent Stuart Challender, der sie in gleichem Maße beeinflusste und förderte. Es war eine Art Geistesverwandtschaft, die die beiden verband, schließlich war er es auch gewesen, der sie mit den Werken des Komponisten vertraut machte, der bei ihrem zukünftigen Lebensweg eine wesentliche Rolle spielen sollte: Richard Wagner.

Im Jahr 1985 war es endlich so weit: Simone Young debütierte mit der Operette *Der Mikado* von Gilbert und Sullivan als Dirigentin in Sydney. Doch trotz ihres aufsehenerregenden Erfolgs war sie mit dem Erreichten noch lange nicht zufrieden. Schließlich wollte sie noch das Land besuchen, in dem ihre Lieblingskomponisten geboren waren. Ausgestattet mit einem Stipendium ging sie 1986 nach Europa und ließ sich für die nächsten sechs Jahre in Köln nieder, wo sie als Solorepetitorin an der Oper arbeitete. In ihrem Arbeitseifer erschien ihr der Müßiggang, der die mehrmonatigen Theaterferien mit sich brachte, doch als zu lang, und so bat sie eines Tages ihren Chefdirigenten James Conlon, sie für eine musikalische Sommerbeschäftigung zu empfehlen. Diese harmlose Anfrage sollte ihr Leben grundlegend ändern und ihr letztlich den Weg zu einer großen Karriere ebnen.

Denn in Bayreuth, wohin sie ihr hilfsbereiter Chef im Jahre 1991 vermittelt hatte, traf sie auf Daniel Barenboim, der dort gerade den *Ring* einstudierte. Die Seelenverwandtschaft zwischen den beiden trat schon bald zutage, sodass er Young 1993 als Kapellmeisterin an die Berliner Staatsoper Unter den Linden holte, wo sie bis 1995 bleiben sollte. Der Maestro war derart von ihrem Talent überzeugt, dass er ihr schon bald die sogenannten „Chefstücke" überließ. Mit dem Ergebnis, dass sie bereits als Mittdreißigerin in Berlin die großen Opern von Wagner, Strauss und Verdi dirigierte und 2001 als erste Frau in Deutschland den gesamten *Ring des Nibelungen* aufführte. Solche Ereignisse sorgen für Schlagzeilen auch abseits der Fachkreise, doch zu diesem Zeitpunkt hatte Young eine marktschreierische Propaganda längst nicht mehr nötig. Sie war bereits zu einer festen Größe in der Musikwelt geworden. So wurde sie 2003 für den Mitschnitt der Wiener Premiere von Jacques Fromental Halévys Oper *La Juive* unter ihrer Leitung und mit Neil Shicoff in der Hauptrolle für einen „Grammy Award" nominiert.

Nachdem sie von 1999 bis 2002 als Chefdirigentin im norwegischen Bergen tätig gewesen war, kehrte Young im Jahre 2001 als künstlerische Leiterin an die Opera Australia in Melbourne und Sydney zurück, wo sie das zu realisieren beabsichtigte, was sie an den großen Opernhäusern in Europa gesehen hatte. Obwohl die Maestra verschiedene Neuerungen im Repertoire vornahm – neben den dort lange vernachlässigten Werken von Wagner und Strauss führte sie auch regelmäßig zeitgenössische Werke auf –, stiegen sowohl die Auslastung wie auch das allgemeine Niveau in beträchtlichem Maße. Doch das genügte den Verantwortlichen offensichtlich nicht. Anders als im subventionsverwöhnten Deutschland, wo allenfalls 15 Prozent des Etats von den Einnahmen gedeckt werden müssen, sind es in Australien nur schwer erreichbare 50 Prozent, was natürlich nur durch große Zugeständnisse an den breiten Publikumsgeschmack zu erreichen ist. Doch darauf wollte die Dirigentin nicht eingehen, schließlich lehnt sie es vehement ab, dass „die Oper zu einem Museum" verkommt. Unter diesen Umständen verwunderte es nicht, dass das Engagement bereits nach zwei Jahren sein Ende fand. In der offiziellen Begründung hieß es lediglich, dass man sich über die künstlerische Zielsetzung uneins wäre.

Doch auch in Europa erwartete sie eine schwierige Aufgabe. Als ausgesprochene Wunschkandidatin des Orchesters übernahm sie 2005 die musikalische Leitung der Hamburgischen Staatsoper. Als wäre dies nicht genug, wurde ihr auch gleichzeitig die Generalintendanz über dieses große Haus übertragen, was eine höchst diffizile Aufgabe darstellte, zumal die Politik ihr in wirtschaftlich schwerer Zeit nicht die Unterstützung bieten konnte, derer sie eigentlich bedurfte. Schließlich war es nicht zuletzt die Kulturpolitik der Hansestadt gewesen, die ihren Vorgänger Ingo Metzmacher aus dem Amt getrieben hatte. Doch schon bei ihrem Debüt machte Young klar, dass sie sich keineswegs nur die Rosinen aus dem Opernrepertoire picken würde, begann sie ihre Hamburger Ära doch mit einer schlichten Repertoireaufführung von Verdis *La Traviata*. Sie gründete das Festival Ostertöne, bei dem sie Werke des Lokalmatadors Johannes Brahms mit zeitgenössischer Musik konfrontierte – auch an der Staatsoper überraschte sie mit vielen Werken des 20. Jahrhunderts. Selbst das stets kritische Feuilleton lobte sie anfangs in höchsten Tönen und die Zeitschrift „Opernwelt" bedachte sie bereits nach ihrer ersten Saison mit dem Ehrentitel der „Dirigentin des Jahres". So war es nur folgerichtig, dass ihr Vertrag frühzeitig bis 2015 verlängert wurde, den sie allerdings, wie sie bereits 2011 angekündigt hatte, auslaufen lassen würde. Mit einer Begründung, die einem Stoßseufzer glich: „Es reicht jetzt mit dem Delegieren, Budgetpläne genehmigen, selbst kürzen, was man sich vorher so freudvoll ausgedacht hat, ganz allgemein Verantwortung haben", so Young in einem Interview mit Manuel Brug. Eine Verantwortung ganz anderer Art übernahm sie allerdings im Jahre 2016, als sie in den Vorstand der Europäischen Musiktheater-Akademie einzog.

Ohne Zweifel hat Young in ihrer Karriere dank ihrer Energie und Zielstrebigkeit viel erreicht und wir dürfen gespannt sein, welche Herausforderungen in der Zukunft auf sie warten. Wer hätte noch vor 20 Jahren geglaubt, dass eine zierliche Dirigentin vor einem damals noch verschworenen Männerkollektiv wie dem Wiener Staatsopernorchester glanzvoll bestehen könnte und im Jahre 2005 ein äußerst erfolgreiches Debüt mit den Philharmonikern in Wien wie auch in Berlin feiern würde?

FRAGEN AN SIMONE YOUNG

Wenn Sie die Möglichkeit hätten, mit irgendeinem Komponisten, ob tot oder lebendig, einen Abend zu verbringen, mit wem wollten Sie sich treffen und was würden Sie ihn fragen?
Mit Bela Bartók. Mich fasziniert die Bandbreite seines Gesamtwerks, das von ganz einfachen Stücken bis zu höchst komplexen Kompositionen reicht, von der Klaviermusik bis zur Oper. Über seine eigene Persönlichkeit finde ich in seiner Musik jedoch wenig – oder zu viel. Er wäre sicher ein interessanter Gesprächspartner.

In welcher Zeit hätten Sie als Komponistin am liebsten gelebt?
In der ersten Hälfte des 20. Jahrhunderts, wo eine enorme Neuorientierung in Politik, Gesellschaft und Kunst stattfand.

Auf der Bühne entfernt man sich immer mehr vom Urtext, während man sich im Orchestergraben diesem immer mehr nähert. Wie beurteilen Sie diese Entwicklung?
Als falsch. Die Zeiten, in denen die Regisseure wichtiger sind als die Werke selbst, sind meiner Meinung nach vorüber. Doch das ist nicht der Beginn eines neuen Konservativismus, eher eine Herausforderung des künstlerischen Teams, sich wirklich mit dem Stoff zu beschäftigen, und diesem nicht irgendein „Konzept" überzustülpen, ob es passt oder nicht. Auch der sogenannte „Urtext" ist durchaus zweifelhaft, schließlich gibt es keine „Hotline" zu den Komponisten. Am besten geht man von musikwissenschaftlichen Quellen aus, die allerdings meistens durch verschiedene Hände gegangen sind. Am Ende steht das Ziel, den Wünschen des Komponisten so nahe wie möglich zu kommen, wobei natürlich die eigene Interpretation nicht ausgeschlossen werden kann.

Seit dem 20. Jahrhundert besteht das Konzertprogramm zu 90 Prozent aus Musik schon längst verstorbener Komponisten. Worin liegt Ihrer Meinung nach die Begründung dafür?
Klassische Musik des 20. und 21. Jahrhunderts leidet sehr unter der weitverbreiteten Annahme, sie sei schwer zu verstehen und nicht sehr hörerfreundlich. Der finanzielle Druck, der auf den künstlerischen Institutionen lastet, fordert volle Konzertsäle und erlaubt dadurch immer weniger Risiko in der Programmzusammenstellung. Somit bekommen neue

Werke nur *eine* Chance, um vom Publikum angenommen zu werden. Dabei wird die wiederholte Aufführung, die so notwendig wäre, um die Qualität eines Werkes wirklich beurteilen zu können, zum Luxus, der nur den „Modekomponisten" gegönnt wird. Wenn wir so weitermachen, werden Konzertsäle zu Museen. Dabei hat selbstverständlich jeder Künstler die Verpflichtung, Neue Musik zu präsentieren.

Es gibt immer mehr sehr gute Orchester und immer weniger herausragende Dirigenten. Woran liegt das?
Stimmt das? Karrieren entwickeln sich heute sehr schnell – als Dirigent hat man zu wenig Zeit, sich zu etablieren. Von ihm werden schon Wunder erwartet, wenn er gerade Mitte 20 ist. Aber in jeder Generation gibt es immer noch Interpreten mit sehr individuellen Ansichten zur Umsetzung von Klang und Form.

Welche gesellschaftliche Aufgabe hat die Musik in der heutigen Zeit?
Wie jede Kunstform zu jeder Zeit: zu informieren, zum Nachdenken anzuregen, Diskussionen auszulösen, das Leben schöner und tiefer zu machen.

Wären Sie keine Dirigentin geworden, welchen Beruf hätten Sie ergriffen?
Wahrscheinlich wäre ich Juristin geworden. Wie ein Mensch denkt und dies auszudrücken vermag, das hat mich immer fasziniert.

Welcher Dirigent ist Ihr Vorbild und warum?
Ich habe mehrere Vorbilder – von Jochum über Kempe, Schuricht, Moralt, Krauss, Furtwängler bis hin zu Barenboim, wobei der Letztgenannte sicherlich mein direktes Vorbild ist. Seine Leidenschaft für Struktur und Klarheit sowie sein Mut zum Risiko und seine spontanen emotionalen Ausbrüche sind die Elemente, die auch ich in meiner Arbeit anstrebe, wobei auch sein Wirken in Politik und Gesellschaft sehr zu bewundern ist.

Was war Ihr bewegendstes Musikerlebnis?
Tristan und Isolde, Bayreuth 1986 unter Barenboim. Das war ein Klang, wie ich ihn bislang nur in meinen Träumen gehört hatte.

Womit verbringen Sie am liebsten Ihre Freizeit?
Beim Lesen in der Nähe von Gewässern. Ich lese alles, vom billigen Krimi bis zu Philosophie und Geschichte. Leider gibt es nie genug Zeit dafür.

Außerdem fühle ich mich sehr zum Wasser hingezogen – die Spiegelung von Licht und Landschaft, die Kraft des Meeres, die Stille eines Sees in den Bergen – diese Schönheit ist für mich ein Bedürfnis.

Was hören Sie in Ihrer Freizeit?
Alles. Vom Barock bis zum Pop. Nur keine Opern!

Sind Interpretationsschemata dem Zeitgeist unterworfen?
Ich glaube schon, obwohl es ideal wäre, wenn die Interpretation davon völlig frei wäre. Aber auch die Wahrnehmung der Musik durch das Publikum ist dem Zeitgeist unterworfen. Schließlich ist unser Kunstverständnis durch unsere eigenen Erfahrungen geprägt.

Welche Art von wissenschaftlicher Forschung würden Sie unterstützen?
Gedächtnisforschung. Mich fasziniert einfach, wie das Gehirn funktioniert.

Würden Sie noch einmal geboren, was würden Sie anders machen?
Sehr wenig. Ich bin mit meinem Leben sehr zufrieden.

Welche drei Dinge würden Sie auf eine einsame Insel mitnehmen?
Einfache Antwort – meinen Mann und meine beiden Töchter. Sie würden es aber auch ohne Bücher kaum aushalten. Wenn dies nicht ginge: meinen iPod, die gesammelten Werke Shakespeares und einen Bleistift.

Welches Motto steht über Ihrem Leben?
Ich habe kein Motto. Ich versuche ein Mensch zu sein.

Bildnachweis

Faksimile der Autogramme auf den Kapiteleinstiegsseiten:
Privatsammlung Rupert Schöttle

S. 6:   Milenko Badzic/First Look/picturedesk.com
S. 8:   istockphoto.com/Emir Memedovski
S. 10:   Daniel Barenboim, 2013
          © Martin Lengemann/laif/picturedesk.com
S. 18:   Bertrand de Billy, 2008
          © Milenko Badzic/First Look/picturedesk.com
S. 26:   Pierre Boulez, 2009
          © Kimmo Mäntylä/Lehtikuva/picturedesk.com
S. 34:   Christoph von Dohnányi, 1995
          © Colette Masson/Roger Viollet/picturedesk.com
S. 39:   Milenko Badzic/First Look/picturedesk.com
S. 42:   Gustavo Dudamel, 2012
          © Ali Schafler/First Look/picturedesk.com
S. 50:   Christoph Eschenbach, 2014
          © Milenko Badzic/First Look/picturedesk.com
S. 55:   Herbert P. Oczeret/APA/picturedesk.com
S. 60:   Ádám Fischer, 2016
          © Starpix/picturedesk.com
S. 65:   Georg Hochmuth/APA/picturedesk.com
S. 70:   Daniele Gatti, 2014
          © Utrecht, Robin/Action Press/picturedesk.com
S. 78:   Valery Gergiev, 2005
          © Daniel Hambury/EPA/picturedesk.com
S. 86:   Bernard Haitink, 1991
          © Colette Masson/Roger Viollet/picturedesk.com
S. 91:   Milenko Badzic/First Look/picturedesk.com
S. 96:   Daniel Harding, 2004
          © Sigi Tischler/EPA/picturedesk.com
S. 104:   Nikolaus Harnoncourt, 2012
          © Barbara Gindl/APA/picturedesk.com
S. 112:   Mariss Jansons, 2016
          © Herbert Neubauer/APA/picturedesk.com
S. 117:   Georg Hochmuth/APA/picturedesk.com
S. 120:   Philippe Jordan, 2010
          © Colette Masson/Roger Viollet/picturedesk.com

LITERATUR

Norman Lebrecht: Der Mythos vom Maestro. Der Dirigent – Typologie eines
  Berufsstandes. Zürich 1992
Dieter David Scholz: Mythos Maestro. Dirigenten im Dialog. Berlin 2002
Wolfgang Schreiber: Große Dirigenten. München 2005
Franz Welser-Möst: Kadenzen. Notizen und Gespräche. Aufgezeichnet von
  Wilhelm Sinkovics. Wien – Graz – Klagenfurt 2007

Weiters wurde unter anderem aus folgenden Zeitungen, Zeitschriften und
Periodika zitiert: *Der Spiegel, Der Standard, Die Presse, Die Welt, Die Zeit,
Klassikinfo.de, Musikfreunde, News, OehmsClassics, Partituren, Pizzicato.*

Nicht jeder Dichter konnte immer als freier Schriftsteller leben. Vom Dichterjuristen, der sein Studium abschloss, bis zum Autor-Arzt, gibt es einige Autoren, die auch in einem „zivilen" Beruf reüssierten. Schreiben stand dabei entweder neben der beruflichen Tätigkeit oder trat ganz an deren Stelle. Janko Ferk zeigt anhand wichtiger österreichischer Schriftstellerinnen und Schriftsteller, dass sich zwei Karrieren erfolgreich verbinden lassen.

AUS DEM INHALT:

Hofrat Franz Grillparzer • Journalistin Berta Zuckerkandl
Arzt Arthur Schnitzler • Richter Anton Wildgans • Beamter Franz Kafka
Rechtsanwalt Albert Drach • Lehrerin Friederike Mayröcker • Bauer
Thomas Bernhard • Übersetzerin Barbara Frischmuth

Janko Ferk
BAUER BERNHARD – BEAMTER KAFKA
Dichter und ihre Zivilberufe
ISBN 978-3-222-13520-0
160 Seiten, Hardcover mit SU
€ 19,90

Es gibt Künstlerinnen, die das Licht auf der Bühne stärker einzufangen vermögen als ihre Kolleginnen und Kollegen. Sie prägen die Theater-, Film- und Opernwelt seit vielen Jahrzehnten, sind tonangebend in ihrem kreativen Schaffen und fest im Herzen des Publikums verankert. Doch was ist ihr Ansporn, lebenslang kreativ tätig zu sein? Woher schöpfen sie ihre (Schaffens)Kraft?

ZEHN AUSSERGEWÖHNLICHE FRAUEN IM OFFENEN GESPRÄCH:

Senta Berger • Renate Holm • Christa Ludwig • Erni Mangold
Elisabeth Orth • Christine Ostermayer • Elfriede Ott
Erika Pluhar • Hilde Zadek • Bibiana Zeller

Christine Dobretsberger
WAS ICH LIEBE, GIBT MIR KRAFT
Bühnenstars aus Oper und
Theater erzählen
ISBN 978-3-222-13517-0
176 Seiten, Hardcover mit SU
€ 26,90

styria premium

ISBN 978-3-222-13544-6

styria

Wien – Graz – Klagenfurt
© 2016 by *Styria premium* in der
Verlagsgruppe Styria GmbH & Co KG
Alle Rechte vorbehalten.

Bücher aus der Verlagsgruppe Styria gibt es
in jeder Buchhandlung und im Online-Shop

styriabooks.at

Buch- und Covergestaltung: Bruno Wegscheider
Coverfoto: Utrecht, Robin/Action Press/picturedesk.com

Druck und Bindung:
Neografia
7 6 5 4 3 2 1
Printed in the EU